미래의 성장 시장 아세안

연세경영연구소 총서 시리즈 2019-04

미래의 성장 시장 아세안

Future Growth Market ASEAN

고영경 · 박영렬 지음

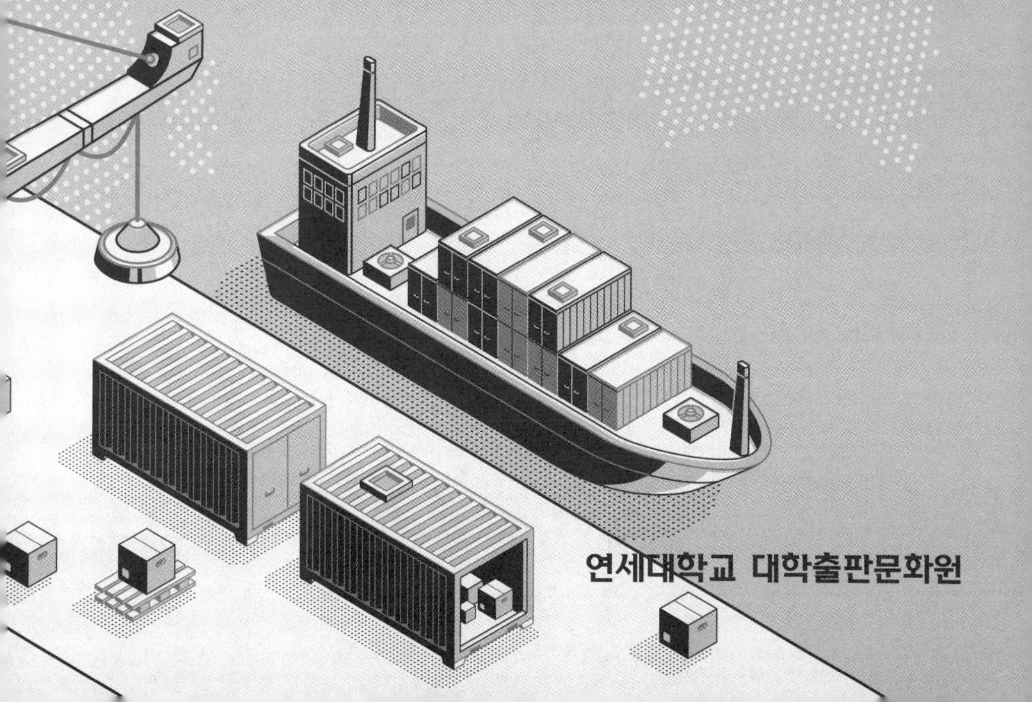

연세대학교 대학출판문화원

미래의 성장 시장 아세안

지 은 이 고영경, 박영렬
펴 낸 곳 연세대학교 대학출판문화원
주 소 서울시 서대문구 연세로 50
전 화 02) 2123-3380~2
팩 스 02) 2123-8673
이 메 일 ysup@yonsei.ac.kr
홈페이지 http://press.yonsei.ac.kr
등 록 1955년 10월 13일(제9-60호)
인 쇄 (주)화신문화사

2019년 10월 30일 1판 1쇄
2020년 2월 27일 1판 2쇄
ISBN 978-89-6850-370-2(93320)

값 14,000원

이 도서의 국립중앙도서관 출판예정도서목록(CIP)은 서지정보유통지원시스템 홈페이지(http://seoji.nl.go.kr)와 국가자료종합목록 구축시스템(http://kolis-net.nl.go.kr)에서 이용하실 수 있습니다. (CIP제어번호 : CIP2020005486)

서문

아세안 시장을 향해

동남아. 2019년 한국에서 가장 뜨겁게 회자되는 곳이다. 중국과의 마찰로 한 차례 큰 시련을 겪은 기업들이 앞다퉈 이곳으로 달려가고 있다. 단순 관광 목적지에서, 저렴한 노동력에 풍부한 자원을 바탕으로 한 생산기지로, 이제는 다시 소비시장으로 급부상하고 있는 곳이다.

정부도 이런 변화에 맞춰 팔을 걷어붙였다. 문재인 대통령은 아세안과의 협력관계를 획기적으로 발전시키겠다며 신남방정책을 발표했고 기회가 될 때마다 지속적이고도 강력한 정책 추진 의지를 내비치고 있다.[1] 한국 경제에 활력을 불어넣고 기업의 지속 가능한 성장에 힘을 실어줄 실용적이고 장기적인 비전이 담긴 정책을 기업들은 반기고 있다.

동남아가 한국으로부터 이 정도로 환대를 받았던 적은 일찌감치 없었

1 2017년 11월 9일, 문재인대통령 한-인도네시아 비즈니스 포럼 기조연설 (자카르타, 인도네시아)

다. 동남아가 한국이 나아가야 할 곳이라는 데 이견이 없는 만큼 신남방정책과 그 국가들에 대한 분위기는 대단히 우호적이다. 20년 전만해도 동남아 국가들은 아시아에서의 비중이 대단히 낮았다. 중국과 일본, 대만, 홍콩이 주요국으로 인식됐을 뿐 약소국들이 대부분인 동남아는 큰 주목을 받지 못했던 게 사실이다.

강산이 두 번 바뀌었을 시간. 아시아, 동남아에 대한 인식이 확대되고 있는 것은 사실이다. 가장 많은 관광객이 가는 지역이자 주요 교역대상지역이지만, 그 실질적 관계와 관심은 '전략적 동반자관계'라는 정치적 수사를 따르지 못하고 있다. 인도로 대표되는 서남아시아는 일찌감치 그 성장 가능성에 선진국들이 주목했지만, 우리는 낮은 개발 수준과 후진성에 가려진 동남아의 IT 기술을 제대로 보지 못하고 있는 실정이다. 관심도 투자도 폭발적이지만, 매력적인 시장이라는 점에만 초점이 맞춰졌을 뿐, 이 지역에 대한 이해도는 낮다.

한국 정부와 기업들이 동남아에 대한 변화를 시의적절하게 감지해내지 못하고 있다는 것이 현지 전문가들의 한결 같은 견해다. 한국보다 소득과 기술개발 수준이 낮고, 그 때문에 다른 모든 측면에서도 뒤처진 시장이라고 여기는 인식이 대표적이다. 소득, 인프라 측면에서 한국과의 격차는 분명 존재하지만, 한국인이 이 지역을 만만하게 봐야 할 근거는 없다. 한국 기업들은 한국에서 왔다는 이유로 시장에 안착할 수 있을 것이라는 기대는 금물이다.

동남아가 글로벌 경제에서 차지하는 비중이 높아지면서 이 지역의 경쟁도 심화되고 있다는 점 역시 염두에 둘 필요가 있다. 떠오르는 시장 동남아 지역에 비단 한국기업들만 주목하고 있는 것은 아니다. 일본을 필두로 유럽과 여러 글로벌 기업들 역시 일찍이 이 지역에 진출해 자리를 잡았다. 한국 기업들은 절대 패스트무버(fast-mover)가 아니다. 미국과 중국이 심각한 무역갈등을 빚는 가운데 최대 수혜자로 떠오른 동남아는 보다 더 빠른 속도로 더욱 뜨겁게 달아오르는 중이다. 사업 규모에 무관하게 한국기업들은 여기에서도 글로벌 기업들과 치열한 경쟁을 벌이지 않을 수 없다. 여기에 무서운 속도로 성장하는 동남아 현지 기업들의 도전도 만만하지가 않다.

게다가 한국 기업들이 동남아의 정치, 경제, 사회, 문화의 다양성을 충분히 인식하지 못하고 있는 것도 문제로 지적된다. 1967년 5개 나라가 안보 공동체로 시작한 동남아국가연합(ASEAN · 아세안)은 2015년 아세안 경제공동체(AEC)를 출범시키며 앞으로는 경제공동체가 될 것임을 전 세계에 알렸다. 인구 6억 5,000만의 단일 경제블록을 향해 가고 있지만, 소득수준은 물론 언어, 종교, 문화, 인종, 정치 체제까지 그 어느 것 하나 공통점을 찾기 어려운 점을 감안하면 이 같은 변화는 '기적'에 가깝다. 그만큼 각각의 시장 안착을 위한 꼼꼼한 사전준비와 현지화 노력이 절실히 필요하다. 유럽연합이 더 높은 수준으로 통합된 시장이지만, 국가마다 시장의 특성이 남아있는 것과 마찬가지이다.

동남아시아라는 지역적 개념은 여전히 편견에 갇힌 프레임을 제공한다는 한계가 있다. 짙게 깔린 저개발국, 후진국 등의 인식 탓에 한국인들은 이 국가들을 '경제블록'이나 '역동적인 경제주체'로 바라보지 못하는 우를 범한다. 이 때문에 책에서는 아세안 경제공동체 혹은 아세안 시장이라는 용어를 사용할 것이다. 독일과 프랑스 등 여러 국가들을 포함한 시장을 유럽연합이라는 큰 틀에서 이해하는 것과 마찬가지로, '아세안 경제'에 대한

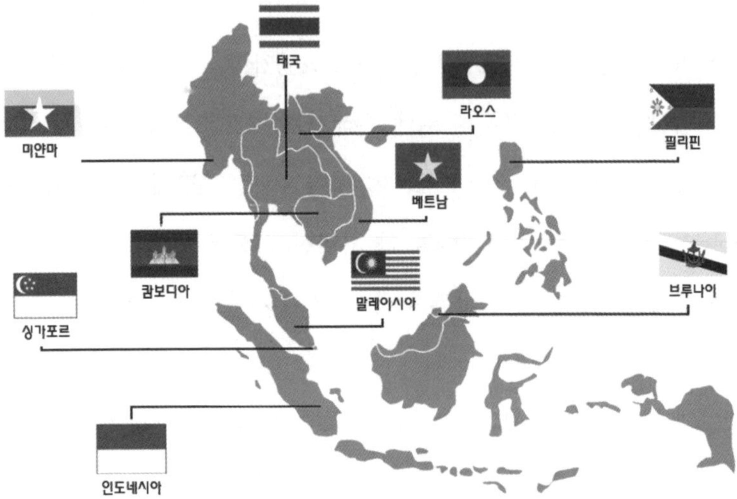

〈아세안 10개국〉

독자들의 관점을 새롭게 정립하는데 도움을 줄 것으로 생각한다. 여기 국가들의 시장과 사회가 변환(transformation)의 과정을 빠른 속도로 지나고 있다는 점도 강조할 것이다.

이 책은 한국에서 인식하고 있는 아세안 시장과 실제 현지 상황의 괴리를 좁혀보려는 의도로 시작되었다. 1장에서는 아세안 시장의 중요성과 한국과 관계, 그리고 2장에서는 아세안 경제전망과 특성을 소개하고 경쟁력을 살펴볼 것이다. 아세안경제공동체는 10개국으로 구성되어 있으며, 이 국가들은 경제발전 정도나 종교, 언어, 사회적 관습 등이 모두 다르다. 따라서 국가별로 구매력의 수준이나 성장성이 큰 분야 등에 대한 정보와 소비자 특성 등에 대한 충분한 이해가 요구된다.

이어 3장에서는 현재 진행중인 사회경제적 변화를 집중적으로 다룰 것이다. 사회경제적 변화는 시장이나 소비자의 요구와 필요가 무엇인지를 밝혀주는 근간이 된다. 4장에서는 미래 아세안 시장을 주도할 9개 분야를 중심으로, 현재 진행 중이거나 향후 맞이할 변화와 트렌드를 소개할 것이다. 해외 시장 진출의 성패는 현재에 대한 깊은 이해를 바탕으로 향후 5년 뒤 시장이 무엇을 원하고 기대하는지를 얼마나 제대로 파악할 수 있는가에 달려있다. 5장에서는 도요타의 성공사례를 통해 시장 개척 혹은 확대를 계획하는 이들에게 필요한 아세안 진출 전략을 제시하고자 한다.

마지막으로 6가지 제언을 통해 우리 기업들이 동남아 시장의 상황에 대한 이해를 넓히고, 그 이해를 바탕으로 앞으로 일어날 변화에 대응해 나가는데 작게나마 보탬이 되었으면 한다. 그리고 이 책은 연세대학교 경영연구소의 '전문학술저서 및 한국기업경영연구총서' 프로그램의 지원을 받아 출간되었습니다.

목 차

1장

왜 지금 아세안 시장인가?

“중국, 한국기업의 무덤” – 매일경제 2017년 6월 15일자

“동남아, 한국기업에 ‘기회의 땅’” –

“Southeast Asia, tiger cub become rising tigers”

한국기업들이 앞다투어 아세안으로 나가고 있다. 뉴스를 보더라도 동남아시아가 우리가 나아가야 할 지역이라고 연일 기사를 쏟아내고 있다. 20여년 전에 모두 중국으로 가야 한다던 때와 비슷하다. 1990년대 중반에서 2000년대 중반까지 한국기업들은 모두 중국으로 진출했다고 해도 과언이 아니다. 그야말로 중국으로의 투자 러시가 일어나는 상황이었다. 그러나 지금은 중국을 한국기업의 ‘무덤’이라고 하고, 동남아를 ‘기회의 땅’이라고 한다.

우리만 남쪽으로 시선을 돌린 것은 아니다. 그야말로 전 세계가 지금 떠오르는 시장 아세안 지역에 주목하고 있다. 2000년부터 다시 시작된 동남아에 대한 투자는 꾸준히 증가해왔다. 2008년 글로벌금융위기로 잠시 주춤했지만 곧바로 큰 폭으로 증가해 2014년 1,300억 달러를 넘어섰다. 아시아 경제위기를 벗어나기 시작한 1997년 270억 달러에 비하면 18년만에 무려 3.9배가 증가한 것이다. 2015년과 2016년 아세안은 해외직접투자가 줄어들었지만 2017년 1,370억 달러로 최고치를 기록했다. 이는 전년대비 12%가 증가한 것으로 개발도상국가 전체 투자액에서 아세안 투자비중도

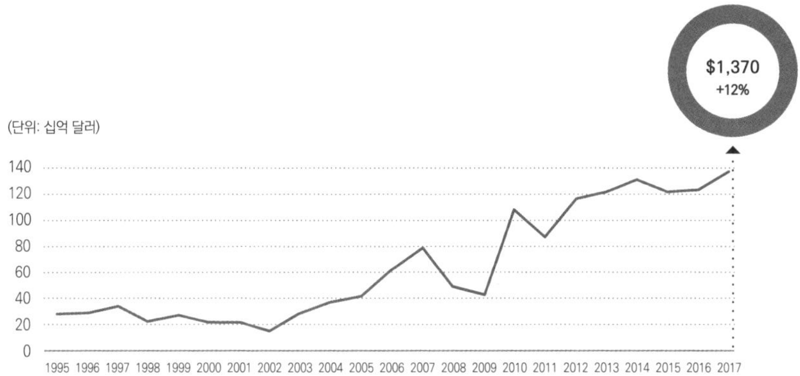

출처: ASEAN Secretariat. ASEAN FDI Database

〈그림 1-1〉 연도별 대 아세안 해외직접투자(FDI) 순유입액

2016년 18%에서 20%로 늘어났다.

아세안에 대한 투자가 최근 주목을 받고 있기는 하지만 과거에도 이 지역에 대한 기업들의 관심이 없었던 것은 결코 아니다. 80년대 후반 저렴한 임금의 노동력과 자원이 풍부했기 때문에 생산기지로 떠오르며 글로벌 경제에 화려하게 등장했다. 특히 태국, 말레이시아, 인도네시아, 필리핀 등이 외국기업의 투자처로 각광을 받았다. 외국인 직접투자는 1차 산업과 제조업에 집중되었으며, 이는 다시 이들 신흥국가의 수출을 크게 증가시켰다. 1990년부터 1996년까지 인도네시아, 말레이시아, 태국의 GDP 성장률은 평균 8.6%에 이른다. 수출 드라이브로 비약적인 경제성장을 이루었지만 그에 비해 자본시장은 충분히 성숙하지 못한 상태였다. 과도한 외자도입과 차입으로 넘쳐난 유동성은 부동산을 과열시켰다. 과도한 거품이 끼어 있다는 평가가 당연히 나왔고 외환시장의 리스크가 걷잡을 수 없는 외자 이탈로 이어졌다. 1997년 아시아 경제위기는 떠오르는 신흥국가들의 발목을

〈표 1-1〉 동아시아 국가 주요 경제지표

	85~89년	90~95년	96년	97년	98년	99년	2000년
GDP성장률(%)							
인도네시아	5.3	7.2	7.8	4.7	-13.1	0.8	5.4
말레이시아	4.9	9.4	10.0	7.3	-7.4	6.1	8.9
필리핀	2.7	2.3	5.8	5.2	-0.6	3.4	6.0
태국	9.0	9.1	5.9	-1.4	-10.5	4.4	4.8
인플레이션(%)							
인도네시아	6.8	8.7	7.0	6.2	-58.0	20.7	3.8
말레이시아	1.3	3.8	3.5	2.7	5.3	2.7	1.6
필리핀	9.9	10.9	9.1	5.9	9.7	6.4	4.0
경상적자(%GDP)							
인도네시아	-2.6	-2.2	-2.9	-1.6	3.8	3.7	4.8
말레이시아	2.3	-6.1	-4.4	-5.9	13.2	15.9	9.4
필리핀	0.7	-3.8	-4.6	-5.2	2.3	-3.8	-2.9
태국	-2.1	-6.6	-7.9	-2.1	12.8	10.2	7.6

출처: IMF WEO Database. 박번순, 유진석(1999), "아시아 경제 재건을 위한 방안" (삼성경제연구소)에서 재인용

잡아당겼고 경기침체를 극복하는데 상당한 시일이 걸렸다. 그리고 그 자리는 중국이 차지하며, 세계의 공장으로 떠올랐고 전 세계 해외직접투자의 상당부분이 중국으로 몰려들었다.

90년대 후반 이러한 위기를 겪고 지금 다시 동남아시아가 '투자 붐'을 맞이하고 있는 이유는 무엇일까? 이미 2000년대 중반부터 외국인투자는 증가하기 시작했다. 중국의 인건비 상승과 맞물려 다시 생산의 중심지로 등장했다. 그러나 2010년대부터는 관점이 달라진다. 수출과 생산을 위한 전진기지에 더해 소비시장의 성장과 투자가 선순환을 이루는 하나의 경제지역으로 변모했기 때문이다.

이제 우리는 지금 아세안 지역이 주목받는 이유를 보다 크게 두 가지 측면에서 나누어 살펴보려 한다. 내부적으로 가지고 있는 성장 잠재력 그리

고 외부 경제환경의 변화 속에서 드러나는 경쟁력이 그것이다. 내부적 유인요인(pull factor)은 거대한 인구규모, 지속적인 경제규모 증가, 그리고 안정적이고 높은 경제성장률이다. 외부 경제환경의 변화(push factor)는 미 · 중 무역전쟁에 따른 기업들의 탈중국화와 지역 경제통합과 다자간 자유무역협정 확대이다.

1) 아세안, 호랑이 새끼에서 어엿한 청년 호랑이로

먼저 내부 유인요인 세 가지를 살펴보자. 아세안 지역이 생산과 소비가 동시에 중요성을 갖는 주요 경제블록이 되는 첫 번째 이유는 세계 3위의 인구규모이다. 1967년 1억 8천 5백만 명에 불과하던 인구는 2017년 6억 4천만 명을 넘어섰다. 중국과 인도 다음으로 많은 수이며, 유럽연합보다도 규모가 크다. 세계 증가율 1.12%를 약간 상회하는 1.13%의 인구증가율이 높은 편은 아니지만, 고령화가 진행되기 전이기 때문에 당분간 인구는 꾸준히 늘어날 전망이다. 그리고 중간 연령이 28세로 젊은 층 인구비중이 높다. 특히 필리핀과 라오스, 미얀마, 캄보디아, 그리고 인도네시아의 중간 연령이 30세 미만이다.

아세안은 중간연령이 낮은 만큼 노동가능연령(15-64세)의 인구가 많다. 아세안 보고서에 따르면, 2016년 기준으로 노동가능연령 인구는 4억 3천만 명으로 아세안 전체 인구의 67.8%를 차지하며, 노동참여율은 82%이다. 여성 노동참여율은 56.5%, 남자는 69.2%이다. 국제노동기구(ILO)의 조사에 따르면 아세안 노동력[1]은 2030년까지 5천 9백만 명이 새로 유

1 고용인구와 실업 인구수의 합

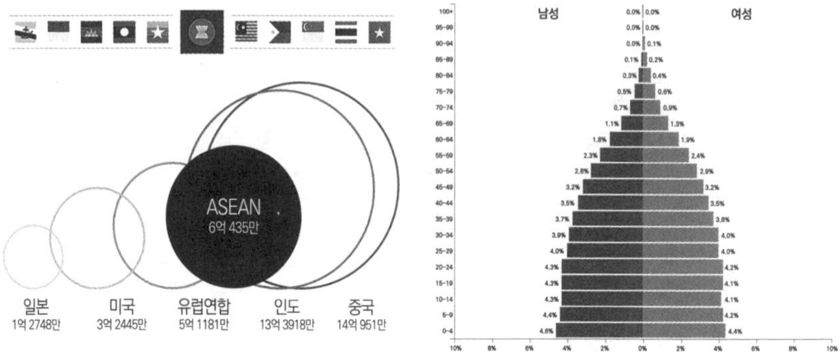

출처: World Bank, ASEAN Stat.

〈그림 1-2〉 아세안 인구규모와 인구구성

입되며, 노동력 성장률이 세계 2위를 기록할 것이라고 예상하고 있다.[2] 중국과 인도에 이어 세 번째로 규모가 큰 노동력을 보유한 아세안이기에 생산과 소비 시장의 성장잠재력이 클 수밖에 없다.

아세안 지역이 글로벌 경제주체들의 관심을 끌어당기는 또 다른 요인은 급격히 커진 경제규모이다. 아세안 10개국이 모두 가입 완료된 1999년 이 지역의 총 GDP는 5억 7천 7백만 달러에 불과했지만, 2007년 1조 3천 3억 달러, 2017년 2조 7천 7백억 달러를 기록했다. GDP로 보면 가난에 허덕이던 나라들이 세계 5위의 경제블록으로 올라선 것이다. 아세안 전체 경제규모가 커짐과 동시에 글로벌 경제에 기여하는 바도 크게 증가했다.

이제 아세안은 글로벌 경제에서 주요한 역할을 담당하고 있다. IMF는 2017년 글로벌 경제성장에서 아세안-5의 기여도를 7.8%로 보고 있다. 글로벌 수출에서 아세안 수출이 차지하는 비중은 과거 5%에도 미치지 못

---

2 국제노동기구 추정치, Quarterly Global Outlook, UOB Global Economics & Markets Research, 2015

했으나 2016년에는 7%로 높아졌다. 아세안 경제 성장을 이끄는 주역들은 가장 큰 비중을 차지하는 인도네시아를 비롯, 태국과 싱가포르, 필리핀, 말레이시아 등 소위 '아세안-5'라고 불리우던 나라들이다. 이들이 아세안 총생산의 약 90% 가량을 담당하고 있다. 그러나 베트남을 필두로 캄보디아, 미얀마, 라오스 등 소위 CLMV[3]의 약진이 없었더라면 더 오랜 시간이 걸렸을지도 모른다. 과거 폐쇄적인 경제체제에서 전환한 이들 4개 국가는 2010년대를 들어오면서 고속성장 가도에 접어들었다. CLMV의 전체 GDP는 1999년 421억 달러로 아세안 전체 GDP에서 차지하는 비중이 7.3%에 불과했으나 2012년 10%를 넘어섰고, 2017년에는 약 3천 3백억 달러로 늘어나 11.9%에 이르렀다. 2019년에도 7% 안팎의 높은 성장률을 기록할 것으로 예상되기에, CLMV의 아세안 기여도 역시 크게 늘어날 것으로 보인다.

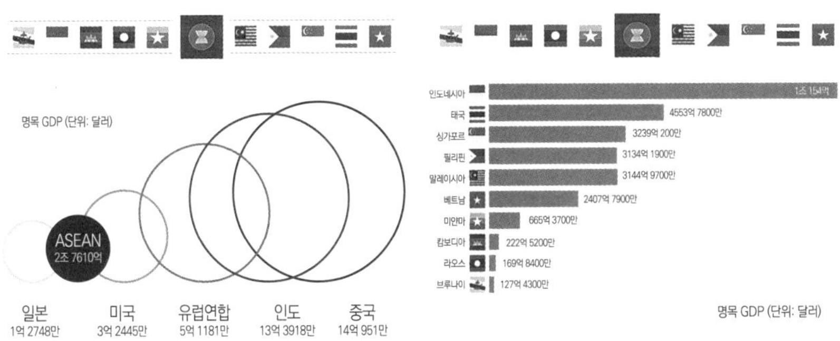

출처: World Bank, ASEAN Stat.

〈그림 1-3〉 아세안 경제력

---

3 ASEAN 통계자료 및 국제경제기구 보고서 등에서 캄보디아와 라오스, 미얀마, 베트남 4개 국가의 영문 이니셜을 따서 CLMV로 표기하고 있다.

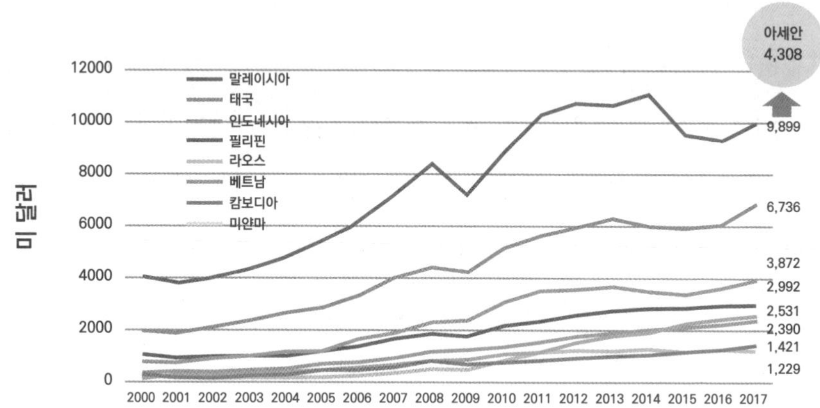

출처: ASEAN Secretariat, ASEANstats database.

〈그림 1-4〉 아세안 국가 1인당 GDP

아세안 국가에 대한 투자가 늘고, 생산이 증가하면서 1인당 소득도 당연히 증가하고 소비시장도 성장하고 있다. 아세안의 1인당 GDP는 1967년 122달러에 빈곤층 비율이 높은 지역으로 분류되었다. 그러나 80~90년대를 거치며 '아세안-5'를 중심으로 경제성장이 빠르게 이루어졌다. 1인당 GDP가 1990년 1천 달러를, 2005년에는 2천 달러를 돌파했다. 2000년대 글로벌 생산의 중심지로 떠오르면서 2010년 3천 그리고 2016년 4천 달러를 넘어서는 눈부신 성장을 보여주었다. 2017년 1인당 4,308 달러의 소득을 갖는 아세안 시장은 이제 구매력을 갖춘 소비시장으로 확실히 자리를 잡고 있다. 수출을 위한 제품생산에 목적을 둔 기업들뿐만 아니라 현지 내수시장을 노리는 기업들이 앞다투어 뛰어들고 있다.

내부 유인요인 세 번째는 안정적인 높은 경제성장률이다. 1999년 이래로 아세안경제공동체의 실질 GDP 성장률은 2.5%에서 7.5% 사이를 넘나

들었고 2016년에는 4.8%를, 2017년은 5.34%를 기록했다. 숫자 그 자체로만 보면 중국이나 인도, 특히 캄보디아와 라오스, 미얀마, 그리고 베트남의 성장률은 6.1%에서 2017년 6.9%로 세계의 성장엔진이라는 중국과 인도와 비슷한 수치이다. 이러한 높은 경제성장률은 향후에도 지속될 것으로 예상된다. IMF는 2018년부터 2022년까지 아세안 GDP는 1조 5천억 달러가 증가하는 강력한 성장을 이룰 것으로 전망하고 있다. OECD가 내놓은 자료에 따르면, 2018년부터 2022년까지 아세안 회원국들의 실질 GDP 성장률은 평균 5.2%으로 예상하고 있다. 특히 CLMV 국가들은 가장 높은

〈표 1-2〉 아세안 실질 GDP 성장률: 현재와 전망

	2017	2018	2019	2019-23(평균)	2012-16(평균)
ASEAN 5개국					
인도네시아	5.1	5.2	5.2	5.3	5.3
말레이시아	5.9	4.9	4.8	4.6	5.1
필리핀	6.7	6.4	6.5	6.6	6.6
태국	3.9	4.5	4.1	3.7	3.4
베트남	6.8	6.9	6.7	6.5	5.9
브루나이 및 싱가포르					
브루나이	1.3	2.0	2.3	2.0	-1.3
싱가포르	3.6	3.5	2.9	2.7	3.5
CLM 국가					
캄보디아	7.0	7.0	6.9	6.9	7.1
라오스	6.9	6.6	6.8	7.0	7.6
미얀마	6.8	6.6	6.9	7.0	7.3
중국 및 인도					
중국	6.9	6.6	6.3	5.9	7.3
인도	6.7	7.5	7.3	7.3	6.9
ASEAN 10개국 평균	5.3	5.3	5.2	5.2	5.1
신흥 아시아 평균	6.5	6.6	6.3	6.1	6.8

출처: OECD Development Centre, "Economic Outlook for Southeast Asia, China and India 2019"

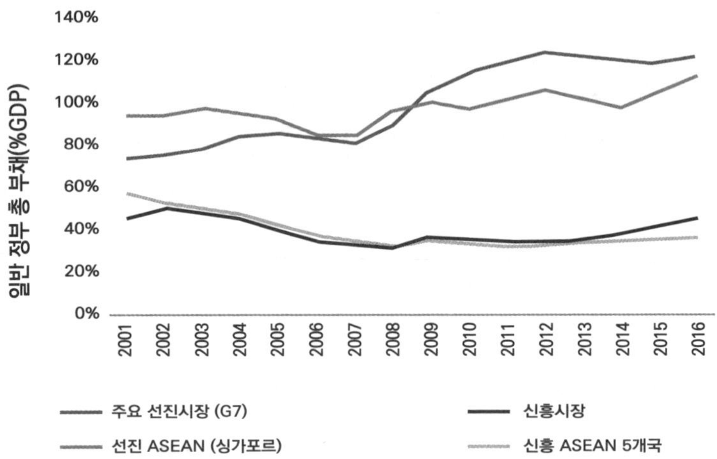

*Emerging ASEAN 5: 인도네시아, 말레이시아, 필리핀, 태국, 베트남

출처: WEO Database, IMF, October 2017. PwC "The Future of ASEAN"에서 재인용

〈그림 1-5〉 GDP대비 정부부채

수준인 7%대를 유지할 것으로 내다보고 있다. 2018년 경제성장률 전망을 보더라도 이들 국가를 제외하면 7%대의 경제성장률은 인도가 유일하다.

세계의 다른 이머징 국가들과 비교할 때 아세안 시장의 성장에서 주목할 만한 점은 낮은 국가부채 수준이다. 〈그림 1-5〉에 나타나 있듯이 싱가포르를 제외하면 9개 국가의 GDP 대비 부채 비율은 평균 45%에 지나지 않으며, 인도네시아, 말레이시아, 필리핀, 태국, 베트남 등 5개 국가의 평균 부채비율은 2016년 기준으로 39%로 세계에서 가장 낮은 수준이다. 이는 이머징 마켓 세계 평균이 47%보다도 낮고, G7 120%과 비교하면 훨씬 낮은 수치이다. 낮은 국가부채 수준은 정부로 하여금 성장위주의 재정정책을 꾸준히 이어나갈 수 있는 발판이 되며, 인프라와 같이 투자가 필요한 특정 분야에 집중할 수 있도록 만든다.

2) 아세안 자유무역협정

앞서 언급한 대로 아세안은 생산의 중심지로 자리매김을 하였고, 소비 시장의 성장도 가속화되고 있다. 여기에 국제무역을 촉진시키고 해외직접 투자를 활성화시키는 또 다른 요인은 아세안 각국이 다양한 자유무역협정과 파트너십에 참여하고 있다는 점이다. 자유무역협정(FTA)은 다자간 무역협정이 그 한계를 드러내고 신보호무역주의가 부상하면서 그 대안으로 떠올랐다. 이미 전 세계 교역량의 절반 이상이 자유무역협정 당사자간에 이루어지고 있고, 그 범위도 확대되고 있다.

아세안은 그 주요 교역대상이자 투자국가인 한국과 중국, 일본과 함께 아세안+3를 구성했으며, 여기에 인도와 호주, 뉴질랜드가 참여한 아세안+6도 만들어졌다. 아세안과 주변 6개 국가는 동아시아 포괄적 경제동반자 협정(Comprehensive Economic Partnership in East Asia, CEPEA)을 맺고 있으며 미얀마와 라오스, 캄보디아를 제외한 아세안 7개 국가가 아시아-태평양 경제협력(Asia-Pacific Economic Cooperation, APEC)에 가입되어 있다. 그리고 미국의 가입의사 철회로 난항을 겪던 환태평양 경제 동반자 협정(Trans-Pacific Strategic Economic Partnership, TPP)은 일본이 주도하는 포괄적·점진적 환태평양경제동반자협정(CPTPP)이라는 다소 축소된 형태로 2018년 12월 30일 발효되었다. 여기에는 아세안 4개국가(말레이시아, 싱가포르, 베트남, 브루나이)와 북미 2개국, 남미 2개국, 오세아니아 2개국등 모두 11개 국가가 참여하고 있다. 이어 중국이 주도하는 역내 포괄적 경제 동반자 협정(Regional Comprehensive Economic Partnership, RCEP)도 2019년 타결을 목표로 하고 있다.

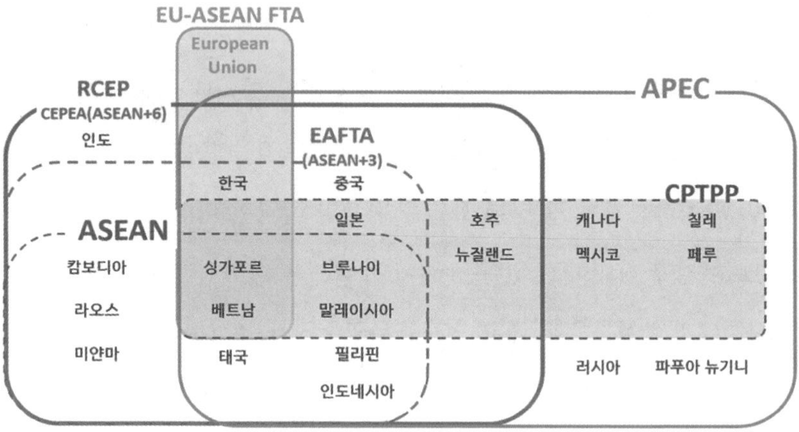

〈그림 1-6〉 지역자유무역협정

RCEP은 아세안+6와 인도가 참여할 것으로 기대되는 다자경제블록으로, 성사가 될 경우 참여국가의 총인구가 34억 명, GDP 규모가 20조 달러에 이르는 초대형 경제통합체가 될 것이다. 아세안과 유럽연합은 2007년부터 지역간 자유무역협정을 추진했지만, 국가별 이해관계가 달라 개별국가 사이의 협상으로 방향을 전환했다. 2018년 싱가포르에 이어 베트남이 유럽연합과 FTA를 체결하기로 합의한 상태이다.

아세안이 여러 국가들과 지역 및 개별 자유무역협정을 맺고 포괄적 경제협력 파트너십에 참여함으로써 얻을 수 있는 이익은 분명하다. 협정대상국의 상호간 경제성장과 시장접근성을 확대시키고 수출증대, 고용 창출 효과 등 다양한 이점을 가져다 준다. 특히 제조업분야의 수출 의존도가 높은 국가일수록 원산지규정과 관세인하를 통한 경쟁력 강화라는 큰 혜택을 받을 수 있다.

글로벌 경제협력 관계에서 아세안의 위치가 더욱 그 빛을 발하는 것은 최근 격화된 미·중 무역전쟁의 덕택이다. 트럼프 대통령이 취임한 이래로 미국은 자국경제상황을 최우선시하는 보호무역주의를 내세우고 있다. 세계 최대 시장인 미국의 무역기조변화는 대미 수출 1위인 중국에게 큰 타격을 줄 수밖에 없다. 2018년 3월 트럼프 미국 대통령이 연간 500억 달러 규모의 중국산 수입품에 관세를 부과하는 행정 명령에 서명하면서 본격적인 전쟁의 서막이 올랐다. 중국도 여기에 맞서 30억 달러 규모 미국산 수입품에 관세 부과를 예고했다. 이러한 양측의 무역갈등은 여러 차례 협상에도 모두 실패로 끝났고, 관세대상 품목과 규모가 점차 늘어나 손실액이 2천억 달러에 이른다. 양국의 갈등은 글로벌 경제에 큰 영향을 미친다. 특히 중국기업이나 중국에서 생산해 미국으로 수출하는 외국기업들이 직격탄을 맞고 있다. 게다가 이 무역전쟁은 쉽게 끝날 것 같지 않을 뿐 아니라 협상이 극적으로 타결이 된다 하더라도 불씨가 완전히 사라지지는 않을 것이라는 관측이 지배적이다. 관세부과가 현실화된 뒤에도 중국의 대미무역흑자가 2018년 8월부터 10월까지 3개월 동안 계속해서 300억 달러를 웃돌았기 때문이다.

무역전쟁의 피해를 입은 기업들은 향후 리스크를 피하기 위해 '탈중국'을 모색하고 있다. 중국을 빠져나올 때 최적 대안으로 떠오르는 곳이 바로 동남아시아 지역이다. 블룸버그와 파이낸셜 타임즈, 포브스 등 모든 주요 언론들은 일제히 동남아가 무역전쟁으로 가장 큰 수혜를 입고 있으며, 이 전쟁의 승자라고 보도하고 있다. 2018년 실시된 주중 미국 상공회의소의 서베이에 따르면, 중국내 미국기업들 3분의 1이 생산지를 옮겼거나 옮기겠다고 답했으며, 어디로 갈 것이냐고 묻는 질문에 18.5%가 동남아시아를 선택했다.[4] 2019년 들어 양국의 갈등이 점점 더 심화되면서 기업들도 보다 적극적인 대응에 나서고 있다. 베인 앤 컴퍼니 서베이에 따르면 미국계 다국적 기업 200개 가운데 60%가 공장 이전과 글로벌 공급사슬 전략 조정 등을 실행할 것이라고 답했다.

'탈중국'으로 나타나는 기업의 이러한 전략적 대응이 아세안 지역에 미치는 경제적 효과는 아직까지는 긍정적이다. 미·중 무역전쟁이 발생한 후 아세안으로 유입되는 해외직접투자가 늘어났다. 2018년 1월부터 9월 사이 베트남 제조업 투자유입액은 전년 동기대비 18%가 증가했으며, 태국은 1월부터 6월까지 53%가 늘어났다. 필리핀 역시 제조업의 순 해외투자금액이 1억 4천 4백만 달러에서 8억 6,100만 달러로 크게 증가했다. 일례로 글로벌 사모펀드 투자회사 콜버그 크래비스 로버츠(KKR)의 설립자 가운데 한 사람인 헨리 크래비(Henry Kravis)는 아세안에 대한 투자를 늘려갈 것이라고 밝혔다. KKR은 2017년 베트남의 마산(Masan) 그룹에[5] 2억 5천만 달러를 투자한 바 있다. 여러 리서치 기관에서 분석한 결과도 현재 미·중 무역분쟁으로 인해 수혜를 입을 지역이 아세안임을 보여주고 있다. 〈그림 1-7〉은 수입대체 및 생산이전으로 지표를 점수화하여, 그 혜택을 받을 국가들을 보여주고 있다. 13개 국가 가운데 양쪽 모두에서 높은 점수를 받은 국가들은 말레이시아와 베트남, 싱가포르, 태국, 필리핀, 싱가포르 등 아세안이 차지하고 있다.

아세안이 글로벌 경제에서 차지하는 비중이 커지고 있고, 앞으로 더 많

4 Bloomberg "US-China Trade Tussle is creating winners in Southeast Asia" (2018.9.19)

5 마산 그룹은 조미료와 라면 등을 생산하는 베트남의 대표적 식품제조업을 운영하고 있다.

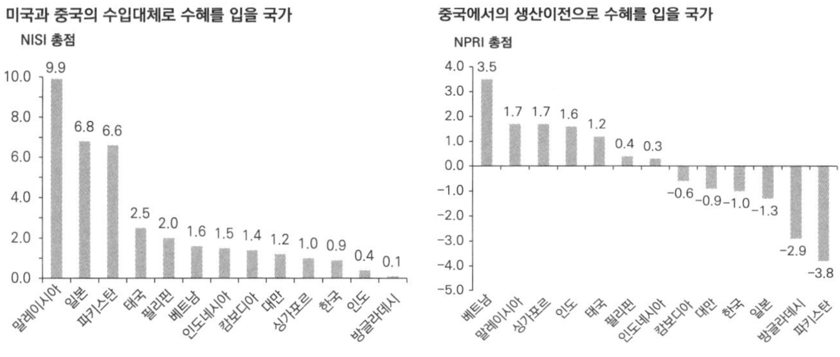

*NISI: 노무라 수입대체지표 (Nomura Import Substitution Index)

**NPRI: 노무라 생산이전지표 (Nomura Production Relocation Index)

출처: UN Comtrade, Trade Map, AmCharm, World Bank, IMF, Nomura Global Research

〈그림 1-7〉 수입대체와 생산지 변경으로 수혜를 입을 국가

은 투자와 성장기회가 기대되는 지역이라는 데에는 이견이 없을 듯하다. 대내외의 경제여건의 변화와 아세안 각국의 노력의 결과가 미래 전망을 밝게 만들고 있다. 따라서 한국기업이 이러한 기회를 놓치지 않기 위해 달려가는 것은 당연한 선택이다. 그러나 아세안은 한국기업만 발견한 숨은 진주가 아니다. 아세안 시장의 강점을 이용하면서 글로벌 경쟁에서 한발 앞서 나가기 위해서는 아세안에 대한 충분한 이해가 선행되어야 한다. 그렇지 않으면 '기회의 땅'은 언제든 '무덤'으로 변할 수 있다.

2장

'바람 아래의 땅'에서 아세안경제공동체로

'아세안(ASEAN)'이라는 틀을 세우기 전에 우리는 먼저 아시아와 동남아시아라는 지경학적 경계를 지나야 한다. 아세안은 동남아시아 국가연합(Association of South East Asian Nations)이며, 동남아시아는 아시아에 속한 일부 지역 즉 하위에 속해 있다. 어떤 지역을 접근하기 전에 그 역사적, 지리적 연원을 간략하게라도 알아보는 것은 이후 경제 활동을 둘러싸고 있는 체제와 환경을 이해하는 첫걸음이다.

1) 아시아 그리고 동남아시아

지리적으로 보면 아시아 대륙은 전 세계의 3분의 1을 차지하는 거대한 지역이며, 역사적으로 문명의 발상지이자 무역의 중심지나 통로가 되어 왔다. '아시아'라는 명칭이 언제부터 사용되었는지 정확하게 밝혀지지는 않았으나, 기원전 440년경 헤로도토스가 페르시아 전쟁에서 그리스와 이집트에 구별되는 지역으로 '아시아'라는 단어를 사용했다고 알려져 있다. 여기서 아시아는 그리스어 'Ἀσία'에서 가져와 사용했다고 추정한다. 그러나 '아시아'의 어원에 관해서는 여러 가설이 제기되어 있다. 아시리아어에서 일출을 뜻하는 'asu'에서 유래되었다는 주장도 있으며, 페니키아어 'asa'와 관련이 있다는 설도 있다. 어원이 무엇이든, '아시아'는 그리스나 유럽과 구별되는 지역 혹은 이집트와 다른 동쪽의 땅덩어리를 지칭하는 것만큼은 분명하다. 여기서 동쪽이라는 것도 사실은 역사적으로는 그리스로 대표되는 유럽의 시각에서 본 방향이다.

이처럼 유럽의 시각으로 동쪽의 넓은 지역으로 규정되다 보니 아시아는 동서로는 홍해에서부터 태평양 사이, 남북으로는 인도네시아에서 시베

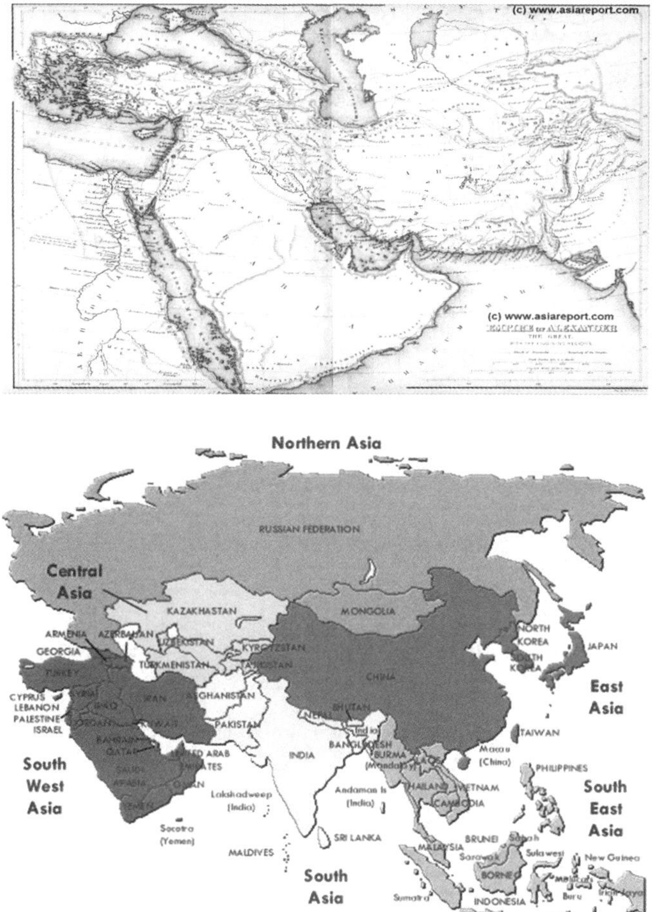

출처: Asiareport.com, cloford.com

〈그림 2-1〉 과거와 현재 아시아

리아까지 지나치게 넓은 면적을 이루고 있다.[6] 현대 아시아는 정치지리학적으로 크게 동아시아와 남아시아라는 두 지역으로 구분하고 있으며 우리

6 전체 면적은 44,579,000km^2 으로 세계에서 가장 넓고 인구가 많은 대륙이다.

가 이 책에서 주목하는 곳은 동아시아의 일부분이다.[7] 중국과 일본, 한국이 속한 동북아시아는 일본의 빠른 경제발전과 뒤이은 한국의 성공으로 일찍이 관심대상 지역이 되었다. 중국은 거대한 강대국으로 정치적으로나 경제적으로 아예 하나의 영역으로 자리잡았다고 해도 과언이 아니다.

동남아시아는 지리적으로 중국남부, 남아시아 벵갈만의 서쪽, 동쪽으로 태평양 그리고 남쪽에서 호주로 둘러싸인 지역을 일컫는다. 이 지역은 크게 본토(mainland: 미얀마, 태국, 라오스, 캄보디아, 베트남)와 도서부(말레이시아, 싱가포르, 인도네시아, 필리핀, 브루나이)로 구성되어 있다. 일년에 두 번 방향이 바뀌는 몬순 계절풍 덕에 이 지역은 일찍이 중국과 인도 사이 무역의 요충지가 되었다.[8] 태평양과 인도양 사이 교류의 중심지는 2차대전의 이후 독립에 이르기까지 태국을 제외하면 서구 제국주의의 식민지로 전락해 천연자원과 식량의 공급지로 남아있었다. 동남아시아 10개국의 국경선은 임의적으로 그어진 것으로 역사적으로나 그 지역 사람들의 사회적, 민족적 요청과는 무관한 것이었다.[9]

1950년대 10개국은 각기 다른 정치시스템과 경제체제를 세우기에 여념이 없었고, 하나의 경제블록으로 형성될 가능성조차 보이지 않았다. 1967년 베트남 전쟁과 인도차이나 반도의 공산화는 주변 국가들이 국제정세에 공동으로 대응할 필요성을 일깨워주었다. 게다가 각국 정부는 경제발전이라는 국가적 목표 앞에 협력이 절실한 상황이었다. 마침내 1967년 인

---

7 윤진표, 현대 동남아의 이해, 14p

8 중국에서는 '난양(Nanyang)', 인도에서는 '수바르나부미(Suvarnabhumi), 아랍에서는 '바람 아래의 땅(land below the wind)'라고 불렀다. (윤진표, 현대 동남아의 이해, 20p)

9 미얀마에서 벌어지고 있는 잔혹한 로힝야족의 인종청소 문제 역시 식민지 시대 집단 이주와 종교, 정치적 갈등이 중첩된 비극적 결과물이다.

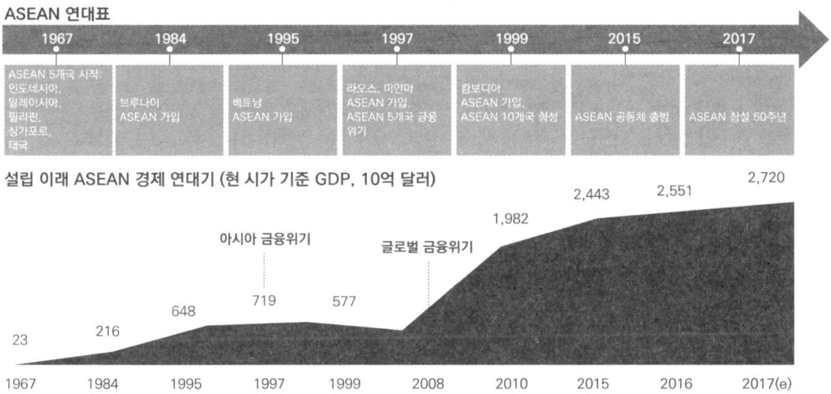

출처: ASEAN Secretariat, 2017; WEO Database, IMF, October, 2017.

〈그림 2-2〉 아세안 형성의 역사와 경제규모

도네시아와 태국, 말레이시아, 필리핀, 싱가포르의 외교장관이 모여 동남아시아 국가연합(ASEAN)을 결성하게 된다. 아세안이라는 이름을 내걸고 세계를 향해 목소리를 낼 수 있게 된 것이다.

2) 하나의 시장 아세안 경제공동체

2017년 동남아시아 국가연합, 아세안(ASEAN)은 설립 50주년을 맞이했다. 결코 짧지 않은 역사이고 놀라운 성과를 거두었다. 베트남 전쟁과 말레이시아의 정치갈등 등 지역내 위기가 고조되던 1967년 아세안은 5개 국가로 출발했다. 당시에는 태국이 지역연합 기구 탄생의 주도적인 산파역할을 했다. 그러나 단지 정치적 위기만이 아세안을 탄생시킨 유일한 요인은 아니다. 박사명(2014)은 지정학적 동인과 지경학적 그리고 지문화적 동인이 작동한 결과물이 바로 아세안이라는 분석을 제시한다. 지정학적인 관점에서 보면, 식민세력의 '권력공백'을 메우고 정치안보를 강화함과 동시에 동남아의 국제위상을 제고하기 위한 구심점이 필요했다는 것이다. 지경학적 동인은 지역협력을 통해 경제성장을 추진할 목적, 지문화적 동인은 식민지배로 약화된 각국의 정체성과 연대의식을 강화하려는 의도이며, 이러한 세 가지 동인이 함께 작용했다는 주장이다. 그러나 이러한 필요성에서 아세안이 탄생했음에도 불구하고 '단일한 공동체'를 향해 나가는 과정이 신속하게 진행되지는 못했다. 1984년에서야 브루나이가 가입했고, 1995년 베트남 그리고 1997년에 라오스와 미얀마가, 1999년에는 캄보디아가 합류하였다. 20세기의 마지막 순간에 이르러서 명실상부한 동남아시아 전체를 아우르는 지역연합 완전체 아세안이 탄생했다.

아세안이 10개 회원국을 품었지만 단일한 공동체로 나아가는 것은 쉬운 일이 아니었다. 더딘 행보에 일대 전환이 이루어진 것은 2000년대 중반에 이르러서이다. 중국과 인도 경제가 급격히 성장하면서 동남아 각국은 경제블록을 형성해 대처할 필요가 있다는데 인식을 같이 했다. 개별적으로는 작은 나라이지만 아세안으로 뭉치면 '규모의 경제'를 이룰 수 있고, 통합된 경제주체로 경쟁력 강화를 도모할 수 있기 때문이다. 내부적인 동인보다 글로벌 경제환경의 변화와 외부로부터의 긴장이 통합을 앞당기는 촉매제가 된 것이다. 이에 따라 2020년으로 예정된 아세안공동체의 출범은 2015년으로 그 목표시한을 5년이나 단축하도록 재설정되었다. 2007년 채택된 '아세안 비전 2020'과 'AEC 2020 청사진'은 단일 경제권을 기반으로 한 'AEC 4대 중장기 목표'를 설정하고 있다. 단일 시장 및 생산거점 구축, 경쟁력 높은 경제 블록화, 균형적 경제발전, 그리고 세계경제로의 통합이 그것이다. 궁극적으로는 유럽연합 수준의 경제통합을 목표로 하고 있지만, 해결해야할 과제가 많이 남아있었다.

〈표 2-1〉 지역공동체별 경제통합수준

분야	ASEAN	EU	NAFTA	MERCOSUR
상품 교역	△	○	○	△
서비스 교역	△	○	△	△
자본이동(FDI)	△	○	△	△
인력 이동	X	○	X	X
통화 통합	X	○	X	X
재정 통합	X	△	X	X

○ 완전통합, △ 부분통합, X 미통합

출처: ADB, Hill, H. & Menon, J. (2011) 'ASEAN Economic integration: features, fulfillment, failures and the future', '아세안역내경제통합에 따른 주요국 동향 및 시사점'에서 재인용

아세안공동체는 경제, 정치안보, 사회문화공동체로 이루어져 있으며, 경제적 통합에서 기능적 통합을 거쳐 제도적 통합으로 나아간다는 기능주의적 전략을 따라가고 있다(Soesastro, 2006). 이 책에서 우리가 주목하는 경제공동체는 경제금융부문의 전면적 지역통합을 지향한다(Severino, 2006). 아세안은 그 계획단계에서부터 동남아 전역을 상품, 용역 및 자본의 자유로운 이동이 가능한 하나의 시장이자 생산기지로 통합함으로써, 효율적 경제발전과 사회발전의 형평성이 모두 실현되는 하나의 경제권으로 재편한다는 목적을 분명히 밝히고 있다(ASEAN, 2003).

2015년 12월 마침내 아세안경제공동체(AEC)가 정식으로 출범했다. 글로벌 경제시스템 안에서 동남아시아 지역이 단일한 하나의 시장으로 드디어 자리매김을 한 것이다. 아세안의 이름으로, 낙후된 시설과 저개발의 낡은 이미지를 벗고, 젊은이들이 가득하고 성장가능성이 높은, 새롭게 떠오르는 경제블록으로 새로운 출발선에 섰다.

아세안경제공동체의 출범과 함께 새로이 발표된 'AEC 비전 2025' 그

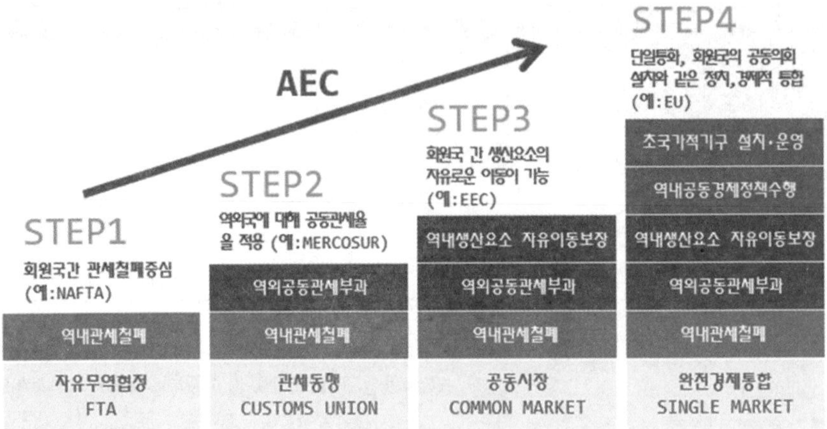

출처: FTA포털, 산업통상자원부, '아세안역내경제통합에 따른 주요국 동향 및 시사점'에서 재인용

〈그림 2-3〉 ASEAN 경제공동체 통합 단계

리고 'AEC 2025 청사진'은 이전에 발표된 내용을 이어가면서 글로벌 환경의 변화를 보다 적극적으로 반영하고 있다. 'AEC 2020 청사진'에 따라 진행된 AEC의 경제발전의 성과는 충분히 주목받을 만하다. 국내총생산과 소득, 소비 등 다양한 측면에서 빠른 성장을 보여주었고, 이것이 지금 세계가 아세안을 매력적인 지역으로 여기도록 만든 바탕이 되었다. 계획과 실행, 성취 결과가 고무적인 수준에 도달한 것은 분명하지만, 다음 단계로 도약하기 위해서는 새로이 전환된 패러다임이 필요할 수밖에 없다. 이러한 필요성에 따라, 두 번째 발표된 'AEC 2025 청사진'은 보다 '포괄적이고 지속가능한 성장과 복원력 있는 공동체' 등 새로운 개념이 작동하는 경제단위 건설 계획이다.[9] 'AEC 2025 비전'은 5가지의 대영역과 그 아래 74개의 프로그램과 146개의 전략이 담겨있는 광범위한 밑그림이다. 5가지 대영역은 첫째, 고도로 통합되고 응집된 경제(a highly integrated and cohesive economy)이다.[10] 1기에서부터 이어져온 경제통합의 연속성을 이어간다는 의미이다. 두번째는 포괄적 혁신과 역동적인 아세안(a comprehensive innovation and dynamic ASEAN)이다. 경쟁력을 강화할 뿐만 아니라 지속가능한 발전을 위해 기술 및 연구개발과 지배구조 강화 등을 포함하고 있다. 세번째는 강화된 연계성 그리고 섹터 협력(enhanced connectivity and sectoral cooperation)이다. ICT와 에너지, 교통, 관광 등 지역간 연결인프라와 교류확대가 여기에 포함된다. 네번째는 복원가능한, 포용적인, 인간-지향적이며 사람 중심의 아세안(a resilient, inclusive, people-oriented and people-centered ASEAN)이다. 비중이 큰 초소형 및 중소기업(micro, medium and small enterprises, MSMEs)[11]에 대한 지원을 강화하고 지역간 개발격차 해소를 위한 전략이 여기에 포함되어 있다. 문재인 대통령의 신남방정책에 등장하는 3P의 'people'도 이 영역과 연관된 것이다. 다섯 번째는 글로벌 아세안이다. 아세안경제공동체가 배타적인 경제블록이 아닌, 글로벌 경제 안에서 가치를 창출하고 협력이 가능한 경제 주체로 나아가야함을 분명히 하고 있다.

5개의 대영역과 하위 프로그램을 살펴보면 아세안경제공동체의 로드맵과 지향하는 목표, 그리고 지금 집중하고 있는 과제들이 분명하게 드러나 있다. 모든 분야에서 각각의 이행 단계가 계획대로 완벽하게 실행되기는

10 ASEAN 경제공동체 2025 비전과 쟁점(동남아 이슈페이퍼 통권 15호, 2016년 6월)에서 최경희는 AEC 2025 비전이 세계 정치경제적 환경에 반응한 새로운 패러다임을 반영하고 있다고 평가하고 있다.

11 아세안 내 96%가 초소형 및 중소기업이며, 고용의 50~95%를 책임지고 있다. 따라서 MSMEs를 육성하고 경쟁력을 강화시키는 것은 가장 중요한 과제 가운데 하나이다. 이에 따라 '중소기업발전을 위한 아세안 전략적 실행 계획 2016-2025(ASEAN Strategic Action Plan for SME Development 2016-2015)'이 수립되었다.

어렵겠지만, 현재까지 점진적인 진행이 이루지고 있는 것만은 분명하다.

지금까지 아세안경제공동체 차원에서 바라보았다면, 다음은 국가별로 초점을 두고, 좀더 가까이 들여다볼 필요가 있다. 유럽연합에 속한 국가들이 다 같은 성격과 경제수준을 갖고 있지 않듯이, 아세안 구성원들도 그 차이가 크다. 그 이질적인 요소들이 아세안 시장을 이해하는데 가장 중요한 열쇠이기도 하다.

3) 다양성 속의 통일성(Unity in Diversity)

세계적인 컨설팅회사 맥킨지는 2014년 보고서에서 아세안에 관해서 알아야할 7가지 가운데 하나로 다양성을 꼽았다. 이것은 비단 경제적인 격차만이 아니라 언어와 종교, 문화 등을 포함하고 있다. 아세안이 이전보다 더욱 통합된 형태로 나아간다 하더라도, 투자자들은 현지 시장의 특성이 여러 갈래로 나눠져 있음을 인식해야만 한다고 말하고 있다.

아래 〈표 2-2〉에서 보듯이, 아세안 각국은 인구와 경제규모에서 커다란 차이를 보이고 있다. 싱가포르와 브루나이는 적은 인구와 영토를 보유하고 있지만, 1인당 GDP는 대략 6만 4천 달러와 3만 2천 달러로 아세안에서 가장 높은 소득수준을 자랑한다. 반면에 캄보디아와 미얀마는 1천 5백 달러에도 미치지 못한다. 최대 45배 이상이나 차이가 난다. 언어도 영어를 사용할 수 있는 싱가포르와 말레이시아, 필리핀을 제외하면 모두 각기 다른 언어를 사용하고 있다. 종교를 보면 불교신자가 대부분인 국가가 많지만, 세계 최대 이슬람 국가인 인도네시아를 비롯해 무슬림이 3억 명에 육박하고 있다. 정치체제 역시 대통령제부터 이슬람 왕정국가까지 다

〈표 2-2〉 아세안 정치체제 및 국가별 경제지표

항목	싱가포르	브루나이	말레이시아	태국	인도네시아	필리핀	캄보디아	라오스	미얀마	베트남
인구(백만명)	5.6	0.4	32.1	69.1	262.0	105.3	16.0	6.7	52.6	93.6
면적(천km^2)	1	6	330	513	1911	300	181	237	677	331
정치체제	의원내각제	이슬람왕정국가	의원내각제	입헌군주+내각책임제	대통령제	대통령제	입헌군주제/의원내각제	대통령제	대통령제	공화제
대통령, 국왕/총리 (2019년 5월)	리센룽	술탄 하지 하사날 볼키아	술탄 압둘라 술리'이야투딘 알-무스타파 빌라 샤 /마하티르 빈 모하마드	마하 와치랄롱꼰/ 쁘라윳 짠오차	조코 위도도	도드르고 두테르테	노로돔 시아모니/ 훈 센	분냥 보라치트	아웅산 수치 (국가고문) / 윈 민트 (대통령)	응우옌 푸 쫑 (당서기장 및 국가주석)
주요종교	불교/이슬람교	이슬람교	이슬람교	불교	이슬람교	카톨릭교	불교	불교	불교	불교
중위연령	34.6	30.2	28.5	37.7	30.2	23.5	25.3	23	27.9	30.5
GDP 성장률* (2018)	3.2	-0.2	4.7	4.1	5.2	6.2	7.3	6.5	2.1	7.1
1인당 GDP* (USD, 2018)	64,041	32,414	10,942	7,187	3,870	3,104	1,509	2,720	1,298	2,551
1인당 GDP* (PPP)	100,345	79,530	30,860	19,477	13,230	8,936	4,335	7,725	6,511	7,511

*International Monetary Fund (2019), 브루나이와 캄보디아, 라오스, 싱가포르, 태국 수치는 IMF 추정치

양하다.

경제적 여건과 문화적 배경, 그리고 사회정치적 환경이 이질적인만큼 아세안 밖에서 아세안 내부로 들어가려는 이들이 갖추어야 할 것은 지식과 정보 그 이상이다. 바로 취향 감수성과 문화적 감수성(preference & cultural sensitivity/empathy)이다. 헬렌 데레스키는 그의 저서에서 문화적 감수성이란 '다른 문화에 대한 인식과 정직한 보살핌이라는 감각'이라고 정의한다. 이러한 감각은 다른 사회에서 살아가는 이들의 관점을 이해하고 기꺼이 그들의 입장이 되어볼 수 있는 자질을 요구한다.[12] 전 세계 모든 기업들이 글로벌 시장으로 향하지 않을 수 없는 이 시대에 문화적 감수성이 마케팅 측면에서만 요구되는 것은 아니다. 조직 내부 커뮤니케이션과 경영에 있어서도 다양한 인재를 아우르고 리더십을 발휘하기 위해서도 관리자와 경영자가 갖추어야 할 덕목 가운데 하나가 문화적 감수성이다. 모든 기업들이 글로벌 시장으로 나가는 21세기에 그 중요성은 더 커지고 있다. 70년대 'Think global, Act local' 문구에서 글로컬(glocal)이라는 단어가 생겨나기까지, 코카콜라에서 시세이도까지, 기업의 혁신과 성장을 관통하는 화두에는 '문화적 감수성'이라는 코드가 들어있다.

스펙트럼이 넓다는 것은 기업들로 하여금 'one-size-fit-all'이라는 매우 효율적인 전략을 구사할 수 없도록 만들고, 높은 수준의 통합된 아세안 공동체 건설에 걸림돌이 될 수도 있다. 그렇지만 다양성은 경쟁력과 창의성의 원천이기도 하다. 기업들이 앞다투어 인력 구성의 다양성을 높이고, 다양성 관리를 강화하는 이유는 글로벌 경쟁환경에서 다양성이 성과

---

12 Deresky, Helen. (2016). *International Management: Managing Across Borders and Cultures, Text and Cases* (9th ed.). Pearson.

에 영향을 미치는 주요 변수가 되었기 때문이다. 아세안 역시 다양성이 지니는 힘을 모르지 않고 있으며, 그 장점을 극대화하고 평화로운 공존의 장을 만들어내려고 한다. 아세안 사회문화공동체(ASCC, Socio-Cultural Community)가 다양성 속의 통일성(unity in diversity)을 지향하는 이유가 바로 그것이다. 균일한 한 덩어리(monolithic)가 아닌, 동남아 각국의 특성을 그대로 포용하는, 다양성을 수용하는 다원주의적 통일성을 의미한다.

4) 제2위 경제파트너 아세안

한국은 일찍이 동남아시아 각 국가들과 외교관계를 맺어왔으며, 한국기업들도 1960년대 후반부터 자원확보를 위한 투자를 진행했다. 이 당시 한국기업들은 원자재를 안정적으로 조달하는 것이 주요 과제였기 때문에 투자대상지로 가까운 동남아 지역이 우선 순위에 들어가는 것은 당연한 결과였다. 이후 건설과 무역업을 중심으로 해외투자를 실시했고, 1980년대부터는 본격적으로 노동집약형 산업 중심의 직접투자가 이루어졌다. 수출 의존도가 높은 기업들은 가격경쟁력 유지와 무역장벽을 피해가기 위해 해외로 진출하지 않을 수 없었다. 정부도 해외투자 절차를 간소화하는 등 기업들의 해외진출을 적극 지원하였으며 1989년 한-아세안 부문별 대화관계를 수립했다. 이 시기에는 인구와 자원이 풍부한 인도네시아가 각광을 받았다.

1991년 한-아세안은 정식 대화상대국 관계로 승격되었으며, 1990년대부터 아세안 시장의 성장 가능성에 관심을 갖고 현지시장을 개척하려는 시도가 늘었고 직접투자도 꾸준히 증가했다. 그러나 1997년 아시아를 강타한 금융위기를 기점으로 기업의 해외투자활동은 매우 위축될 수밖에 없었다. 1995년 대 아세안 투자는 6.1억 달러로 최고치를 기록했으나 1997년 이후 크게 감소하였다.

아세안 지역에 대한 한국의 투자가 다시 시작된 것은 2000년부터이다. 2004년 한-아세안 포괄적 협력동반자 관계에 대한 공동선언이 채택되었으며 2000년 중반부터 본격적인 대규모 투자가 진행된다. 대 아세안 투자액은 2000년 5.2억 달러에서 2007년에는 32억 달러로 크게 증가했다. 2007년은 FTA 상품협정이 발효되면서 한-아세안의 경제관계가 한 단계 도약하는 계기가 되었다. 비록 2008년 글로벌 경제위기의 영향을 받았으나, 한-아세안의 교역량과 투자는 현재까지 지속적으로 증가세를 유지하고 있다.

2009년 한-아세안 FTA 서비스 투자협정이 발효되면서 자유무역협정이 완결되었고, 2010년 이후 양자는 전략적 동반자 관계로 격상되었다. 아세안경제공동체는 중국에 이어 한국의 제 2위 교역파트너이다〈그림 2-4〉.

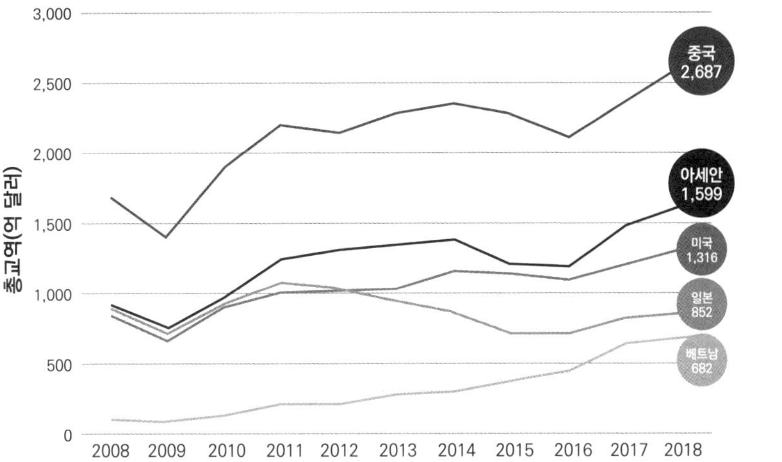

출처: 국가통계포털

〈그림 2-4〉 한국과 아세안 및 주요국과의 교역규모 추이 (억 달러)

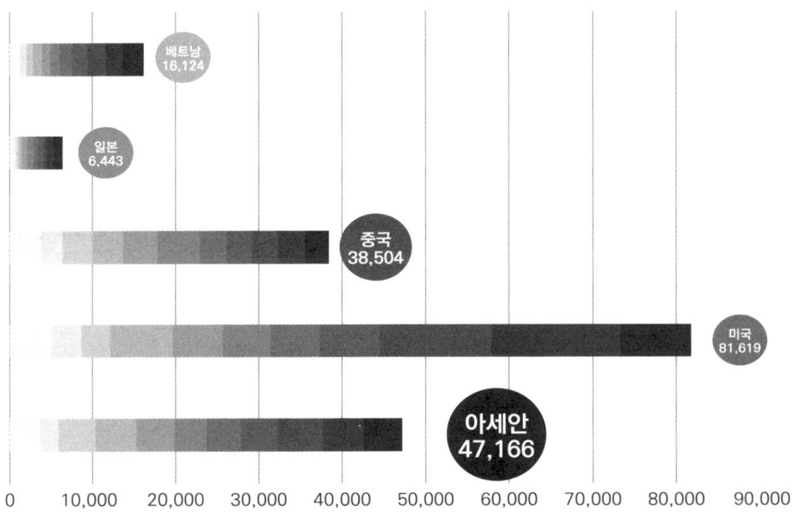

〈그림 2-5〉 2008~2018.9 한국과 아세안 및 주요국과의 누적 투자액 (백만 달러)

2018년 총 교역 금액이 1,599억 달러에 이르며 이는 미국이나 일본과의 교역보다 그 규모가 더 크다.

2008년부터 2018년 9월까지 한국의 해외 누적투자액을 보면 미국이 812억 달러로 1위를 차지하고 있고 아세안이 그 뒤를 쫓고 있다. 한국이 지난 10여년 간 아세안에 쏟은 금액은 472억 달러에 이른다. 중국보다 더 많은 투자가 진행되었고 일본과는 그 차이가 점점 더 벌어지고 있다.

아세안 국가들 가운데 2000년대 들어서면서부터 가장 주목받는 나라는 단연 베트남이다. 박항서 축구감독의 활약상과 한국인의 해외 여행지로 각광받는 덕에 무척 가까운 나라로 여겨지고 있지만, 경제적으로는 이미 중요한 파트너로 자리잡은 지 오래다. 아세안이 2위의 교역 및 투자대상 경제블록으로 올라설 때 가장 중요한 역할을 베트남이 담당했다고 볼 수 있다. 〈그림 2-4〉와 〈그림 2-5〉에서 나타나 있듯이, 베트남은 한-아세안 교역 및 투자규모에서 가장 큰 비중을 차지하고 있을 뿐만 아니라, 개별 국가로 보더라도 한국에 있어서 베트남은 3위의 경제파트너이다. 베트남의 위상이 빠르게 올라갈 수 있었던 것은 한국기업들이 새로운 생산기지를 필요로 했기 때문이기도 하지만 '탈중국' 현상도 영향을 미쳤다. 중국으로 몰려갔던 한국기업들이 생산비용 증가와 규제, 신시장 개척의 필요성을 느끼면서 중국을 벗어나 찾아간 곳이 아세안, 그 중에서도 베트남이기 때문이다. 〈그림 2-6〉을 보면 베트남에 한국계 법인 설립이 꾸준히 증가하는 반면 중국 내 한국계 신규법인 수는 감소하고 있다. 2017년에 이르면 신규법인 수에서 베트남이 중국을 앞서게 된다. 고고도미사일 방어체계 사드(THAAD)배치에 대한 중국의 보복이 지속되면서 한국기업들이 발길을 돌리던 시점이 바로 2017년이다.

베트남의 입장에서 보면, 현재 주요한 경제협력 대상국 1순위는 한국이라고 볼 수 있다. 1986년 도이 머이 경제개혁정책[13]을 도입한 이래 베트남은 외국인 투자를 적극 유치하고, 이를 발판으로 빠른 경제성장을 추구해왔다. 산업화의 핵심 요소인 해외직접투자에서 가장 많은 금액을 투자한 나라가 바로 한국이다.[14] 일본이 그 뒤를 이어 2위를 달리고 있다. 베트남으로 향한 한국의 직접투자는 70% 가량이 제조업에 집중되어 있고, 특히 수출에 기여하는 바가 크다. 대표적인 한국의 투자기업인 삼성전자가 베트남 전체 수출에 차지하는 비중은 20~25%에 달한다. 베트남 진출 한국기업들이 베트남 전체 수출의 약 35%를 책임지고 있다. 최근에는 제조업 이외에도 서비스와 유통 등 다양한 산업에 한국기업들이 속속 진출하고 있으며, 직·간접적으로 50~80만 명의 노동자 고용효과를 내고 있다.

2017년 새로이 들어선 대한민국 정부가 아세안 지역의 가치를 인식하고 정책적 뒷받침을 공식화했다. 한국의 문재인 대통령은 아세안 국가 가운데 인도네시아를 처음 순방하면서 '신남방정책'을 발표했다. 문 대통령은 기조연설에서 다음과 같이 밝히고 있다.

> "한국과 인도 및 아세안과의 협력 관계를 한반도 주변 4대국과 같은 수준으로 끌어올리는 것이 저의 목표입니다. 이를 위해 한국 정부는 아세안과의 협력관계를 획기적으로 발전시키기 위한 신남방정책을 강력하게 추진하고

---

13 1980년대 중반 재정적자 누증, 물가 불안 등 취약한 경제상황을 극복하기 위해 채택한 경제 개혁·개방정책, 농업개혁, 시장경제체제 이행, 대외교역 개방, 국영기업 개혁 등을 주요 과제로 삼고 '부분적 급진개혁(small bang)'을 추진한 베트남식 발전 모델로 사회주의 체제를 유지한 가운데 시장경제 시스템을 받아들여 경제적 성과를 거둔 대표적 사례로 꼽힌다.

14 2018년 7월까지의 누적투자액 기준으로 한국의 대베트남 총 투자액은 615억 달러, 일본 559억 달러, 싱가포르 451억 달러 (출처: 베트남 투자청)

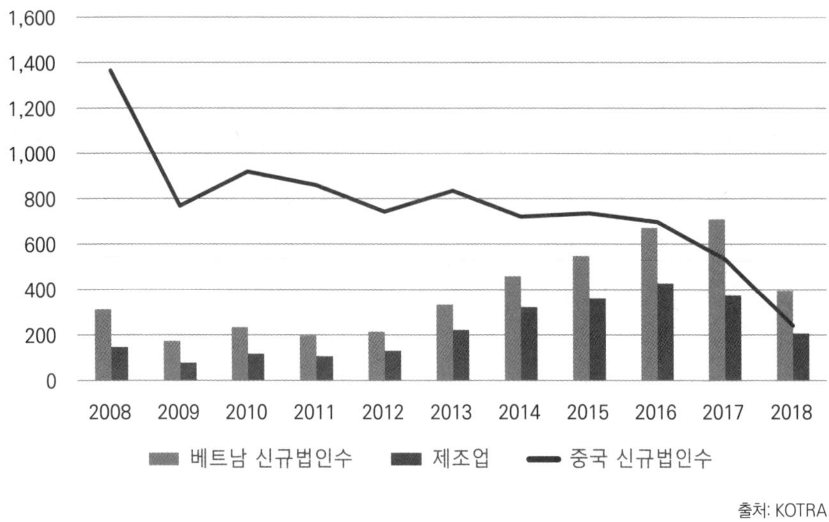

〈그림 2-6〉 한국계 신규법인 수: 베트남 VS 중국

자 합니다"[15]

신남방정책은 상품교역 중심의 관계뿐 아니라 기술과 문화예술, 인적 교류 그리고 안보를 포함하는 다방면에서의 진전된 협력 관계를 포괄하고 있다. 그러나 다양한 범위를 다루고 있는 만큼 집중된 지원책이 나오지 못할 수도 있다. 정부의 바람대로 대 아세안 수출이나 투자는 2018년에도 증가하고 있지만 이것이 정책의 효과에 힘입은 결과라고 보기는 어렵다. 신남방정책 특별위원회는 문 대통령의 선언이 있은 지 9개월이 지난 2018년 8월에야 공식출범했기 때문이다.

2장에서 우리는 동남아시아 지역이 아세안이라는 하나의 경제/사회적 공동체로 형성되어 가는 과정, 그리고 그 안에 필연적으로 다양성이 배태

---

15 2017년 11월 9일, 인도네시아 자카르타에서 열린 '한-인도네시아 비즈니스 포럼' 문재인 대통령의 기조연설

〈그림 2-7〉 2017년 11월 13일(현지시간) 필리핀 마닐라 필리핀국제컨벤션센터(PICC) 서밋홀에서 열린 제19차 한-아세안(ASEAN) 정상회담

되어 있음을 살펴보았다. 그리고 아세안과 한국 사이의 정치적, 경제적 이해관계가 과거 그 어느 때보다 밀접하게 연결된 상태인 것도 확인했다. 그러나 어느 경제주체도 정태적으로 파악하면 접근하기가 쉽지 않다. 전 세계에서 가장 빠르게 성장하는 아세안 경제공동체의 사회경제적 진화는 오늘도 진행 중이다. 다음 3장에서는 아세안을 관통하는 주요한 변화를 네 가지 측면으로 나누어 살펴보고 각국의 경쟁력을 비교할 것이다. 이러한 변화의 양상이 결국 소비시장과 경영환경에 영향을 미치며 기업의 전략적 선택의 결정요인으로 작용할 것이다.

3장

진화하는 아세안 그리고 경쟁력

> "Fifty Years Young: 젊음과 기술이 아세안 미래 경쟁력을 주도한다" - 아세안 세계경제포럼 2017년 5월 17일

떠오르는 '기회의 땅' 아세안은 지난 15년 이상 지속적인 경제성장을 이루어 왔고 글로벌 경제환경의 변화를 맞아 외국기업들의 진출이 더 활발해지고 있다. 기업들이 관심을 가질 산업이나 서비스 분야를 찾아내기에 앞서 현재와 미래 기업활동에 크게 영향을 미칠 주요 경제환경의 변화를 먼저 파악해야 한다. 2장에서 언급한 대로 아세안 10개국은 정치체제나 법률체계, 언어, 관습, 종교 등이 다르지만, 싱가포르를 제외한 아세안 회원국들은 빠른 성장세의 개발도상국가이자 신흥시장 범주에 속한다. 아세안을 관통하는 펀더멘탈, 즉 경제·사회 근간의 변화를 나타내는 키워드는 크게 네 가지로 요약이 가능하다. 중산층 증가, 도시화, 인프라 확대 그리고 디지털화. 이는 결국 국가 경쟁력과 연관이 되고 소비자들의 기호나 부문별 시장의 성장에도 영향을 미칠 것이기 때문이다. 우리는 이제 각각의 지표들을 이용해 아세안 시장의 경제환경이 어떻게 달라지고 있는지를 살펴보고 마지막에 아세안 국가들의 경쟁력을 비교하고자 한다.

1) 중산층의 증가: 값싼 노동력에서 떠오르는 소비시장으로

아세안 지역과 관련된 가장 큰 글로벌 이슈는 경제발전과 엄청난 인구,

그리고 소비계층의 부상이다. 아세안 지역에는 대략 8천 1백만 가구 이상이 거주하고 있으며, 이들이 주요 소비자로 부상하고 있다.[16] '소비계층 혹은 중산층'이란 최소 생활비 이상으로 상당한 구매력을 갖는 계층으로 정의할 수 있다. UN이나 경제협력개발기구(OECD)는 구매력 기준으로 하루 10~100 달러를 쓰는 사람을 중산층으로 본다. 이를 1인당 연간소득으로 환산하면 구매력(PPP) 기준 3,650 달러부터 3만 6천 5백 달러까지 해당된다. 세계은행은 중산층을 11 달러에서 110 달러, 시장조사기관인 닐슨(Nielsen)은 2005년 구매력 기준 1일 가처분 소득이 16 달러에서 100 달러에 이르는 계층을 중산층으로 정의한다. 어느 기준으로 보더라도 중산층 범위가 여전히 넓지만, 소득수준이 이 정도에 이르러야 자동차, 텔레비전, 세탁기 같은 상품들을 구입할 수 있다고 간주한다.

브루킹스 연구소의 호미 카라스(Homi Kharas)는 전 세계 인구의 42%, 32억 명이 중산층에 속한다고 보고 있다. 전 세계 경제는 지역에 따라 다른 성장률을 보이지만 매년 1억 6천만 명이 이 계층으로 신규 유입되고 있으며, 2030년에는 54억 명을 넘어설 것으로 예상한다. 특히 아시아-태평양 지역의 중산층이 크게 늘어 전체 66%를 차지할 것으로 전망된다.[17] 2010년 전 세계 중산층 가운데 28%만이 아시아에 거주하지만 2030년에는 전 세계 중산층의 절반 이상이 아시아 지역에 살고 있을 것이라는 예측이다. 이는 명백히 중국과 인도, 동남아의 경제성장 덕분이다.

동남아시아는 꾸준히 높은 경제성장률을 유지하고 있는데다, 앞 장에

---

16 2005년 구매력 기준으로 연간 7,500 달러 이상의 소득이 있는 가구. Master Plan on ASEAN Connectivity 2025 참조

17 "The Unprecedented Expansion of the Global Middle Class", 2017. Brookings Global Working Papers Series.

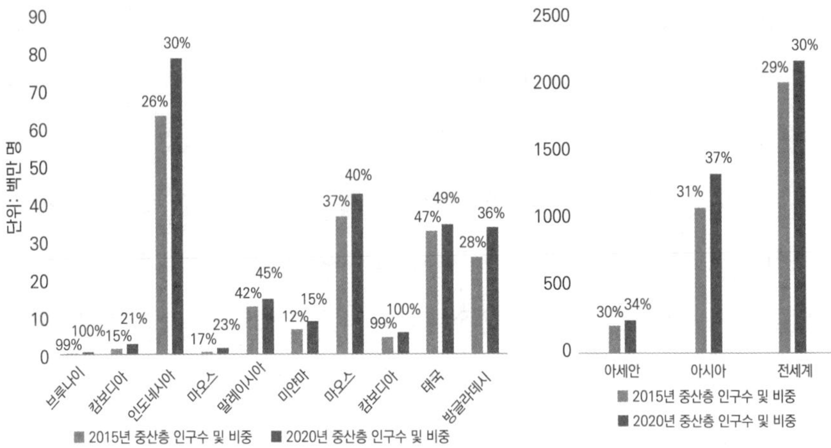

출처: OECD

〈그림 3-1〉 아세안 국가별 중산층 인구규모: OECD 닐슨 추정치

서 언급했듯이 상당 수의 인구가 더 나은 직장과 생활환경을 위해 도시로 이동하고 있다. 2015년 기준으로 중산층은 3천 8백만 가구에서 2030년에는 1억 6천 3백만 가구에 달할 것으로 추정된다.[18] 인구수로 따지면, 2015년 1억 5천~1억 9천만 명 선에서 2020년에는 2억 7천만~4억 명으로 증가할 것으로 예상된다.[19] ANZ Research은 이미 2015년에 아세안 경제규모는 영국을 넘어섰고, 향후 세계 제조업의 허브이자 세계 주요 소비시장의 하나로 떠오를 잠재력이 있다고 발표했다.[20]

보고서나 기관마다 차이가 있기는 하지만, 2020년~2030년 사이 아세

18 *Southeast Asia at the crossroads: Three paths to prosperity*, McKinsey Global Institute, November 2014.

19 예측하는 기관마다 중산층 혹은 소비계층을 정의가 다르고, 예상하는 규모에도 차이가 있다. 2020년 아세안 중산층 인구를 Nielsen은 4억으로, OECD는 3억 3천 4백만, ANZ Research는 2억 2천 7백만 명으로 각각 예측하고 있다.

20 "As China slows, another Asian superpower is emerging", http://uk.businessinsider.com/as-china-slows-another-asian-superpower-is-emerging-2015-4/?IR=T

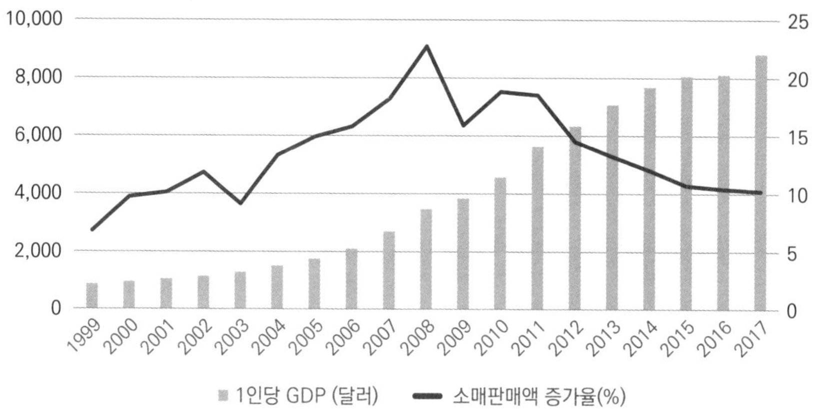

〈그림 3-2〉 중국의 1인당 GDP와 소매판매액 증가율의 연도별 추이

안 지역의 중산층 규모가 인도, 중국 그리고 유럽연합 다음으로 세계 4위에 올라설 것이라는 예상에는 이견이 없다. 2억 명을 약간 상회한 미국보다도 더 두터운 중산층이 형성된다는 것이다. 매년 5백만 명 이상의 대도시가 하나씩 새로 생성되는 것이다.

따라서 소비도 그만큼 활발해질 것으로 보인다. 최근 10여년 동안 폭발적인 중산층 증가를 경험한 중국의 소비변화에서 유추해볼 수 있다. 중국의 소비판매액은 지속적으로 증가하는데, 특히 2006년에서 2008년 사이에 크게 늘어났다. 1인당 GDP가 2,100 달러에서 3,471 달러로 크게 올라가는 때였다. 그리고 2010년부터 소비판매액 증가율은 여전히 두 자리 수이지만 그 증가세가 낮아지기 시작한다. 5~6천 달러를 돌파하는 시점부터 그 방향이 달라진다. 3천 달러를 넘어설 때는 다양한 생활용품과 가전제품 등의 판매가 급격히 증가하는 시작점이라면, 5천 달러를 초과한 후에는 사치품목과 자동차 등이 소비자들이 가장 사고 싶어하는 품목이 된다. 그리

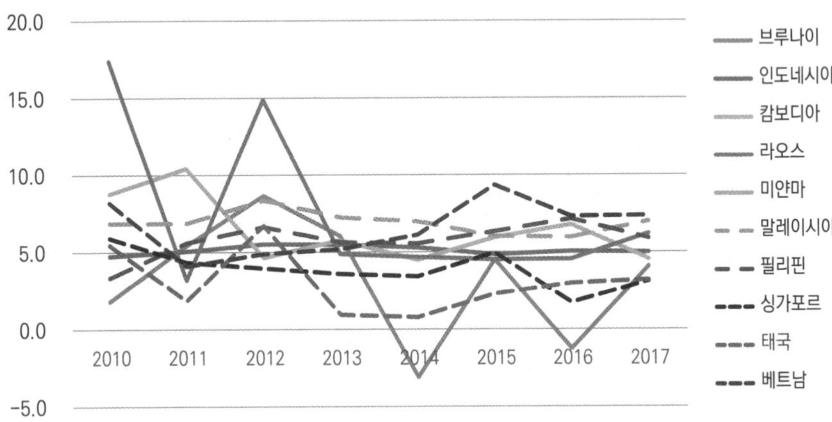

출처: 세계은행, 가계 및 비영리 기관 최종소비지출 연간 증가율

〈그림 3-3〉 아세안 민간 최종소비지출 증가율 (%)

고 해외여행에 대한 수요가 크게 증가한다.

물론 아세안 국가들이 중국의 소비 추세를 그대로 따라하게 될 것이라고 단언하기는 어렵지만, 1인당 GDP가 3,500~4,000 달러에 진입하면서부터 소비는 빠르게 증가할 것이라는 전망은 여전히 유효하다. 인도네시아와 필리핀은 1인당 GDP가 각각 3,500 달러를 넘겼거나 3천 달러를 향해 가고 있기 때문에 소비가 크게 늘어날 것으로 예상된다. 2017년 기준으로 필리핀은 민간소비지출 비중이 GDP의 73.5%, 베트남은 68%, 인도네시아와 말레이시아, 태국은 각각 57%, 55%, 51%로 경제규모의 절반 이상을 차지하고 있다. 2017년 미국과 한국의 국내총생산 대비 민간최종소비는 각각 69.1%, 48.1%을 기록하고 있다.

〈그림 3-3〉 세계은행의 민간 최종소비지출을 보면, 브루나이와 라오스만이 예외적으로 큰 폭의 변동성을 보이지만, 대부분의 국가들은 5% 안팎의 소비지출 증가세를 보여주고 있다. GDP가 높은 수준으로 증가하고 있

음을 고려한다면 소비시장은 지속적으로 커질 전망이다.

과거 중산층이 증가한 나라들의 소비와 성장력을 보면, 구매력 기준 국민소득이 6천 달러 수준에 이를 때 내구재와 사치재에 대한 소비욕구가 크게 늘어난다는 의견도 있다. 국가별로 환경이 다르겠지만, 소득 향상은 차량과 주택구입에서부터, 자녀교육과 해외여행 및 여가활동, 건강과 웰빙에 대한 관심과 수요를 증가시킨다. 구매력 기준으로 소득이 점차 향상되면 내수시장 팽창으로 이어지고, 국가경제 성장을 이끌게 된다. 중산층의 증가가 어느 시점에서부터 소비를 증가시키고, 투자와 성장으로 이어지는 거대한 선순환을 이끌게 될 것이다.

2) 도시화: 중소도시의 성장 그리고 경쟁력

도시화 및 도시의 확장은 사람들의 생활과 인프라, 경제활동 등 모든 면에서 영향을 미치는 근본적인 변화요인이다. 지금 동남아 전반에서 급속한

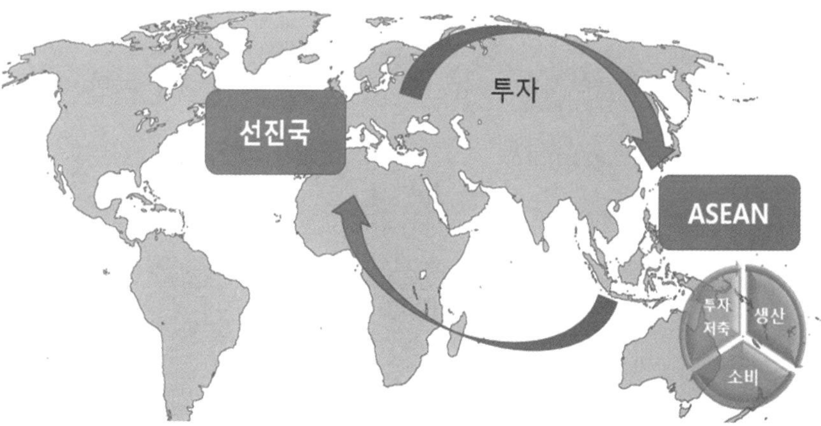

〈그림 3-4〉 이머징 아세안 경제성장의 선순환

도시화가 진행되고 있다. 2017년 기준으로 동남아 인구의 52.5%가 도시 지역(소도시 포함)에 거주하고 있다. 그러나 다른 지표와 마찬가지로, 도시화 현황 역시 국가별 차이가 크다. 싱가포르, 브루나이와 같은 도시국가 형태는 각각 100%, 77%의 높은 도시인구 비율을 자랑하지만, 필리핀, 베트남, 미얀마, 라오스는 인구 절반에도 미치지 못한다. 도시화 정도가 가장 낮은 캄보디아는 겨우 23%만이 도시에 살고 있다. 그러나 도시화는 아세안 전역에서 급격히 진행되고 있으며, 2050년까지 그 비율이 지속적으로 늘어나 2050년에는 67.5%에 달할 것으로 전망된다.

중산층의 증가와 도시화의 진행은 서로 맞물려 있으면서, 국가의 경제 지도를 바꾸고 경쟁력에 영향을 미치기 마련이다. 아세안 각국에서는 수도 이외의 중소도시들이 크게 성장할 것이고, 도시를 중심으로 한 경제발전이 한층 더 가속화 될 것이다. 기업들은 국가가 아닌 도시를 향해 먼저 나아가

〈표 3-1〉 도시화 현황 및 전망

국가	2017 도시인구 비율(%)	도시인구 (천명, 2017)	2050 도시인구 비율 (%)	도시인구 (천명, 2050)
브루나이	77.0	324.2	84.0	458
캄보디아	23.0	3,615.1	36.0	8,167
인도네시아	55.0	144,040.1	71.0	227,770
라오스	34.0	2,296.0	61.0	6,435
말레이시아	75.0	24,037.5	86.0	36,163
미얀마	30.0	16,016.4	55.0	32,206
필리핀	47.0	49,312.9	56.0	88,381
싱가포르	100.0	5,612.0	100.0	7,065
태국	49.0	33,150.0	72.0	44,335
베트남	35.0	32,785.2	54.0	55,739
아세안	52.5	311,189.3	67.5	506,719

출처: ASEAN Secretariat

야 하고, 아세안 국가들은 그 도시 경쟁력으로 평가받게 될 것이다.

① 중소도시의 부상

아세안 지역의 도시는 일부분 역사적으로 중심지 역할을 해오기도 했지만, 오랜 기간에 걸쳐 이룩된 모습이라고 생각하기 어렵다. 현재의 중심도시들은 대체로 단기간에 걸쳐 급격하게 인구가 집중되면서 만들어진 형태라고 볼 수 있다. 아세안 지역 내 천만 명 이상의 거주자가 있는 거대도시인 메가시티(megacity)는 마닐라와 자카르타 두 개가 있고, 방콕, 호치민, 쿠알라룸푸르, 싱가포르 그리고 양곤 등은 백만 명이 넘는 거대도시에 해당된다. 농촌에서 도시로 옮겨가는 '이촌향도(離村向都)'현상 덕분에 중소도시는 메트로폴리스로, 지방은 소도시로 변모해가는 중이다. 그 가운데에서도 눈에 띄는 변화는 국가 수도를 벗어난 지방 중소도시들의 빠른 성장이다. 글로벌 컨설팅사 맥킨지의 조사에 따르면 아세안 지역은 인구 20만에서 200만 명 사이의 중소도시가 빠르게 늘면서 2030년까지 215개에 이를 것으로 전망하고 있다. 인구유입이 커지는 만큼 경제활동이 집중되면서 중소도시의 2013-30년 GDP 연평균 성장률은 6.1~6.5%에 달할 것으로 예측하고 있다. 거대도시의 연평균 성장률이 5.2%를 훨씬 능가하고, 그 비중도 11%에서 14~5%로 크게 증가할 것으로 예상된다.[21] 2014년 발표된 UN 보고서 역시 같은 전망을 내놓고 있다. 'UN의 세계 도시와 전망'에 따르면 2025년까지 아세안 인구의 18%가 인구 백만 이상의 도시에 살게 될 것으로 예상된다. 이는 아세안 지역의 출생률에 따른 도시 자체의 자연

---

21 McKinsey Global Institute Cityscope Database: National statistics offices; McKinsey Global Institute analysis. 'Southeast Asia at the crossroads: Three paths to prosperity' November, 2014

발생적인 인구증가와 더불어 경제성장이 진행되면서 경제적인 이유로 도시로의 인구유입이 가속화되고 있기 때문이라고 볼 수 있다.

도시인구는 2015년보다 8천 7백만 명이 늘어날 것으로 예상되며, 아세안 역내에 1백만 명 이상의 인구를 가진 도시는 모두 36개에 이를 것으로 보인다. 〈표 3-2〉는 이 36개 도시의 인구수와 인구증가율을 보여주고 있다. 눈에 띄는 도시는 태국의 사뭇쁘라칸과 인도네시아의 바탐과 덴파사르, 라오스의 비엔티안 등으로 인구증가율이 50%를 상회할 것으로 예상된다. 결국 현재 도시인구 비율이 상대적으로 낮으면서, 인구수가 많은 국가인 인도네시아와 베트남, 태국의 지방 중소도시들이 메트로폴리스로 성장하게 된다는 뜻이다. 그러나 천만 명 이상의 메가시티는 더 늘어날 것으로 보이지 않는다. 인프라와 공공 서비스, 교통혼잡 등의 문제 해결에 한계가 있어, 도시가 계속해서 확장되지는 않으리라는 전망이다.[22]

② 도시화와 경제발전

도시화와 경제발전의 상관관계는 이미 수많은 연구에서 증명되었다. 〈그림 3-5〉에서 보여주듯이 도시화와 1인당 GDP는 정의 상관관계를 가지고 있다. 아세안 국가들도 여기에서 크게 벗어나지 않는다. 빠르게 진전된 아세안 지역의 도시화는 출산율의 증가와 기대수명 증가 등 인구 구성에 영향을 미칠 뿐만 아니라 정부의 역할을 효율적으로 작동하게 만들고 소비와 투자 등 경제활동이 집중되도록 만든다. 지리적 연계성이 높아진 만큼 경제주체들의 생산성이 증가함으로써 도시화는 국가 경제발전을 이끄는 동

22 ASEAN Cities Stirring the melting pot, 2016, EIU.

〈표 3-2〉 2015-2025년 아세안 도시 성장: 거주자1백만명 이상 (단위 백만명)

국가	도시	2015	2025	증가율	국가	도시	2015	2025	증가율
필리핀	마닐라	12.9	15.2	17.40%	인도네시아	팔렘방	1.4	1.7	16.90%
인도네시아	자카르타	10.3	12.6	22.00%	인도네시아	덴파사르	1.1	1.7	51.90%
태국	방콕	9.3	11	18.20%	인도네시아	파칸바루	1.1	1.6	38.80%
베트남	호치민	7.3	9.2	27.40%	라오스	비엔티안	0.99	1.6	54.50%
말레이시아	쿠알라룸푸르	6.8	8.7	27.30%	미얀마	만달레이	1.2	1.5	27.60%
싱가포르	싱가포르	5.6	6.3	12.70%	베트남	하이퐁	1.1	1.4	31.50%
미얀마	양곤	4.8	6	24.30%	인도네시아	보고르	1.1	1.4	28.80%
베트남	하노이	3.6	5	37.50%	미얀마	네피도	1	1.3	22.20%
인도네시아	수라바야	2.9	3.4	19.20%	베트남	다낭	0.95	1.2	29.20%
인도네시아	반둥	2.5	3.1	22.00%	인도네시아	반다르람풍	0.96	1.2	25.60%
태국	사뭇쁘라칸	1.8	2.9	62.30%	필리핀	삼보앙가	0.94	1.2	25.40%
인도네시아	메단	2.2	2.7	21.10%	인도네시아	타시크말라야	0.78	1.2	48.70%
캄보디아	프놈펜	1.7	2.3	30.70%	인도네시아	사마린다	0.86	1.2	33.90%
인도네시아	바탐	1.4	2.2	60.80%	필리핀	세부	0.95	1.1	20.20%
필리핀	다바오	1.6	2	21.90%	말레이시아	조호르바루	0.91	1.1	24.90%
인도네시아	세마랑	1.6	2	21.00%	인도네시아	파당	0.9	1.1	24.70%
인도네시아	마카사르	1.5	1.9	27.30%	베트남	비엔호아	0.83	1.1	32.10%
베트남	껀터	1.2	1.7	45.90%	인도네시아	말랑	0.86	1	21.20%

출처: UN World Urbanization Prospects: The 2014 Revision

력으로 작용한다.[23]

아세안 지역의 빈곤율은 이러한 사회경제적 진전 덕택에 현격하게 낮아졌다. 1990년 무렵 47%에 이르던 지역 평균 빈곤율은 2005년 이미 22%로 목표치인 24%를 초과 달성했을 뿐만 아니라 2015년에는 14%까지 떨어졌다. 그 이유는 CLMV의 빈곤율이 60%에서 18%로 현격히 낮아진 덕택이다.

도시 경제발전과 경쟁력의 약 3분의 2는 인구 흐름에 의해 결정된다고

23 송미경, 2015, '세계 도시화의 핵심이슈와 신흥도시들의 성장전망', 세계와 도시 7호. World Urbanization Prospects: The 2014 Revision.

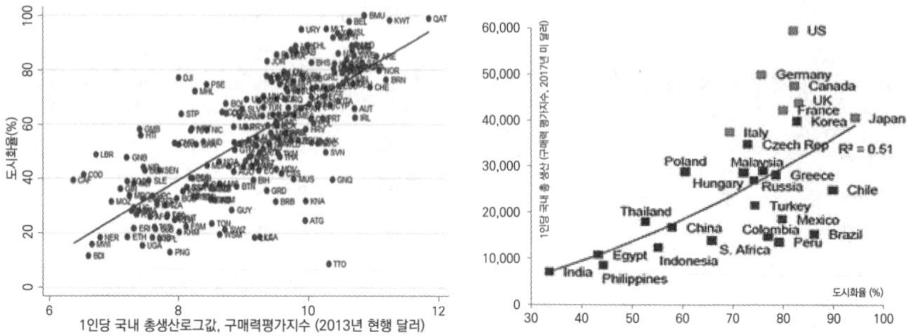

출처: United Nations Population Division, Oxford Economics, Credit Suisse Research

〈그림 3-5〉 도시화와 GDP의 관계: 2013년

한다. 아세안 도시들은 아직 빠르게 커가는 중이고, 사람들의 이동도 활발하다. 아세안 국가들이 2030년까지 평균 5% 이상의 경제성장률을 이어가고 도시화가 진전되면 빈곤율은 더 낮아지고, 〈그림 3-5〉에서 지금의 위치보다 우상향으로 점차 이동할 것이다. 특히 빈곤율 감소와 GDP 증가율의 향상은 중소도시가 이끌게 될 것으로 보인다. 한발 늦게 발전의 시동을 건 중소 도시들은 대도시가 겪었던 문제들 - 교통, 주택, 수처리, 환경 등 - 을 답습하지 않기 위해 진일보한 지속가능 발전모델의 토대 위에서 길을 찾아갈 수 있기 때문에, 경제성장의 동력과 경쟁력 측면에서 그 잠재력이 더 클 것으로 기대된다.[24]

③ 도시 경쟁력과 혁신

일반적으로 도시는 인구가 많고 정치·행정·경제 활동이 이루어지는 장소를 뜻하지만, 오늘날 도시는 단순한 인구밀집지역을 너머 비즈니스와 혁신을 생성하는 생태계로 인식해야 한다. 문화적, 기술적 창의성이 도시에

24 EIU 'ASEAN Cities'

서 태어나고 있기 때문이다. 유네스코는 지속가능한 도시개발은 문화와 창의성에 달려 있다고 강조하고 있다. 과거 도시개발이 외형적 성장과 경제적인 효과라는 틀에 갇혀 있었다면, 오늘날 도시는 환경보호와 다양한 문화 및 구성원들 사이의 통합과 삶의 질을 높이는 공간 네트워크라는 개념으로 진화되었다.

마틴 경제발전 연구소(Martin Prosperity Institute)는 139개 국가를 대상으로 기술력(Technology)과 인재(Talent), 포용력(Tolerance) 등 3T 세 가지 부문을 측정한 글로벌 창의성 지수를 발표했다.[25] 그리고 이 지수와 도시화가 가지는 상관관계를 측정한 결과, 도시화가 많이 진전된 국가일수록 창의성이 높았다. 태생적으로 도시화율 100%을 가진 싱가포르가 창의성이나 도시화 수준에서 가장 높은 지점을 차지했고, 그 뒤를 말레이시아가 쫓아가고 있지만 차이가 크게 벌어져 있다. 도시화 수준은 떨어지지만 창의성 지수에서 필리핀이 태국을 앞서고 있으며, CLMV에서는 베트남이 선두를 달리고 있는 것으로 나타났다.

도시 안에서 뿜어져 나오는 창의성, 네트워크, 집중력, 제도적 안정성이 결합함으로써 발생되는 시너지가 다양한 비즈니스를 만들어내고, 기존 비즈니스의 변화를 가져오고 있다. 도시 경쟁력은 이제 이러한 생태계가 얼마나 잘 조성되어 있는지, 미래에는 더 나은 기반이 될 잠재력이 있는지에 따라 평가된다. 글로벌 컨설팅사인 에이티 커니(AT Kearney)는 매년 전 세계에서 영향력이 있는 도시를 평가한 글로벌 도시 지수(Global Cities Index, GCI)와 도시 전망(Global Cities Outlook, GCO)을 발표해왔다.

---

25 Martin Prosperity Institute, "The Global Creativity index 2015"

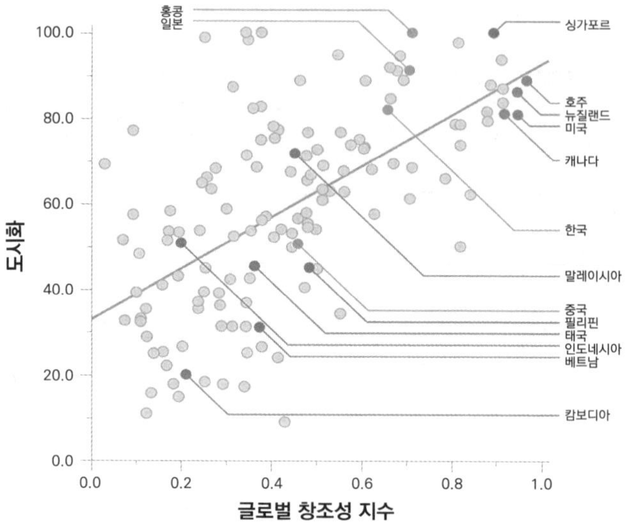

출처: Martin Prosperity Institute, 2015. 'Creativity in Southeast Asia'

〈그림 3-6〉 글로벌 창의성 지수(Global Creativity Index)와 도시화의 관계

GCI는 비즈니스 활동, 인적 자본, 정보 교환, 문화적 경험 그리고 정치 참여 등 5개 부문 27개의 지표를 이용해 현재 성과를 평가한 것이다. GCO는 개인 웰빙과 경제, 혁신 및 지배구조 등 4개 부문의 13개 지표를 바탕으로 미래 가능성을 예측한 것이다.

2018년 에이티 커니(AT Kearney) 보고서에 따르면, 135개 도시 가운데 GCI에서 가장 높은 점수를 받은 도시는 뉴욕이고 그 뒤를 런던과 파리, 도쿄가 뒤따르고 있다. 아세안 지역에서는 7위를 차지한 싱가포르만이 유일하게 상위권에 들어가 있다. 방콕과 쿠알라룸푸르가 40위권에 속해 있다. 국가 수도가 아님에도 2017년부터 인도네시아의 수라바야와 반둥이 리스트에 포함된 것이 눈에 띈다. 아세안 지역의 대도시들은 대부분 높은 평가를 받지 못하는 상태이며, 미래 잠재력을 드러내는 GCO 순위는

〈표 3-3〉 글로벌 도시 지수(Global Cities Index) 및 도시 전망(Global Cities Outlook)

	글로벌 도시 지수		글로벌 도시 전망	
	2018년	2012-2018 △	2018년	2016-2018 △
싱가포르	7	4	5	12
방콕	43	-	82	6
쿠알라룸푸르	49	-	61	-7
자카르타	59	-5	114	-4
마닐라	64	-13	85	-1
호치민	80	-19	83	14
수라바야*	105	-	120	-11
양곤**	127	-	112	3
반둥***	116	-	116	-5

*2015년 109위, ** 2015년 118위, *** 2015년 108위

출처: AT Kearney, 2018, 'Learning from the East-Insights from China's Urban Success: Global Cities 2018'

GCI보다 더 낮다. GCI와 향후 전망 GCO를 비교하면 반둥과 양곤을 제외한 모든 도시들이 경쟁력이 더 악화되고 있는 것으로 평가받고 있다. 인구 밀집으로 인해 포화상태에 다다른 대도시들이 인프라 부족을 겪게 될 뿐만 아니라 개인 삶의 질과 정부정책과 혁신 지원 측면에서 뒤쳐질 가능성이 높다는 것을 의미한다. 그럼에도 불구하고, 비관적인 시선을 고수할 필요는 없다. GCO 추세를 살펴보면, 2016년에 비해 14계단이나 올라간 호치민을 비롯 싱가포르, 방콕, 양곤의 2018년 순위가 상승했고 〈표 3-2〉에 높은 성장률이 예상되는 도시들이 새로이 떠오를 가능성이 높기 때문이다. 중국도시들의 약진을 보면 이러한 현상을 충분히 예상할 수 있다. 경제성장이 지속되고, 정부가 혁신성장과 디지털화 로드맵을 어떻게 구현해 가느냐에 따라 앞으로 경쟁력이 강화될 가능성은 충분하다. 개별국가를 넘어서, 아세안 경제공동체 단위에서 연결성(connectivity) 확대를 향한 구체

적인 계획도 나와있는 상태이다.

3) 인프라 확대: 아세안 경제성장과 연결성의 열쇠

일반적으로 기반시설 혹은 기간시설을 나타내는 인프라(Infra-structure)는 경제활동의 기반을 형성하는 사회간접자본이다. 인프라가 잘 구축되어 있는 환경에서 기업활동과 경제성장이 활발하게 진행될 수 있다. 아세안의 산업화와 높은 GDP 증가율은 지속적인 인프라 건설투자가 한몫을 담당하고 있다. 빠른 도시화와 중산층을 성장으로 이끄는 힘도 인프라 확대와 상호 밀접한 관련이 있다. 고속도로와 항만, 에너지 등의 인프라 구축은 장기간 공사기간과 대규모 투자가 수반되므로, 경제성장의 강력한 기반 확충이라는 목표달성과 동시에 개발도상국의 성장률의 견인차로 작용할 수도 있다. 〈그림 3-7〉은 아세안 국가들의 인프라 인덱스와 1인당 GDP의 관계를 보여준다. 인프라 인덱스는 세계경제포럼 글로벌 경쟁력보고서에서 평가한 인프라 점수를 변형한 것이다. 인프라 인덱스에서 높은 점수를 가진 국가일수록 1인당 GDP가 높다.

글로벌 경쟁력 평가에서 인프라 점수의 순위를 보면 싱가포르와 말레이시아, 태국을 제외한 다른 아세안 국가들이 모두 50위 밖에 있음을 알 수 있다. 미얀마의 경우는 평가대상에 포함되지도 못했다. 높은 경제성장률을 보이는 필리핀과 인도네시아를 비롯 베트남, 캄보디아, 라오스, 미얀마 등은 현재의 성장세를 유지, 가속화하기 위해서는 산업의 혈관을 촘촘히 구축해야만 한다. 특히 이들 국가는 고속도로, 철도와 공항, 항만과 같은 교통·운송 분야뿐만 아니라 발전소나 통신망, 상하수도 등 기본 설비가

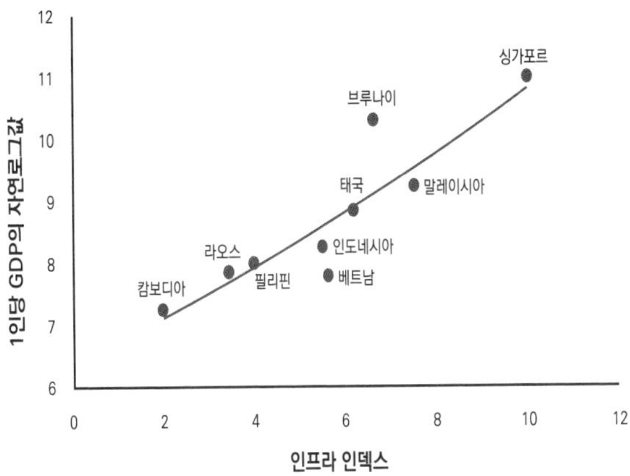

국가	순위
싱가포르	2
말레이시아	22
태국	43
인도네시아	52
브루나이	60
베트남	79
필리핀	97
캄보디아	106
라오스	102
미얀마	N/A

*세계경제포럼 글로벌경쟁력 평가항목인 인프라 점수를 변형한 것.
출처: 세계경제포럼 글로벌경쟁력보고서 2017-2018

〈그림 3-7〉 아세안 인프라 인덱스와 1인당 GDP, 인프라 경쟁력 순위

부족한 상태이다. 여기에 글로벌 경제에 편입된 아세안 경제공동체와 각국이 다른 지역과 연결되기 위한 물리적 네트워크로서도 인프라의 역할은 중요하다. 그러므로 정부마다 제 1의 투자 우선순위에 인프라 개발을 올려놓고, 국가 지도자들이 앞다투어 이러한 프로젝트를 성과지표로 내세우는 것은 당연한 선택이자 행위라고 볼 수 있다.

경제성장과 사회발전, 그리고 다른 지역과의 연계성을 강화하기 위한 필수요소로 인프라의 중요성은 충분히 공감할 수 있을 것이다. 그러나 앞서 언급한대로 아세안 내에서 인프라는 국가별로, 그리고 필요수준과 실제 투자 사이의 격차가 존재한다. 그리고 인프라 건설프로젝트에 필요한 대규모 자본조달은 아세안을 둘러싸고 있는 국가들의 지정학적 역학관계와 치열한 경쟁으로부터 큰 영향을 받고 있다.

① 인프라 격차

아시아개발은행(Asia Development Bank)은 2030년까지 동남아시아 인구가 7억 2천 3백만 명, GDP 평균성장률 5.1%, 그리고 1인당 GDP가 7천 달러를 넘어설 것으로 예상하고 있다. 이러한 성장 기조를 유지하려면 최소한 대략 3조 1천 5백억 달러(2015년 가격 기준, 기후 반영 추정치)를 인프라에 투자해야 할 것으로 추정되며, 매년 2천 백억 달러를 쏟아부어야 한다. 이 금액은 전체 아세안 GDP의 5.7%에 해당하는 규모이다. 세계 은행이 제시한 권고 비율도 5.58%로 이와 비슷하다.

그러나 ADB가 제시한 아세안 7개 국가 가운데 현실적으로 이 정도 인프라 투자 수준에 도달한 나라는 아직 없다. 2015년 투자액과 연간 수요 사이의 괴리가 1천억 달러, GDP의 4%나 된다. 2016년 기준으로 보더라도 인프라 투자는 GDP 대비 5%를 넘지 못하는 나라가 대부분이다. 가장 발전된 싱가포르가 4% 이하를 기록한 것을 제외하면, 베트남이 5%를 넘기면서 GDP 대비 인프라 투자비율이 가장 높다. 그러나 여전히 권고하는 수

〈표 3-4〉 2016-2030 인프라 투자

<table>
<tr><th colspan="2" rowspan="2">(십억 달러, 2015년 가격)</th><th colspan="3">기준 추정치</th><th colspan="3">기후 반영 추정치</th></tr>
<tr><th>투자수요</th><th>연간수요</th><th>투자수요
(GDP 대비 %)</th><th>투자수요</th><th>연간수요</th><th>투자수요
(GDP 대비 %)</th></tr>
<tr><td>동남아시아</td><td></td><td>2759</td><td>184</td><td>5.0</td><td>3147</td><td>210</td><td>5.7</td></tr>
<tr><td></td><td>2015년
투자[추정]</td><td>연간 수요</td><td>격차</td><td>격차
(GDP 대비 %)</td><td>연간 수요</td><td>격차</td><td>격차
(GDP 대비 %)</td></tr>
<tr><td>동남아 7개국*</td><td>55 [2.6]</td><td>147</td><td>92</td><td>3.8</td><td>157</td><td>102</td><td>4.1</td></tr>
<tr><td>인도네시아</td><td>23 [2.6]</td><td>70</td><td>47</td><td>4.7</td><td>74</td><td>51</td><td>5.1</td></tr>
<tr><td>중국</td><td>686 [6.3]</td><td>753</td><td>68</td><td>0.5</td><td>837</td><td>151</td><td>1.2</td></tr>
<tr><td>인도</td><td>118 [5.4]</td><td>230</td><td>112</td><td>4.1</td><td>261</td><td>144</td><td>5.3</td></tr>
</table>

*싱가포르, 브루나이, 라오스 제외. [ ] 안의 수치는 GDP 대비 %

출처: Asia Development Bank Data Library

준에는 미치지 못한다.

밀려드는 수요에 대응하기에는 부족하지만, 그럼에도 불구하고 각국이 인프라 지출을 늘려온 것만은 분명하다. 인프라 지출 증가율은 경제성장률을 훌쩍 뛰어 넘는 수준이다. 2012년부터 2016년 사이 인프라 지출을 가장 많이 늘린 나라는 필리핀으로 12.6%나 증가시켰으며, 베트남과 태국도 10% 이상 인프라 투자를 늘려왔다. 국가별 인프라 발전 정도가 다르고 수요와 투자 사이에 격차가 있는 만큼 투자가 집중되는 분야에서도 국가간 차이가 드러난다. 〈그림 3-8〉는 분야별 인프라 투자를 보여준다. 말레이시아와 싱가포르, 태국은 무선통신 인프라나 스마트 시티 등 ICT 분야에 대한 투자를 증가시키는 반면에, 인도네시아를 비롯한 다른 국가들은 도로 및 항만 등 운송네트워크에 투자가 집중되어 있다.

국가별로 살펴보면, 가장 큰 시장인 인도네시아가 인프라 확충이 절실하게 필요한 상황이다. 2억 5천만 명이 넘는 인구를 안고 있는데다, 17,508개의 섬으로 이루어진 나라이기에 막대한 인프라 자본조달이 필요하지만, 목표치와 현실 투자액 사이의 격차가 크다. 인도네시아 정부의 최우선 국정과제는 인프라 개발을 통한 투자환경 개선으로 '2015~2019년 중기 경제개발계획'에도 잘 드러나 있다. 조코위 대통령은 '해양강국(global maritime axis)'을 목표로 한 항만개발 등 해양 인프라 개발을 강조하고 있다. 인도네시아는 240개 이상의 인프라 프로젝트를 발표했고 공적재원 부족을 민간투자로 채우기 위해 투자를 적극 유지하고 있다. 교통혼잡으로 악명 높은 자카르타의 경우, 아시안 게임을 대비해 MRT(Mass Rapid Transit, 도시철도)와 LRT(Light Rail Transit, 경전철) 공사가 시작되었다. 공사가 지연되면서 1기 MRT 남북선은 2019년 3월에서야 개통

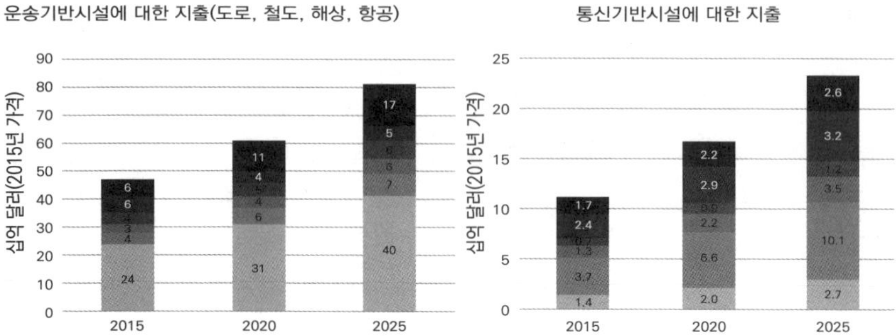

출처: Oxford Economics, 'Infrastructure Series Report 1– Understanding infrastructure opportunities in ASEAN' 에서 재인용

〈그림 3-8〉 분야별 인프라 투자

되었고, 2기 공사가 진행 중이다. 반둥-자카르타 고속철도, 자바순환도로(Trans-Java toll road) 등 3,650km의 도로 신설, 33개의 수력발전소, 5개 대형 항만 및 19개 중소형 항만개발 등이 추진되고 있다.

필리핀은 1억 명이라는 인구에 비해 인프라 개발이 뒤쳐져 있지만 가장 적극적인 자세를 취하는 나라이다. 두테르테 대통령은 "build, build, build"라는 구호를 내세우며 1,800억 달러라는 전대미문의 최대규모 인프라 프로그램을 발표했다. 2018년에만 인프라에 200억 달러의 예산을 배정했으며, 이에 대한 재정적 뒷받침을 위해 세제 개혁법안도 의회가 승인했다. 이로써 유류세와 소비세가 인상되고 부가가치세가 확대될 예정이다. 이러한 세수증가분은 대부분 인프라 건설에 투입될 예정이다. 두테르테노믹스의 핵심인 인프라 프로그램은 최초 지하철이 될 메트로 마닐라 서브웨이 프로젝트를 비롯해 민다나오 철도, 공항건설 등 70개의 프로젝트로 이루어져 있다. 막대한 예산이 소요되는 대규모 프로젝트에 여러 필리핀 대기업들이 참여하면서 국내 경기 활성화도 기대된다.

동남아 허브의 자리를 놓고 경쟁하는 말레이시아와 태국은 중국의 일대일로와 연결되면서, 자국의 지정학적 위치 강화를 위한 인프라 개발에 중점을 두고 있다. 말레이시아 경우, 동북부로부터 서쪽의 말라카를 이을 수 있는 동해안 철도(East Coast Railway), 그리고 남북을 잇는 쿠알라룸푸르-싱가포르 고속철도(HSR)가 중요한 프로젝트이다. 이 두 철도사업에만 모두 대략 1,100억 링깃(275억 달러)이 필요하다. 그리고 MRT 2호선과 LRT 확대에 이어, 도심 MRT 3호선을 추진 중이다. 이를 진두지휘했던 나집 전총리는 2018년 인프라 및 주택 관련 예산에 약 520억 달러를 책정했다. 이는 전년 대비 2배 이상 증가한 수치다.

필리핀만큼이나 인프라에 사활을 걸고 있는 국가는 바로 태국이다. 태국 정부는 2018년부터 향후 5년간 534억 달러를 투자하겠다고 밝히면서, 동부해안지역을 신성장거점으로 만드는데 전력을 다하고 있다. 차청사오, 촌부리를 중심으로 한 동부경제회랑(Eastern Economic Corridor)은 예산이나 면적 측면에서 아세안 최대규모 개발프로젝트에 해당한다. 동부경제회랑은 인도차이나와 중국과 육로 연결이 가능한 접경지역의 동서경제회랑과 함께 태국의 동서 남북을 연결하면서 아시아 허브 도약의 발판으로 삼고 있다. 여기에 방콕-라용 고속철도와 우타파오 공항 및 람차방 항구확장을 통해 제조업이 집중된 서남부의 인프라 경쟁력을 강화시킬 예정이다.

베트남은 제조업의 성장에 비해 도로 인프라가 부족한 상황이다. 북쪽의 하노이에서 남쪽 호치민까지 이어지는 1,800Km 고속도로 건설은 가장 주요한 프로젝트이다. 호치민시 교통 마스터플랜에는 총 6개의 MTR 라인이 들어 있으며, 1호선이 현재 건설 중이다.

캄보디아는 프놈펜-시하누크빌 고속도로, 프놈펜 신공항과 항만 화

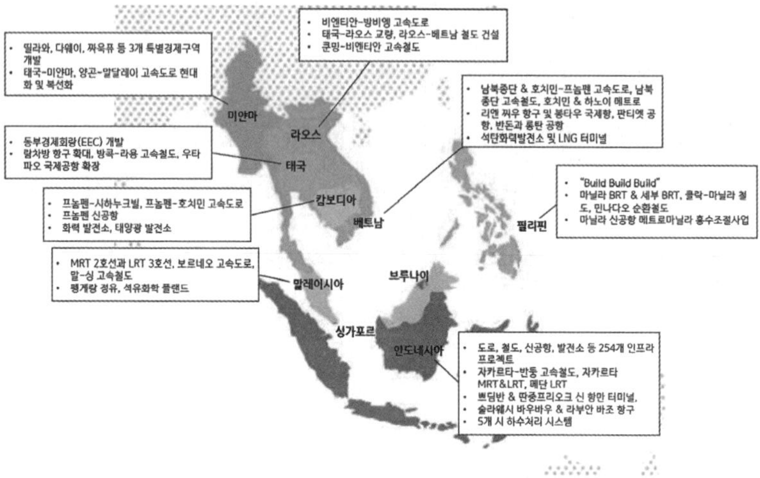

〈그림 3-9〉 아세안 주요 인프라 프로젝트

물처리시설 증대 등이 주요 인프라 프로젝트로, 2020년까지 약 850㎞, 2040년까지는 약 2,230㎞의 도로 건설과 5개의 철도 라인 건설을 목표로 하고 있다. 미얀마 역시 도로건설 및 및 철도 복선화 및 3개 특별경제구역을 중심으로 항만 시설 확대 등이 주요 사업이다. 라오스는 수력발전 사업이 중요한 인프라 프로젝트로, 개발된 전력의 약 85%를 인근 국가로 수출할 계획이다. 항구가 없는 지리적 제한 때문에 육상 운송로 개발이 중요한 상황이다. 현재 비엔티안-방비엥(113.5km)간 고속도로 건설사업이 승인되었고, 비엔티안에서 중국 쿤밍 사이의 고속철도 사업이 진행중이다.

② 일본의 PQI 그리고 중국의 일대일로

막대한 자본이 요구되는 동남아 인프라 건설의 최대 투자자는 중국과 일본이다. 두 경제대국이 아세안을 놓고 벌이는 경쟁은 단순히 경제적인 이점 때문만은 아니다. 남중국해를 둘러싸고 벌어진 영유권 다툼과 정치적 영향력이 첨예하게 얽힌 고도의 계산된 전쟁이다.

동남아 인프라 투자의 시작은 일본이 이끌었다. 1970년대 후반부터 여러 제조업 기업들이 동남아로 옮겨왔고, 이후 광범위한 동남아 인프라 연결에 대한 구상을 내놓기 시작했다. 공적개발원조에서부터 민간 투자에 이르기까지 다양한 재정지원을 통해 진입장벽과 리스크를 줄여왔다. 반면 중국은 일대일로 전략에 따라 다양한 프로젝트에 참여하고 있으며, 아시아 인프라투자은행(AIIB)를 앞세워 막대한 투자를 이끌어 나갔다. 이에 대한 대응으로 일본은 2015년 '질 높은 인프라 파트너십(Partnership for Quality Infrastructure, PQI)'을 내세우며 필리핀과 베트남 등 고속성장을 경주하고 있는 시장에 집중하는 경향을 보이고 있다.

일대일로는 2014년 시진핑 중국 국가주석이 내세운 육상·해상 실크로드를 건설하는 거대한 국가 전략 프로젝트이다. 중국이 아시아 인프라 투자은행(AIIB) 등을 통해 해당국가에 자본을 제공하고, 중국 기업들이 사회간접자본을 구축하는 방식으로 진행된다. 이 '세기의 프로젝트'는 중국의 국제위상 및 경제적·정치적 영향력을 강화하려는 목적을 내세우고 있지만, 자국내 공급과잉 및 불균형 해소라는 국내문제 해결책이기도 하다.[26] 전 세계의 무역과 교통망을 연결해 중국 중심의 경제 벨트를 구축하려는 계획으로 현재 세계 78개 국가에서 추진되고 있다. 중국과 지리적으로 가까운 아세안 10개국은 연선(沿線)국가로 해상 실크로드에 놓여있으며, 전체 6개 대형 경제회랑(Economic Corridor) 가운데 2개 회랑이 동남아시아 지역을 관통하고 있다.

---

26 〈중국의 '일대일로' 추진 현황 및 평가와 전망〉 대외경제정책연구원 북경사무소 브리핑, 2017년

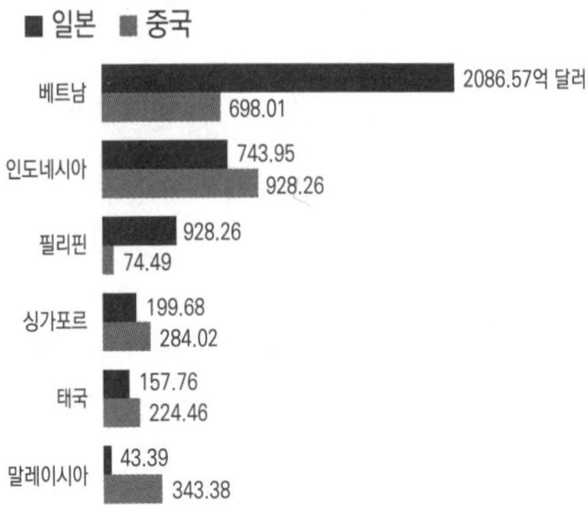

캄보디아	28	14
인도네시아	55	51
라오스	23	4
말레이시아	31	10
미얀마	16	16
필리핀	8	29
싱가포르	13	24
태국	9	15
동티모르	2	3
베트남	25	74
전체	210	240

출처: Fitch Solutions (2019년6월18일 자료), Bloomberg에서 재인용[27]

〈그림 3-10〉 일본과 중국의 인프라 투자 및 참여 프로젝트의 수 비교

앞서 언급한대로, 아세안 국가들은 인프라투자가 수요에 비해 부족한 상황이다. 이는 각국 정부가 투자여력이 부족하거나 민간이나 기존 국제자본시장에서 자본조달을 하기에는 사업성이 충분하지 않은 경우가 많다. 그러나 아시아 인프라투자은행을 비롯 실크로드 기금과 란창-메콩 기금 등 막대한 자금을 제공할 수 있는 중국은 이러한 프로젝트의 상당수를 적극 추진하고 있다. 이러한 인프라 프로젝트는 중국 스스로에게도 상당한 비용이 부과되는 구조이기 때문에, 중국이 신뢰성 있는 미래 투자약속이라는 신호(signal)를 보내고 있는 것으로 해석할 수 있다.[27] 여러 국가 가운데서도 자체적 자원 조달 능력이 뒤쳐져 있는 캄보디아, 라오스의 대중국 의존도가 일본에 비해 더 크다는 사실이 이를 설명한다. 캄보디아의 경우 중국이 전체 투자자본의 약 36%를 차지하고 있으며, 19개의 개발프로젝트 협력이 체결되어 있다. 라오스 역시 중국-라오스 고속철도 사업의 투자금

27 오윤아, 2018, "중국의 부상에 대한 동남아의 대응: 경제적 손익 요인의 재검토", 『동서연구』 제30권 1호(2018) pp.83-110.

액을 대부분 중국에서 차입했다. 인도차이나 반도를 관통하는 거대한 메콩강을 두고 주변 6개국이 참여한 개발사업인 란창-메콩 협력(Lancang-Mekong Cooperation)[28] 역시 중국의 제안으로 2015년 시작되었다. 현재 다양한 프로젝트들이 진행 중이지만, 중국이 상류에 11개의 댐을 건설하여 미치는 영향 때문에 논란이 일어나고 있다.

인도차이나뿐만 아니라 아세안 전반에 중국의 경제적 영향력이 커지고 있음은 분명하다. 비단 동남아시아뿐만 아니라 서남아시아 지역에도 거대 프로젝트들이 진행되다 보니, 일대일로 위력이 인프라 시장을 압도하고 있는 듯이 보인다. 그러나 실제로 일본과 중국, 양 국가의 인프라 투자와 수주한 프로젝트를 비교해보면, 아직 일본이 앞서 나가고 있음을 알 수 있다.

최근 중국의 일대일로 정책은 위기를 맞고 있다. 파키스탄이 빚더미에 올라 IMF의 구제금융 신청을 준비하고 있고, 라오스 역시 부채문제가 심각하게 대두되고 있다. 캄보디아는 무역적자가 GDP의 10% 수준까지 확대되어 경제위기 불안감이 덮치고 있으며, 미얀마 정부는 중국 지원으로 추진하던 서부 짜욱퓨 항구개발 사업을 축소하기로 결정했다. 61년만에 정권교체를 이룬 말레이시아는 다시 등장한 마하티르 총리가 중국이 참여한 동부해안철도 공사를 중단시키고 2개 가스관 건설프로젝트도 폐기했다. 미국 자문회사 RWR에 따르면 1,814개 일대일로 프로젝트 가운데 270개가 문제를 겪고 있다. 이는 전체 프로젝트 금액의 32%에 해당되며, 2017년 중국기업의 건설계약 수주도 전년대비 줄어든 것으로 나타났

28 란창은 메콩강을 지칭하는 중국어

29 Bloomberg "China No Match for Japan in Southeast Asia Infrastructure Race", 2019년 6월 23일

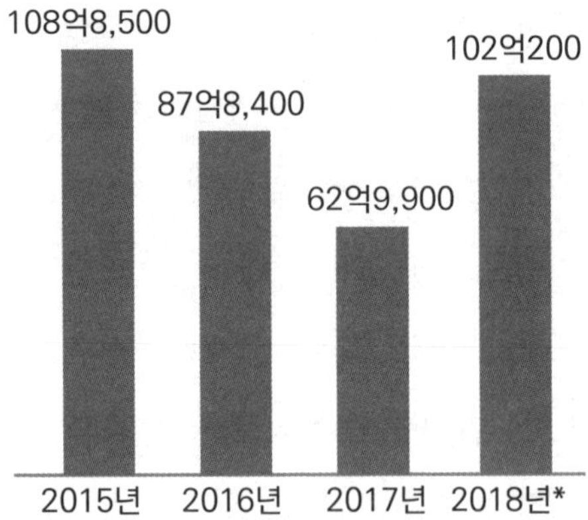

출처: 해외건설협회

〈그림 3-11〉 한국건설사의 아세안 10개국 수주액 (단위: 만 달러)

다.[30] 여기에 미국과의 무역분쟁까지 더해지면서 중국의 아세안지역 인프라 투자 감소가 일부 국가들의 경제성장 둔화와 부채문제를 가중시킬 위험이 커지고 있다. 한편 일본은 이 기회에 일대일로 프로젝트를 공동프로젝트로 참여할 기회를 가져갈 가능성이 높아지고 있다. 그 첫 사례는 태국 고속철 사업이 될 것으로 예상된다. 아세안 지역에서 이미 우위를 점해온 일본의 인프라 프로젝트 수주가 더 늘어날 전망이다.

그렇다면 인프라 분야에서 한국은 얼마나 참여하고 있을까? 해외건설협회의 자료에 따르면 2018년 한국건설사의 아세안 지역 총수주액은 102억 달러를 넘기며 제 2의 전성기를 맞고 있다고 한다. 그러나 3조 달러가 넘는 거대한 시장을 주무르는 일본과 중국의 틈바구니에서 쉽지 않은 상황이다. 인프라 프로젝트가 장기간 대규모 공사 기반으로 하기에 수주 경쟁은 국가 대항전과 마찬가지로 치뤄진다. 여기서 가장 중요한 경쟁력의 핵

30 Financial Times, 'China's Belt and Road projects drive overseas debt fears', 2018년 8월 8일.

심은 금융조달과 기술력이다. 지금까지 한국기업은 대개 각 기업차원으로 뛰어들었기에 자금조달의 안정성이라는 측면에서 높은 평가를 받지 못했다.

특히 아세안 각국 정부가 민관 협력(Public-Private Partnership, PPP) 방식으로 돌파구를 찾으면서 한국도 이에 맞는 전략을 준비할 필요성이 커지고 있다. 민관협력 방식은 리스크를 분담하고, 전문성과 경험을 민간부문에서 가져옴으로써 효율성을 극대화할 수 있기 때문이다. 그러나 한국기업들은 이러한 방식에 대한 경험이 거의 없다. 2017년 신남방정책이 추진되기 시작하면서 한-아세안 인프라 분야에 한국 정부가 적극 지원을 약속하고 나선 정도이다. 글로벌 인프라펀드 1억 달러가 조성되었고, 해외인프라도시개발지원공사(KIND)도 설립되었다.[31] 이러한 정책기조는 기업수주활동에 긍정적인 영향을 미칠 것으로 보인다.

4) 디지털화: 디지털 트랜스포메이션과 혁신

21세기 글로벌 경제는 ICT(Information & Communication Technology) 기반으로 전환되었거나 진행 중이다. 모든 산업 분야가 ICT와 연계되고, 새로운 혁신이 날마다 도입되고 있다. 소위 4차 산업혁명이라고 불리우는, 사실은 그보다 더 다양하게 사용되는 의미에서 새로운 패러다임의 등장은 디지털 인프라를 필요로 한다. 아세안은 ICT 분야에서 앞서 나가던 지역은 아니었고, 한국에게는 출발조차 하지 못한 낙후지역으로

---

31 가장 큰 시장인 인도네시아와 2019년 6월18일 한-인도네시아인프라협력센터를 설립하였다.

인식되어 있었다. 현재 아세안 디지털 경제는 GDP의 7%에 불과하다. 중국의 16%, EU-5의 27% 그리고 가장 규모가 큰 미국의 35%에 비하면 아세안 디지털 경제가 차지하는 비중은 한참 뒤쳐져 있다. 그러나 마케팅 분야의 세계적 권위자인 필립 코틀러 교수는 그의 저서에서 4차 산업혁명의 최적지가 역설적이게도 아세안이라고 주장한다. 정보통신기술이 아세안의 연계성을 강화하여 하나의 조직이자 시장으로 미래 성장의 엔진이 될 것이라고 강조하고 있다.[32] 글로벌 컨설팅 회사인 베인 앤 컴퍼니(Bain & Company)도 디지털 통합이 아세안의 GDP를 2025년 1조 달러까지 끌어올리게 될 것이라고 전망한다.[33] 필립 코틀러 교수가 강조한 대로 아세안은 지난 1~3차 산업혁명에서는 뒤쳐졌지만, 4차 산업만큼은 뒤떨어지지 않겠다는 각오와 준비를 다지고 있다. 디지털 트랜스포메이션과 혁신은 모두 '아세안 경제공동체 청사진 2025'의 핵심적인 화두이며 아세안 경제공동체 차원에서 다양한 ICT 지원 정책과 마스터플랜을 놓고 실행해 나가고 있다. 인프라와 기술 측면에서 보면 선진국과 비교해서 격차가 크지만, 디지털 경제로의 이행 속도는 상당히 빠르게 진행되고 있다.

스마트폰을 든 젊은이가 커피숍에 앉아 유튜브를 보거나, 퇴근길 고층 건물 앞에서 공유차량을 기다리는 샐러리맨, 음식배달 앱을 이용해 주문한 저녁식사를 받으러 문을 여는 이웃집은 전 세계 어디서나 흔히 마주할 수 있는 광경이다. 저렴한 데이터 요금과 인터넷 속도 향상, 그리고 저렴한 스마트폰의 공급은 아세안 전역을 빠르게 변화시켰다. 새로운 비즈니스 환경이 조성되고, 스타트업과 혁신이 강조되는 디지털 경제는 아세안의 미래가

---

32 필립 코틀러 '필립 코틀러의 아세안 마케팅' '마켓 4.0' 'Think ASEAN'

33 Bain & Company, 2018, "Advancing Towards ASEAN Digital Integration"

아니라 현재를 이해하는 중요한 키워드이다.

① 모바일 기반 디지털 시대로의 도약

아세안은 ICT 기술발전 등의 측면에서 미국이나 유럽, 한국보다 한참 뒤쳐져왔다고 생각되지만, 디지털 경제로 빠르게 전환이 가능한 이유는 유선인터넷의 시대를 거치지 않고 곧바로 무선통신과 스마트폰의 시대로 이행하는 '립프로깅(leapfrogging)'를 실행해 나가고 있기 때문이다. 경제학이나 경영학에서 말하는 립프로깅은 선발주자가 현재의 지위에 이르기까지 걸어온 행보를 그대로 따라가는 것이 아니라, 후발주자가 중간 단계를 건너뛰고 곧바로 고도화 단계에 진입해 선발주자를 따라잡는 것을 일컫는다. 그래서 립프로깅 현상은 주로 개발도상국이나 기술추격자들에서 나타난다. 예를 들어 통신망이 취약한 아프리카에서 무선전화 보급률이 유선전화보다 더 높다거나, 중국에서 신용카드 대신 모바일 간편결제로 이행한 현상들이다. 추격자 대열에 속한 아세안에서 집 안의 컴퓨터가 없고, 이메일도 사용해본 적이 없던 이들이 스마트폰으로 페이스북에 사진을 올리고 비행기 티켓을 구매하는 시대가 열린 것이다. 유선에서 무선으로, 퍼스널 컴퓨터에서 개인 스마트기기로 이행하는 과거의 선형적 발전 방식이 부서지고 있다.

〈그림 3-12〉의 휴대전화 이용자 추이를 보면 아세안 평균은 2011년부터 100을 넘어섰다. 라오스를 제외한 모든 국가에서 휴대전화 밀도가 100을 넘는 상황이다. 2013년까지 이용자 비율이 낮았던 미얀마도 급격하게 증가해 100을 상회하고 있다. 2017년 기준으로 아세안 휴대전화 밀도가 124를 기록하고 있는데 이는 전 세계 평균 103.4를 훨씬 상회하는 수

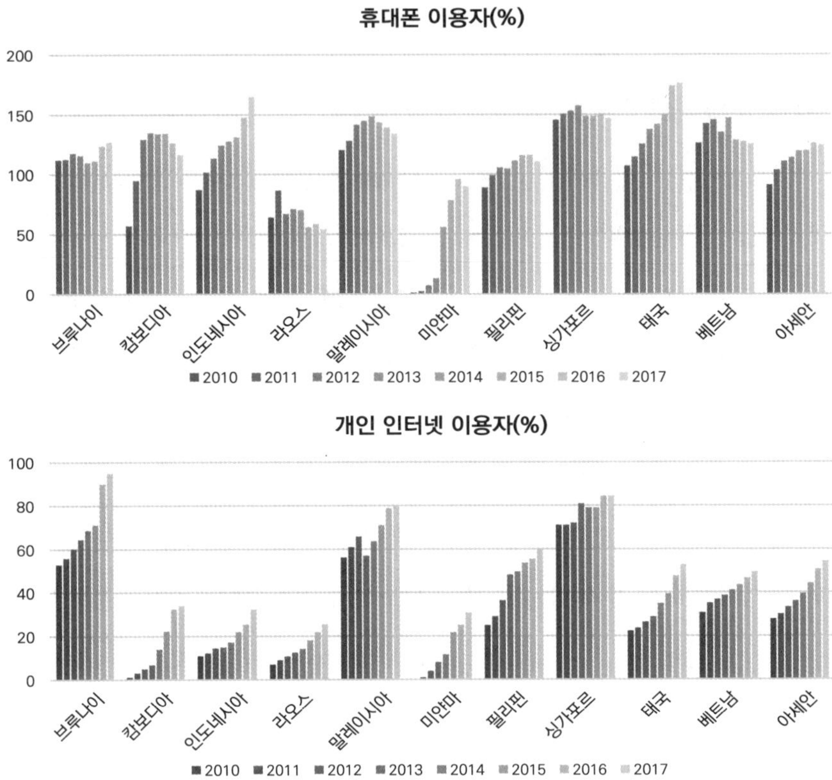

*거주자 100명당 휴대전화이용자(Cellular/Mobile Phone subscriptions per 100 inhabitants)

출처: ITU Statistics

〈그림 3-12〉 휴대전화 이용자* 및 개인 인터넷 이용자 비율(%)의 연도별 추이

치이며 선진국 평균 127에 가깝다. 휴대전화 이용자 수가 늘어나면서 인터넷 사용자 비율도 빠르게 증가하고 있다. 컴퓨터 보급율이 낮은 아세안에서 스마트폰으로 인터넷을 이용하는 사람들이 급격히 늘어나고 있기 때문이다. 〈그림 3-12〉의 두 번째 그래프에서 2017년 아세안 평균 인터넷 개인이용자 비율은 54%를 넘어섰다. 싱가포르와 브루나이, 말레이시아가 80~90%로 세계 최고 수준을 보여주고 있는 반면 인도네시아와 태국은 휴

대폰 이용자가 많음에도 불구하고 인터넷 이용자 비율이 여전히 50%에 미치지 못하다. 정보통신 인프라 후발주자에 속하는 CLMV 국가들은 상대적으로 낮은 인터넷 이용자 비율을 보여주지만 그 증가속도는 매우 빠르다. 특히 베트남이 빠른 속도로 성장하며 유일하게 인터넷 이용자 비율 50%에 근접해 있다.

전 세계 평균 개인인터넷 이용자 비율이 48.6%이고 선진국이 79.5%라는 점을 고려하면, 아세안의 인터넷 접근성은 전혀 뒤쳐져 있지 않다. 이는 모바일을 기반으로 한 서비스 이용자들의 급격한 증가 덕분이다. 이러한 립프로깅 현상은 앞서 언급한 것처럼 이미 중국에서 일어났다. 이커머스와 모바일을 통한 간편 결제, 인터넷 소셜미디어를 통한 마케팅은 중국에서 가장 빠른 속도로 확산되었고 경제환경을 송두리째 바꾸어 놓았다. 중국기업의 스마트폰은 애플과 삼성전자가 주도하던 고가시장의 벽을 허물었다. 아세안 소비자들도 브랜드 스마트폰과 패블릿(phablet)[34]을 반값에 구매할 수 있게 되면서 모바일을 이용한 인터넷 이용자가 급격하게 증가했다.

여기에 젊은층 인구비율이 높은 점도 상대적으로 시장의 빠른 확대를 가져온 요인으로 꼽히고 있다. 40세 이하는 전체 인구의 70%, 30세 이하는 40%를 차지하고 있으며, 그 가운데 90% 이상이 인터넷을 이용한다. 특히 밀레니얼 세대의 경우 모바일로 소셜 미디어에 노출된 상태로 성장해가고 있으며, 콘텐츠 역시 모바일로 소비하는 것이 더 익숙하다.

② 아세안 디지털 이코노미

모바일 중심의 아세안 디지털 경제규모는 추정방식에 따라 예측 기관

34 휴대전화와 태블릿 컴퓨터의 합성어로 5인치 이상 7인치 이하의 대화면 디바이스

마다 차이가 있지만, 거의 모든 보고서에서는 긍정적인 전망을 내놓고 있다. 2016년 에이티 커니(AT Kearney)는 말레이시아 무선통신회사 악시아타(Axiata)와의 합동보고서에서 아세안 디지털 경제가 매년 1,500억 달러의 매출을 생성한다고 추산하고 있으며, 2025년까지 세계 상위 5대 디지털 경제에 진입할 잠재력이 있다고 평가하고 있다.[35] 급진적인 디지털 전환이 아세안 GDP에 1조 달러를 가져다 줄 수 있다고 전망한다.

보다 자세한 통계와 전망은 구글과 테마섹(Temasek Holidngs, 싱가포르 정부투자기관)이 제시하고 있다. 이들은 2016년부터 동남아시아 디지털경제 공동연구를 실시해 매년 그 결과를 발표해왔다.[36] 경제규모가 큰 인도네시아와 말레이시아, 필리핀, 싱가포르, 태국 그리고 베트남 등 아세안 6개국을 대상으로 차량 호출과 온라인 미디어, 온라인 여행, 그리고 이커머스 등 7개 주요 분야를 다루고 있다. 구글과 테마섹의 보고서에 따르면, 동남아 지역은 전 세계에서 가장 빠르게 성장하는 인터넷 시장이다. 동남아 6개국 인구의 90% 이상이 인터넷을 이용하고 있으며, 주로 스마트폰을 이용하고 모마일로 인터넷을 처음 경험하는 세대가 대부분이다. 인터넷 경제규모는 2018년 720억 달러에서 2025년까지 대략 2,400억 달러 이상에 이를 것으로 예상된다.[37] 2017년 보고서에서는 2025년에 2천억 달러로 예상했으나, 2018년 보고서에서는 400억 달러 증가된 전망치를 내놓고 있다. 그만큼 아세안 인터넷 이용자 수와 디지털 경제규모가 예상을 뛰

---

35 AT Kearney 'The ASEAN Digital Revolution'

36 Google & Temasek 2016 "e-Conomy SEA - Unlocking the $200B digital opportunity in Southeast Asia," 2017, "e-Conomy SEA Spotlight 2017 - Unprecedented growth for Southeast Asia's $50B internet economy."

37 Google & Temasek 'E-economy SEA 2018: Southeast Asia's internet economy hits an inflection point'.

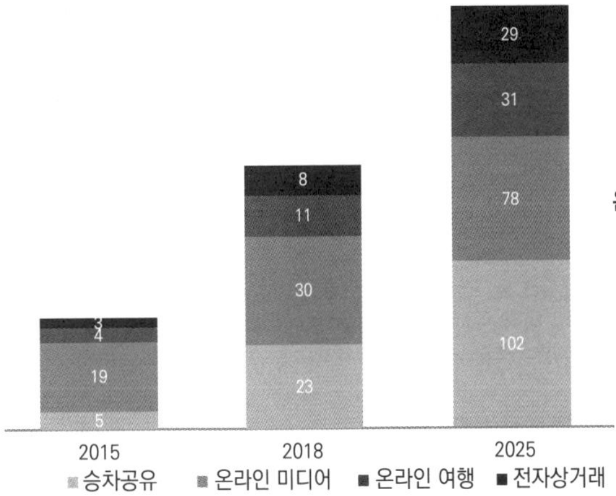

연평균 성장률

	2015-18	2015-25
승차공유	39%	26%
온라인 미디어	44%	24%
온라인 여행	15%	15%
전자상거래	62%	34%
전체	32%	22%

*GMV: Gross Merchandise Volume, 전자상거래에서 1년 동안 이루어진 총거래액

출처: World bank, Google & TEMASEK 'E-economy SEA: Unlocking the $200 billion digital opportunity in Southeast Asia'

〈그림 3-13〉 2015년-2025년 인터넷 사용자 증가율 및 인터넷 경제 규모 추정(GMV*, 십억 달러)

어넘어 빠르게 증가하고 있다는 뜻이다. 성장률을 보면 2018년 인터넷 경제규모는 전년대비 37%를 기록했다. 이는 2015년에서 2018년 사이 연간 32% 증가율을 넘어 변곡점에 다다를 것이라고 구글과 테마섹은 평가하고 있다. 아세안 경제공동체 GDP에서 인터넷 경제가 차지하는 비중은 2018년 2.8%에 불과하지만, 2025년에는 최소 8%를 차지할 것으로 예상하고 있다.

차량 호출 서비스와 온라인 미디어는 이미 압도적인 성장을 거듭하고 있으며 이러한 성장세는 다소 둔화되겠지만 2025년까지 이어질 것으로 예상된다. 아세안 디지털 경제에서 가장 큰 비중을 차지하는 것은 역시 이커머스와 온라인 여행 분야이다. 이 영역의 확대가 디지털 경제로의 이행을 가속화시킬 것으로 전망한다. 아세안 이커머스는 2018년 230억 달러로 2015년 대비 62%나 성장했으며, 2025년에는 1,020억 달러에 이를 전망이다. 항공권 및 호텔 온라인 예약수요의 증가로 온라인 여행시장규모는 2018년 300억 달러에 달했으며 2025년까지 연평균 15%씩 성장할 것으로 예상된다.

국가별로 살펴보면 최대 인구를 보유한 인도네시아의 규모가 가장 크고 성장률도 높을 것으로 예상된다. 그 뒤를 태국과 베트남이 따를 것이다. 인도네시아의 경우 현재 인터넷 이용자 비율이 낮은 만큼 향후 성장 가능성이 높다. 또한 라오스, 미얀마, 캄보디아의 경우 아직 디지털 경제 규모가 작고 자료 수집의 어려움이 있어 조사대상에 포함되지 않았지만, 인터넷 이용자 수가 빠르게 증가하고 있다. 게다가 교육이나 금융, 소셜 커머스, 헬스케어 등 아직 초기 단계에 머무르고 있는 섹터는 전체 디지털 경제 규모에 포함되어 있지 않다. 따라서 라오스 등 4개 국가와 다양한 디지털 경제부문을 모두 고려하면 미래 아세안 디지털 경제규모는 조사시점의 예상치보다 훨씬 더 크고 성장율도 더 높아질 가능성이 농후하다.

③ 생산성 향상과 중소기업의 성장

디지털 시대로의 전환은 지역 경제와 사회가 혁신을 창출하도록 이끌고, 효율성을 증대시키며 서비스를 향상시키고 있다. 이러한 변화는 아세안을 글로벌 경제에 통합되도록 촉진하며, 생활 수준의 향상도 가져온다. 예를 들어, 이커머스의 확산은 보다 저렴한 가격의 다양한 물품을 구매하려는 이용자의 수요를 충족시키고 지급결제시장을 창출하였고, 물류시스템의 효율화를 앞당기고 있다. 또한 그랩(Grab)과 고젝(Go-jek)과 같은 차량공유서비스의 확산은 시민생활의 편의성을 증대시켰을 뿐만 아니라, 동남아에서도 유니콘으로 성장할 수 있다는 가능성을 열어줌으로써 거대

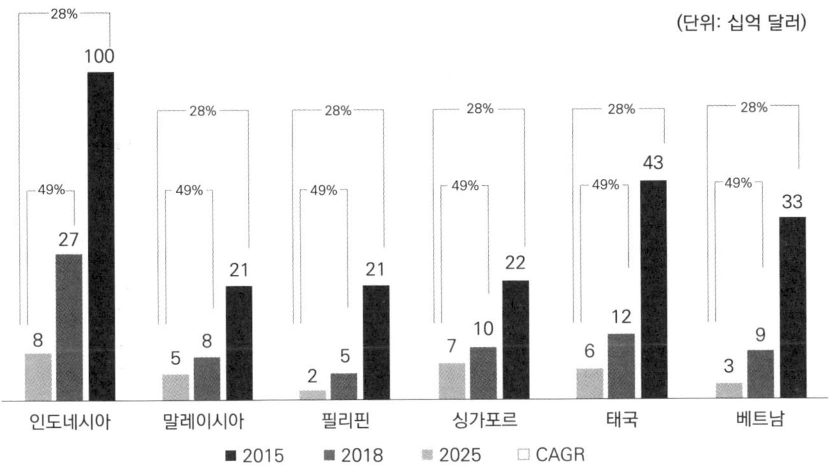

출처: World bank, Google & TEMASEK 'E-economy SEA: Unlocking the $200 billion digital opportunity in Southeast Asia'

〈그림 3-14〉 아세안 6개국 디지털 경제 규모와 성장률

한 스타트업 붐을 이끌어내었다.

글로벌 기업들은 ICT를 이용해 생산시스템의 효율을 끌어올리고 있다. 아세안으로 진출을 확대함으로써 글로벌 밸류 체인의 통합을 가속화하고 생산성 향상을 가져왔다. 맥킨지에 따르면, 파괴적 디지털 기술은 동남아 국가들이 '세계의 공장'이 되도록 만들고 있으며, 2,160억 달러에서 6,270억 달러까지 생산성 향상을 이끌고 있다고 추정하고 있다.

디지털 혁신이 대기업에만 적용되는 것은 아니다. 아세안 경제에 가장 중추적인 역할을 하는 것은 초소형 및 중소기업(Micro, small and medium-size enterprises, MSMEs)이다. 이들이 전체 기업의 90% 이상을 차지하고 있으며, 아세안 GDP의 50% 이상, 고용의 80% 이상을 책임지고 있다. 따라서 중소기업이 국가경제의 성장 엔진이라고 해도 과언이 아니다. 글로벌 기업이나 대기업에 비해 실제 디지털 기술을 적용하고 있는 중소기업은 16%에 그친다. 그러나 디지털 통합으로 중소기업의 사업기회가 확대될 것이라는 전망에는 이견이 없다.

디지털 기술의 기대효과인 생산성 향상과 디지털 시장의 확대, 그리고 관련 산업의 성장은 중소기업에도 동일하게 적용될 수 있다. GDP에서 가장 큰 비중을 차지하는 제조업과 농업은 당장 생산성 확대가 기대된다. ERP 시스템을 도입했을 때 제조업은 평균 5-20% 비용절감 효과가 예상된다고 베인 앤 컴퍼니는 예측하고 있다. 또한 B2B나 B2C 온라인 마켓은 중소기업이 고객에 다가갈 수 있는 새롭고 손쉬운 채널이 되고 있다. 2017년 아세안의 B2C 및 B2B2C 이커머스 매출이 전체 리테일 매출에서 차지하는 비중은 5%에도 미치지 못하고 있다. 따라서 향후 성장 잠재력이 매우 높다고 볼 수 있다. 여기에 아세안 영역 내 혹은 그 범위를 넘어서는 국제무역기회의 확대까지 고려하면 사업기회는 큰 폭으로 확장될 수 있을 것이다.

아세안 디지털 경제의 성장에 걸림돌이 없는 것은 아니다. 인터넷 이용자 대부분이 모바일로 접속하기 때문에, 모바일 네트워크의 속도와 비용도 디지털 경제 발전에 주요한 요소가 된다. 동남아 6개국의 이용자 과반수 이상이 4G 모바일 네트워크에 접속하고, 그 비용도 크게 낮아졌지만 태국과 필리핀에서는 1GB 이용료가 여전히 GNI의 1%가 넘는다. 또한 전자지급결제시스템의 구축과 확산, 물류/수출 시스템 통합과 규제, 기술확보 등 풀어야할 숙제가 많이 남아 있다. ICT 및 디지털 경쟁력 평가지표를 보면 확연히 드러난다. UN의 ICT 지수와 IMD의 디지털 경쟁력 순위 그리고 터프츠 대학의 디지털 진화지수[38] 등 글로벌 평가지수에서 싱가포르는

---

38 터프츠 대학과 마스터카드가 총 60개국의 디지털 시장의 수준과 발전속도를 평가한 디지털진화지수(Digital Evolution Index, DEI)를 발표함.

〈표 3-5〉 디지털 경쟁력 평가

	UN ICT 지수 (2017)	IMD 세계 디지털 경쟁력 순위 (2018)	디지털 진화 지수 (2017)	세계경제포럼 네트워크 준비 지수 (2016)
싱가포르	18	2	6	1
브루나이	53			(불포함)
말레이시아	63	27	26	31
태국	78	39	42	62
필리핀	101	56	51	77
베트남	108		48	79
인도네시아	111	62	45	73
캄보디아	128			109
미얀마	135			133
라오스	139			104
전체 국가 수	176	63	60	139

아세안 국가 가운데 가장 높은 점수를 받았을 뿐만 아니라 유럽이나 미국 등 다른 지역의 선진국보다도 높은 평가를 받았다. 그러나 태국은 아직 중하위권에 속해있으며, 인도네시아와 필리핀은 2018년 IMD 경쟁력 순위가 전년보다 더 낮아졌다. 베트남을 비롯한 5개 국가는 UN ICT 지수에서 100위권 밖에 머물러 있고 IMD 경쟁력 순위와 디지털 진화지수에서는 평가 대상에도 오르지 못하는 상황이다.

아세안 국가 사이의 격차, 그리고 선진국이나 중국과의 차이는 확연하다. 그럼에도 불구하고 지속적인 인프라 투자와 후발주자이기 때문에 가질 수 있는 "립프로깅 트랜스포메이션(leapfrogging transformation)"을 거치고 있는 아세안 디지털 경제 성장은 현재 진행형이며, 피할 수 없는 미래이다.

5) 높은 잠재성장: 경쟁력 그리고 보이지 않는 비용

국가적으로나 경제공동체 단위에서나 경쟁력 향상은 지금 최우선 정책 과제이다. 아세안이 높은 경제성장률을 유지할 수 있었던 요인은 가운데 하나는 노동력과 자원에 바탕을 둔 생산기지 역할을 해왔다는 것이고, 외국으로부터의 투자도 계속 증가해왔다. 그리고 현재는 아세안 내에서 생산과 소비, 투자의 선순환이 잘 진행되고 있다. 그러나 아세안 국가 평균 5% 이상의 성장률을 계속 유지하기란 말처럼 쉬운 것이 아니다. 임금은 상승하고 있는데다, 자동화로 일부 일자리는 위협받고 있다. 보호무역으로 수출이 위태로워질 수도 있다. 기술개발에 투자를 늘려가고 있지만, 축적된 기술과 자본이 부족하기 때문에 성과를 신속하게 내기도 어렵다. 경쟁력을 확보하지 못하면 당장 해외투자가 줄어들 것이며, 성장률은 둔화되고 소비도 타격을 받는다. 아세안은 다른 지역과도 경쟁해야 하며 아세안 내 다른 회원 국가와의 경쟁도 피할 수 없다. 당장 캄보디아의 섬유의류분야는 방글라데시와, 수출 중심 제조업체는 멕시코나 인도네시아, 필리핀, 베트남이 각축을 벌이고 있다. 글로벌 기업의 아세안 거점과 물류허브를 놓고 싱가포르와 태국, 말레이시아가 경쟁관계에 놓여 있다.

〈표 3-6〉에서 세계경제포럼의 글로벌 경쟁력 순위를 보면, 싱가포르가 세계 3위로 최상위권에 속해 있다. 다음은 말레이시아가 23위, 태국과 인도네시아가 각각 32위, 36위로 중상위권을 달리고 있으며, 베트남과 필리핀이 그 다음 중위권에 속해있다. 아세안 경제공동체 국가들이 글로벌 시장에서 충분히 경쟁력을 갖추고 있다는 평가를 받고 있는 것이다. 비록 순위로는 많이 뒤쳐져 있긴 하지만, 캄보디아와 라오스 역시 100위 내로 진

〈표 3-6〉 글로벌 경쟁력 순위

	글로벌 경쟁력 순위 (세계경제포럼 2017-2018)	세계은행 doing business rank (2019)	글로벌 혁신 지수 순위 (2018)	부패인식지수 (국제투명성기구, 2018)
싱가포르	3	2	5	6
말레이시아	23	15	35	32
태국	32	27	44	62
인도네시아	36	73	85	96
브루나이	46	55	67	96
베트남	55	69	45	111
필리핀	56	124	73	161
캄보디아	94	138	103	135
라오스	98	154	NA	130
미얀마	N/A	171	NA	107

*코넬 대학, 인시아드, 세계지적재산권기구 공동으로 발표.

입하였다. 글로벌 경제에 참여한 시간이 길지 않은 점을 고려해본다면, 고무적인 발전으로 볼 수 있을 것이다. 게다가 최근 발표된 2018년 글로벌 혁신지수를 보면, 싱가포르에 이어서 태국과 베트남이 크게 약진하는 등 아세안 국가들이 진화하고 있음이 분명하게 드러나고 있다.

세계은행의 비즈니스 환경평가(doing business)에서도 싱가포르가 역시 세계 2위를 차지하고 있고, 말레이시아와 태국은 각각 15위, 27위를 차지하는 등 기업에게 충분히 매력적인 국가들로 자리잡고 있다. 전반적인 사업환경은 경쟁력 순위와 비슷하다. 그러나 경쟁력 측면에서 태국과 유사한 평가를 받았던 인도네시아는 사업환경평가에서는 73위로 크게 떨어진다. 베트남과 필리핀의 경우도 글로벌 경쟁력 순위에서는 각각 55위, 56위로 차이가 없으나 비즈니스 환경평가에서는 두 나라 사이의 격차가 69위와 124위로 크게 벌어진다. 시장규모라는 요소가 글로벌 경쟁력 평가항목에 포함된 덕분에 인도네시아, 베트남, 필리핀 등 인구가 많은 나라가 높게 평가되었기 때문이다. 그러나 비즈니스 환경 평가는 제도적인 측면 위주로 평가하기 때문에 결과가 사뭇 달라진다. 글로벌 경쟁력에서는 인도네시아가 베트남을 한참 앞서지만, 기업활동은 베트남이 더 수월한 것으로 나타났다.

기업활동 환경의 어려움은 부패 정도와 연결되기도 한다. 싱가포르를 제외한 대부분의 아세안 국가의 부패지수 순위가 높은 편에 속한다. 그만큼 부패가 만연하고, '제도화된 부패'라고 불리우기도 한다. 기업들이 아세안 지역에서 사업확장을 하는데 있어서 가장 큰 리스크 가운데 하나로 지목하는 것이 바로 이러한 제도적 불투명성이다. 사업환경평가 순위가 낮을수록, 부패지수 순위가 높을수록, 진입장벽이 높고 시간이 오래 걸릴 수 있으며, 예기치 못한 상황에 부딪칠 수 있다는 뜻이다. 말레이시아는 2018년 정권교체 이후 대규모 프로젝트가 바로 취소되었고, 미얀마도 로힝야 사태로 외국인 투자가 줄어들었다. 부패척결을 내세운 조코위 대통령의 당선 이후에도 인도네시아에서는 자원개발권한을 가진 지방정부의 고위 공무원들이 벌써 50명 이상 체포되었다. 이러한 불안전성과 불투명성은 기업에게 잠재된 위험요인이며 '보이지 않는 비용'이다.

박사명(2014)과 물러(Møller, 2008)는 유럽연합은 상호신뢰를 바탕으로 경제적 정치적 통합의 길로 나아갔으며, 이러한 지역통합이 다시 상호신뢰를 강화하는 역할을 하고 있다고 말한다. 즉, 유럽연합에 있어서 신뢰와 통합이 선순환적 구조로 맞물려 있다는 것이다. 그러나 아세안 경제공동체는 전체 공동체 단위에서도, 국가별로도 신뢰수준이 높지 않은 상태이다. 제도적 투명성이 제고되고, 국내외 신뢰수준이 향상될 때 공동체 통합 수준도 보다 견고해질 것이다.

4장

아세안 시장의 트렌드

3장에서 우리는 아세안을 관통하는 주요한 사회경제적 변화를 살펴보았다. 중산층의 증가와 도시화, 인프라 확대와 그리고 디지털화는 그 자체로서 국가경제에 영향을 미치는 주요한 요인이다. 더 나아가서 이러한 변화는 소비시장의 트렌드를 바꾸어 놓는다. 우리는 4장에서 아세안 시장이 어떻게 달라지고 있는지를 분야별로 나누어 살펴볼 것이다. 소득 증가로 인한 가전제품이나 자동차, 헬스케어 등 다양한 부문의 수요증가는 충분히 예상 가능하다. 그러나 트렌드가 일어나는 지역적 범위와 한국기업들과의 관련성 등을 고려하여 9개의 분야를 선정하였다. 9개 분야는 FMCG(fast moving consumer goods), 물류, 리테일, 차량호출과 긱 이코노미(gig economy), 소셜 미디어, 유아/교육, 헬스케어, E&M(entertainment & media), 그리고 이슬람경제이다.

여기에 선정된 9개 분야가 아세안 10개국 모든 지역에서 동시에 같은 속도로 발전하는 것은 결코 아니다. 2장에서 설명한대로 아세안 시장은 균일한 소비시장이 아니며 다양한 기호와 성격을 가진 시장이 묶인 형태이다. 거대한 트렌드는 존재하지만, 아세안 시장의 다양성을 고려하여 각 분야에서 지역별 차이 또한 보여줄 것이다. 9개의 분야를 10개의 국가로 나누어 설명하는 것은 독자들에게 효율적인 접근 방식이 아니므로, 우리는 분석이 필요한 주요 시장을 대상으로 하거나 유사한 단계의 시장을 묶어 설명하는 방식을 채택하였다. 그리고 각각의 분야에 참고할 만한 국내외 기업들의 사례를 제시하였다.

〈표 4-1〉 아세안 시장의 분야별 트렌드

	트렌드	지역	경쟁상황	사례
FMCG	브랜드 & 안전성 추구	인도네시아, 베트남, 필리핀, 미얀마 높은 성장세	로컬기업/외국브랜드 경쟁	아모레퍼시픽, 삼양식품, 유니레버인도네시아
		중소도시 매출 증가		
물류	수요증가와 투자확대	태국, 말마리시아, 싱가포르, 베트남 물류허브전략	4개국 아세안 물류허브 경쟁	CJ대한통운
	콜드체인 성장		글로벌 기업 진출 확대	
리테일	modern & traditional 혼재	CLMV 여전히 Traditional 강세	로컬기업/외국계 대형유통사 경쟁	
	이커머스의 성장	높은 성장률 지속	외국계 이커머스기업간 경쟁	온라인 장보기
	편의점 증가	베트남, 필리핀, 인도네시아 높은 성장률 전망	국가별 로컬과 외국계 시장점유율 차이	7-Eleven
차량호출과 긱이코노미	플랫폼으로 진화	음식배달과 payment/e-wallet등 전방위로 시장확대	그랩 동남아 시장 점령한 상황에서 고젝이 도전	그랩(Grab) 고젝(Go-jek)
소셜 미디어	이용자 수 및 이용시간 증가	인도네시아, CLMV 이용자 증가	Facebook과 Instagram 압도적	
		마케팅/광고 폭발		LINE
		콘텐츠커머스, V커머스로 이행		크레디보(Kredivo)
유아/교육	고급화와 교육열	인도네시아, 태국, 베트남 유아시장 규모 확대	미국, 일본 브랜드 선전	핑크퐁
			유아용앱 인기	
헬스케어	의료수요 확대	인도네시아, 베트남, 필리핀, 캄보디아 고성장	의료기기 수입증가	IHH Healthcare
	고령화	싱가포르, 태국, 베트남 고령인구 증가		
	의료관광 증가	태국, 말레이시아, 싱가포르 의료관광허브	메디컬+웰니스 결합	
엔터테인먼트와 미디어	젊은층 소비증가, TV에서 온라인으로	인도네시아, 필리핀, 베트남 고성장률	Netflix vs iflix 등 아세안 스트리밍 업체간 경쟁	iflix
	한국콘텐츠 인기	콘텐츠 합작/현지참여 증가	가장 큰 수출시장인 게임분야 경쟁심화.	
이슬람경제	할랄푸드와 라이프스타일	인도네시아, 말레이시아, 필리핀, 태국	글로벌 기업 할랄인증	코스맥스 Nippon Express
	라마단 경제특수		쇼핑 및 관광업 판매 경쟁 최대	

1) FMCG

동남아 지역의 인구증가와 소득수준의 향상에 따라 소비시장이 크게 성장하고 있으며, 앞으로도 큰 폭의 증가세를 보일 것으로 예상된다. 리서치 기관들은 아세안 지역의 연간 소비자 지출이 2020년까지 2.3조 달러에 이를 것으로 추정한 바 있으며, 이는 2012년 대비 80% 가량 늘어난 수치이다.[39] 2020년까지 대략 4억 명에 이를 정도로 계속 늘어나는 중산층 가정의 소비는 먼저 식품과 음료, 생활용품 등 일용소비재 즉, FMCG(fast moving consumer goods) 시장의 확대로 이어지고 있다. 이미 식품(곡물 및 가축 생산품)생산은 1999년부터 2016년까지 70% 이상, 지난 10년 기간에는 40% 이상 증가했다. 2016년 기준 전체 동남아 FMCG 시장의 규모는 대략 1,820억 달러에 달했으며 인도네시아와 베트남, 등을 중심으로 빠르게 성장할 것으로 예상된다.

단위: 10억 달러

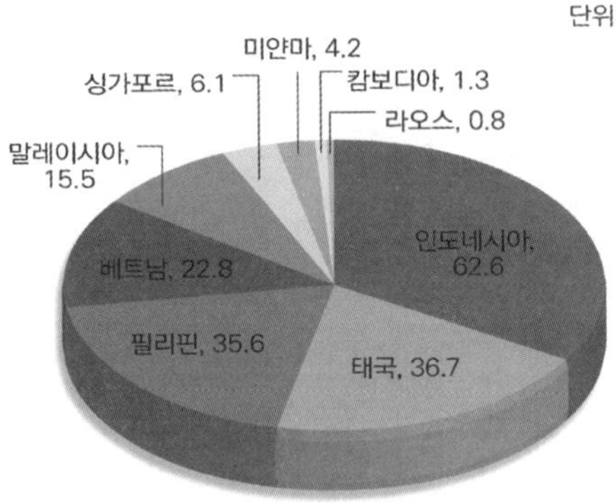

출처: 각국 통계자료

〈그림 4-1〉 2017년 동남아 FMCG 시장 규모

39 Financial Times, "Southeast Asia emerges as consumer powerhouse" 2016년 7월 29일

동남아 FMCG 시장의 규모는 경제성장 속도와 함께 증가할 것이 확실하다. 그러나 국가별로, 또 섹터마다 지금과는 차이를 보일 수밖에 없다. FMCG 시장의 소비패턴 변화는 일부 지역의 급속한 시장 성장, 프리미엄 시장의 확대, 중소도시의 높은 성장률, 그리고 현지기업 및 외국기업의 경쟁심화 등 네 가지 트렌드가 진행 중이다.

① 최대 시장 인도네시아, 그리고 베트남, 필리핀, 미얀마의 강세

아세안 시장에서 가장 관심을 끄는 시장은 단연 인도네시아이다. 2억 6천만 명이라는 거대한 인구와 GDP로 봤을 때 인도네시아가 가장 큰 시장이기 때문이다. 따라서 아세안에 진출하는 대부분의 기업들은 인도네시아에 집중하는 모습을 보여왔다. 2013년부터 5%를 넘는 높은 경제성장률을 유지해온 인도네시아는 거대한 인구와 소득증가로 인해 FMCG 시장 규모도 그만큼 빠르게 커졌으며, 지난해 아세안 국가 가운데 가장 높은 성장률을 기록했다. 소비자행동 분석 전문기관인 칸타르 월드패널(Kantar Worldpanel)의 보고서에 따르면 2018년 인도네시아의 가계 FMCG 소비가 전년동기대비 감소하고 쇼핑 횟수가 줄어들기는 했지만, 2017년과 2018년 각각 7.7%와 4.2%로 여전히 증가세를 유지하고 있다.[40] 2018년 상반기의 성장률 둔화는 인도네시아의 향후 경제에 대한 우려로 전반적으로 소비가 위축되어 나타난 현상이다. 그러나 2018년 인도네시아의 경제성장률은 5.1%로 우려했던 바와는 다른 결과가 나타났다.

FMCG 아세안 전체 시장 규모는 2016년 4,108억 달러로 전년 대비

---

40 Kantar Worldpanel "FMCG Monitor: An integrated view of Indonesia FMCG market (MAT June 2018)"

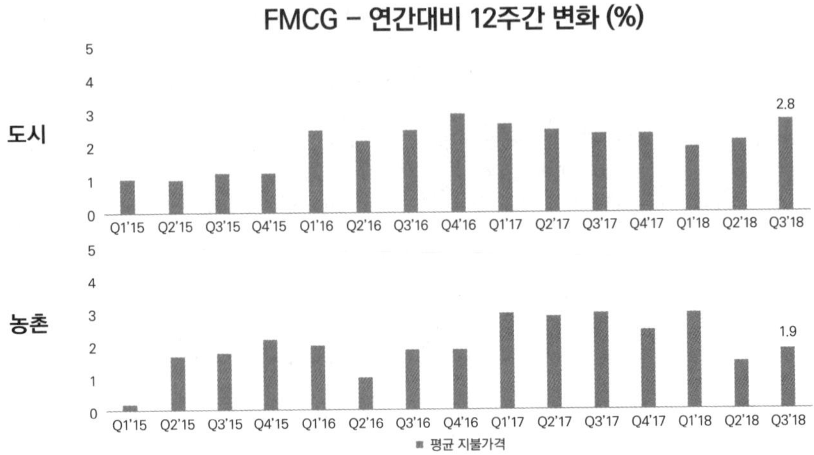

〈그림 4-2〉 인도네시아 가계 FMCG 소비

6.3% 성장했으며 2020년까지 연평균 9%씩 성장할 것으로 예상된다. 인도네시아의 식품시장은 1,884억 달러로 최대 규모를 자랑하고 있으며, 2020년까지 가파르게 상승할 것으로 예상된다. 인도네시아 시장에서는 감자칩이나 사탕, 아이스크림과 같은 군것질이나 스낵류가 인기를 끌고 있으며, 음료시장이 성장세를 나타내고 있다.

인도네시아의 뒤를 이어 가장 큰 FMCG 시장을 이루고 있는 국가는 태국이지만, 높은 성장세를 보이는 국가는 단연 필리핀과 베트남이다. 두 국가의 인구를 합하면 2억 명이 넘고 소득수준이 계속 향상되고 있어서 FMCG 소비 지출도 크게 증가하고 있다. 이 두 국가가 아세안 경제공동체 전체 소비재 시장에서 차지하는 비중도 점점 더 커지고 있다. 칸타르 월드패널 조사를 보면 말레이시아, 태국, 베트남, 필리핀 4개국의 2017년과 2018년 3사분기의 FMCG 소비는 전년 동기 대비 각각 3.9%, 3.0% 증가했다. 태국은 2018년 3사분기 FMCG 성장률(전년 동기 대비)은 0.2%에

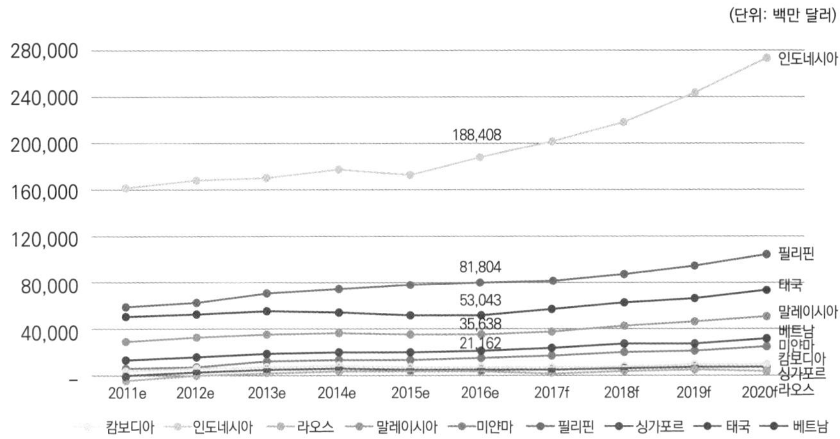

출처: BMI Research, KOTRA 해외시장뉴스 '우리나라 5대 유망 소비재의 아세안 내 시장동향'(2017.08.23)에서 재인용

〈그림 4-3〉 아세안 국가별 식품시장 규모 동향

불과하나 필리핀은 6.9%, 베트남은 평균 4%에 이른다.

필리핀은 1억 5백만의 인구를 가진 국가로 동남아 지역에서는 인도네시아에 이어 두 번째로 큰 규모이다. 2017년 경제성장률 6.6%를 기록하

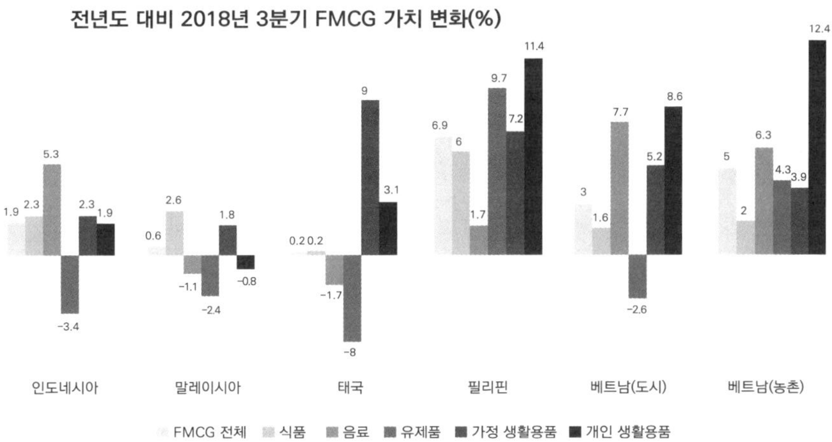

출처: Kantar Worldpanel "Consumer Insights 2018" 재구성

〈그림 4-4〉 아세안 5개국 FMCG 시장 성장률

며, 5년 연속 6%대의 고속성장을 실현 중이다. 최근 가장 높은 상승세를 보여줬던 필리핀은 동남아에서 2위의 FMCG 시장으로 올라설 것으로 보인다. 필리핀 가정의 소비패턴은 대개 비슷하게 나타나며, 가족건강을 챙기는 덕택에 유제품과 키즈식품군이 성장하고 있다. 닐슨 시장조사 보고서에 따르면 마닐라는 소프트드링크와 쵸콜렛을 가장 많이 소비하는 지역이다.[41] 베트남은 지금 가장 주목받는, 아시아에서 가장 빠르게 커가는 시장 가운데 하나로 등장했다. 비록 시장규모는 4위에 머물러 있지만, 1억에 육박하는 인구와 높은 경제성장률 덕택에 FMCG 시장도 가파른 상승세를 타고 있다. 베트남 FMCG 시장 연간 성장률은 2017년 5.4%를 기록하며 2016년 4.9% 훌쩍 뛰어넘었다[42]. 2018년 4개 도시의 3사분기 성장률(전년 동기대비)은 3.0%, 지방은 5.0%를 각각 기록 중이다. 분야별로 보면 특히 맥주를 포함한 음료시장이 커나가는 중이며, 퍼스널케어 및 홈케어 상품이 높은 성장세를 유지하고 있다. 위생에 대한 관심과 라이프 스타일의 변화에 따라 나타나는 자연스러운 현상이다. 다만 포장된 식품의 경우 지방에서, 유제품은 도시에서 감소세가 나타났다.[43] 품목에 따라 차이가 있지만, 도시와 지방 모두 시장이 크게 성장하고 있음은 분명하다.

아세안 FMCG 시장의 성장은 인도네시아와 필리핀 등 인구가 많은 국가의 소비 증가에 달려있지만, 한편으로는 그 동안 소비에서 큰 비중을 차지하지 못했던 CLMV 국가들의 약진이 더해져 빠르게 진행될 것으로 보인다. 특히, 미얀마의 경우 시장도 작은데다 통계가 잡히지 않기 때문에 예

41 Neilson "RETHINKING ASEAN Dispelling 8 Myth about Consumer Markets" July 2017

42 Nielsen "Quarterly Market Plus report"

43 Kantar WorldPanel '베트남 FMCG 시장 들여다보기' 2018

〈그림 4-5〉 필리핀 SM 수퍼마켓과 베트남의 빈마트

상치를 내놓기는 어렵지만, 〈그림 4-3〉 및 〈그림 4-4〉에서 보여주듯 향후 베트남의 성장세를 따라 갈 것으로 보고 있다. 2016년 자료에 따르면 평균 월소득이 125~500 달러 사이에 속한 가계가 66%에 달하며, 식음료 구입에 가장 많은 돈을 쓰고 있는 것으로 나타났다. 특히 소득이 가장 낮은 계층은 수입의 40%를 쓰고 있다. 당분간 소득이 더 오르더라도, FMCG에 대한 지출 비중은 다소 감소하겠지만 소비액 규모는 계속 늘어날 수밖에 없다.

② 브랜드와 프리미엄 제품 선호도 증가

소득수준이 높아지면 소비자는 비싸더라도 더 좋은 상품을 구매하고 싶어진다. 아세안 소비자들은 프리미엄 제품을 더 세련된 디자인과 스타

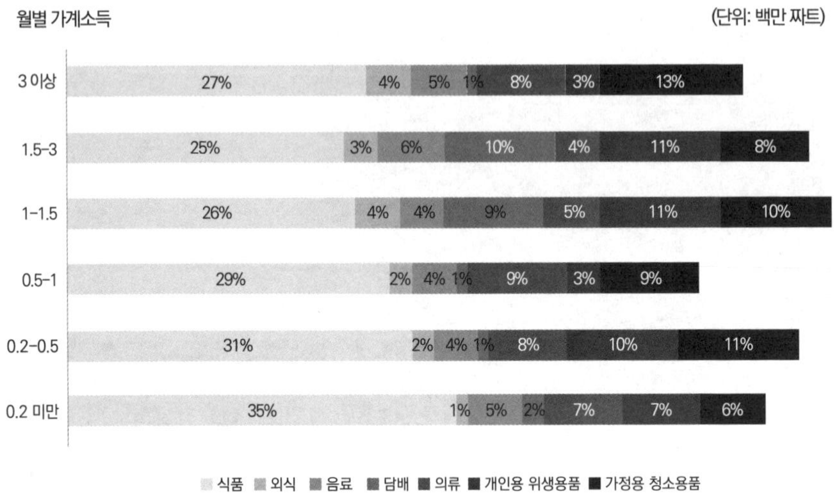

출처: Deloitte. "The Myanmar Consumer Survey: Golden Land, Golden

〈그림 4-6〉 미얀마 가계의 월수입에 따른 FMCG 지출 비중

일, 잘 알려진 그리고 믿을 만한 브랜드의, 질 좋은 상품으로 생각한다. 가격은 최소한 20%가 넘게 차이가 나지만 소비자들은 이제 지갑을 열 준비가 되어 있다. 프리미엄 시장의 규모는 2015~2016년 사이 21%나 성장했다. 반면에 메인스트림 시장은 8% 증가하는데 그쳤다.[44] 이런 현상은 비단 동남아에만 국한된 것은 아니다. 여러 신흥시장에 브랜드 가치가 매우 주요한 선택기준으로 작용하고 있다.

국가별로 프리미엄 시장 성장률은 보면 베트남이 41%로 높게 나타난다. 그 다음으로 인도네시아, 말레이시아가 차지하고 있다. 제품군별로 보면 홈케어와 퍼스널케어, 음료와 식품이 성장 가능성이 높게 나타나고 있

44 Nielsen (2016.12) "Moving on Up: Premium Products are in High Demand Around the World". 닐슨은 프리미엄을 품목별 평균가격보다 최소 20% 이상 비싼 상품을 프리미엄으로 분류하고 있다.

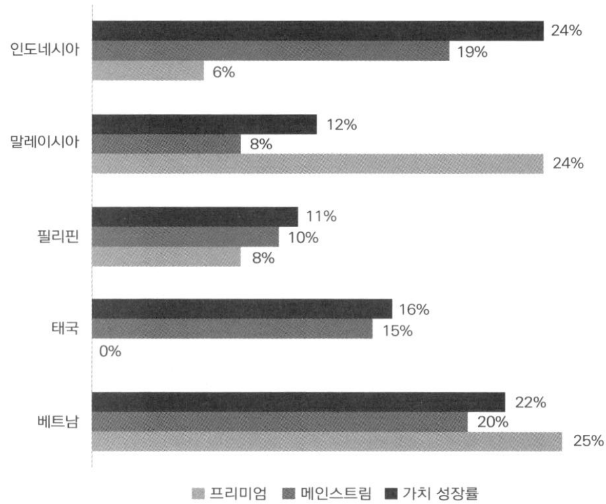

출처: Nielsen "Breakthrough Innovation Report" 2016. Moving on up, Nielsen (Dec. 2016) 재구성

〈그림 4-7〉 프리미엄 시장 성장률: 국가 및 제품군

으며 관련기업의 매출도 신장하고 있다. 특히 유아 및 어린이가 먹는 식품이나 제품에 대해서는 프리미엄시장이 더 빠르게 커지고 있다. 건강이나 환경에 대한 인식이 높아지면서 친환경이나 오가닉제품 혹은 화학성분이 들어가지 않은 제품에 대한 관심과 수요가 커지고 있다.

퍼스널케어의 주요 품목 가운데 하나가 화장품이며 아세안 소득성장과 함께 빠르게 커지는 프리미엄시장의 주요 제품군이 바로 화장품이다. 아세안 6개국 화장품 시장의 규모는 2017년 191억 달러이며 2020년까지 289억 달러로 커질 전망이다. 전통적으로 화장품에 대한 관심이 높은 태국이 가장 큰 시장을 형성하고 있지만, 인도네시아가 연평균 12%라는 높은 성장세를 이어가 2021년부터는 최대 시장이 될 전망이다. 특히 인구수가 많고 소득이 증가하고 있는 베트남과 필리핀시장도 빠르게 커질 것으로 예상된다.

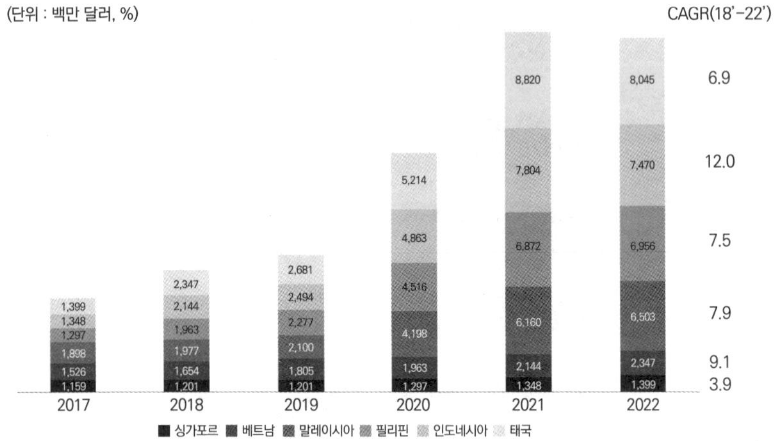

출처: Euromonitor, KOTRA "2018 글로벌 화장품 산업 백서"(2018. 10)에서 재인용

〈그림 4-8〉 동남아 6개국 화장품 시장규모와 전망

프리미엄을 선호하는 소비자가 증가하면서 수입화장품 시장도 계속 커질 것으로 예상된다. 현재 화장품 1위 수출국가는 프랑스이며 미국이 그 뒤를 따르고 있다. 이들 국가의 수출제품은 프리미엄에 속한다. 그러나 최근 아세안에서 대표적인 프리미엄 화장품으로 자리잡은 것은 바로 한국산 제품이다. 한국의 K-beauty와 K-food는 K-pop과 한국드라마와 함께 한류의 대표주자로 자리잡았다. 한국 화장품의 대 아세안 수출규모는 2007년 3천 9백만 달러에서 2017년 4억 500만 달러로 10년간 935.6%의 폭발적인 성장세를 보여왔다. 2013년부터 2017년 사이의 연평균 성장률은 무려 40%에 달한다. 아세안 화장품시장에서 11위에 불과했던 한국은 스킨케어 제품이 인기를 끌면서 시장점유율 4위로 올라섰다. 한국화장품은 한국 드라마 열풍에 힘입은 탓도 크지만, 사용했을 때 소비자들이 제품의 우수성을 확인할 수 있었기 때문에 꾸준히 판매량이 증가해왔다. 여

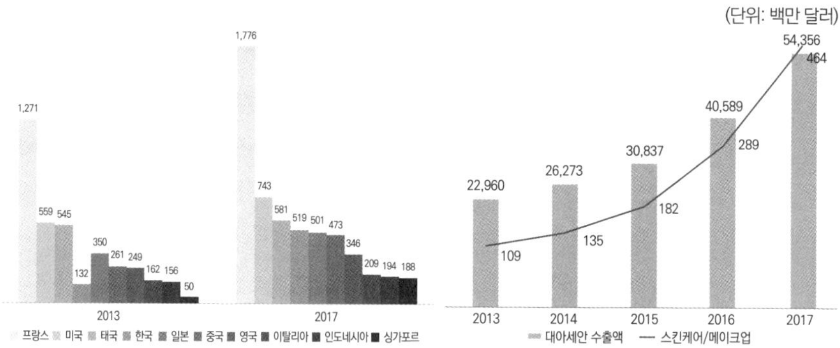

출처: Trade Map, KOTRA "2018 글로벌화장품 산업백서"(2018. 10)에서 재인용

〈그림 4-9〉 동남아 6개국 수입화장품시장 및 한국의 화장품 대아세안 수출규모

기에 소비자들이 원하는 인체유해성분이 없고 천연성분 함류량이 높은 제품, 그리고 미백효과나 피부톤보정 등에 최적화된 기능성, 여기에 독특하고 세련된 패키징, 그리고 시장의 요구에 앞서가는 신속한 제품을 출시했기에 가능한 일이었다.

그러나 화장품 시장의 경쟁이 갈수록 심화되면서 이 성장세를 유지하기가 쉽지만은 않을 것으로 보인다. 먼저 프리미엄 시장에서 유럽과 일본 브랜드의 공략이 만만치 않다. 아세안 화장품 시장의 테스트 베드라고 알려진 태국에서 일본의 하다 라보(Hada Labo)라는 스킨케어 화장품은 프리미엄 제품으로 성공을 거두었다. 물론 일본산 화장품이라는 점이 소비자에게 강하게 먹혀 들었기 때문이다. 중저가 시장에서는 중국이나 현지 화장품 브랜드도 가격을 무기로 시장을 조금씩 잠식해가고 있다. 최근 중국에서 고전을 면치 못하던 한국 화장품 회사들이 국내외에서 로드샵 문을 닫고 있거나 현지시장에서 철수하는 경우도 많다. 3개월에 한번씩 트렌드가 달라진다고 할 정도로 변화가 빠른 화장품 시장에서 유사한 제품을 경

〈그림 4-10〉 일본 화장품 하다 라보가 매장에 전시된 모습

쟁적으로 내놓거나 가격파괴로 제살 깎아먹기식 영업을 하는 등 일부 수입업자들이 스스로 시장을 교란하는 상황은 우려스럽기까지 하다. 여기에 온라인 시장에서 짝퉁 한국화장품이 저가에 판매되고 있어 이에 대한 확실한 대처도 요구된다.

한국산 식품도 어엿이 대표적인 프리미엄 상품으로 자리잡았다. 그 가운데 한국 라면은 동남아 어디서나 쉽게 구매가 가능할 뿐만 아니라, 잘 팔리는 상품이다. 농심 신라면은 전통적인 히트상품이고, 지난해 삼양식품의

〈그림 4-11〉 슈퍼마켓 내 일본식품코너와 한국식품코너

불닭볶음면이 한국의 매운 맛을 대표하면서 불티나게 팔려나갔다. 한국 드라마와 예능프로그램의 먹방이 크게 인기를 얻으며 소위 치맥, 떡볶이, 한국산 스낵과 김을 비롯 다양한 농림수산물 수출도 꾸준히 증가하고 있다.

CASE 1 아모레퍼시픽

포스트차이나로 가장 주목받는 아세안 시장에서 화장품 한류 혹은 K-beauty 열풍을 주도하는 브랜드 가운데 아모레퍼시픽의 라네즈와 이니스프리가 있다. 아모레퍼시픽은 럭셔리 화장품 설화수를 비롯 라네즈, 마몽드, 이니스프리, 에뛰드 등 다양한 브랜드 라인을 보유하고 있는 한국의 대표 화장품기업이다. 아모레퍼시픽의 서경배회장은 일찍이 "아세안은 한국과 중국에 이은 아모레의 주요 3대 기둥"이라고 강조하며 아세안 시장 진출에 공을 들여왔다. 아세안은 'K-beauty'에 열광하는 수요가 많아 중국 다음으로 성장 가능성이 큰 시장으로 판단한 것이다.

아모레퍼시픽은 2003년 라네즈를 싱가포르에 런칭하며 처음 진출했으며, 이후 설화수와 이니스프리, 헤라 등을 차례로 진출시켰다. 한방 명품 화장품 설화수는 고가 브랜드로 VIP 고객이 대상이며, 발랄한 컨셉의 라네즈와 자연주의를 표방하는 이니스프리는 20대 초중반의 여성이 주요 고객이다. 아세안 시장에 진

글로벌 진출 브랜드

Sulwhasoo LANEIGE Mamonde innisfree ETUDE HOUSE mise en scène 미장센
HERA IOPE 려 AMOREPACIFIC ANNICK GOUTAL PARIS

아모레퍼시픽그룹 해외 매출 비중

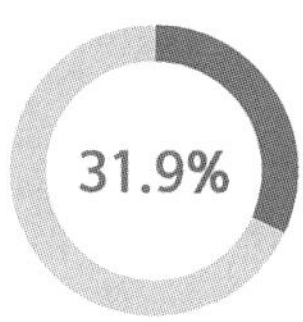

아모레퍼시픽그룹 해외 지역별 매출

(단위: 억 원)

	2015	2016	2017	2018
아시아	11,112	16,362	18,327	20,037
북미	414	538	571	719
유럽 및 기타	520	1,100	345	349

〈그림 4-12〉 아모레퍼시픽 해외진출 성과

입한 이래 아모레퍼시픽의 해외매출은 매년 두 자리수의 성장률을 보여왔다. 젊은층 여성의 화장품에 대한 관심과 높은 구매의지, 천연성분에 대한 선호도, 다양한 가격대 그리고 더운 기후와 밝은 피부톤을 갖고 싶은 소비자들의 요구를 충족할 수 있는 제품 라인업과 시장접근전략이 맞아 떨어졌기 때문이다.

아모레퍼시픽은 지속적으로 늘어나는 아시아 지역의 수요에 적극 대응하고자 싱가포르에 아세안 제품을 개발하는 연구소를 운영하며 패널을 400여 명 관리하고 있으며, 말레이시아에 새로운 해외 생산기지도 구축하고 있다. 현재 건설 중인 생산기지는 말레이시아 조호르 주의 누사자야 산업지역에 위치하고 있으며, 오는 2020년 완공 예정이다. 말레이시아가 선택된 이유는 싱가포르와 태국, 인도네시아 등 인접시장과 접근성이 좋으며 원료인 팜오일이 풍부하고, 1만 달러 소득에 구매력도 높기 때문이다. 말레이시아 생산기지에서는 스킨케어, 메이크업, 헤어 및 바디용품 등 다양한 품목의 제품생산뿐만 아니라 현지의 제품·품질·법규 등을 연구하는 R&I센터가 함께 입주할 예정이다. 아모레퍼시픽은 말레이시아 생산기지를 거점으로 아세안 시장을 더 적극 공략할 뿐만 아니라 향후 중동 시장까지 바라보고 있다. 말레이시아는 인도네시아와 더불어 할랄 중심지로 꼽히며 할랄 화장품으로 인증을 받으면 거대 화장품 시장인 중동 진출에 유리한 발판을 마련할 수 있기 때문이다. 할랄 화장품이란 할랄 인증을 받은 재료에서 추출한 성분을 활용한 원료를 사용하며, 콜라겐 등 동물성 성분과 알코올 등 이슬람에서 금기시하는 성분이 첨가되지 않은 화장품을 말한다.

〈그림 4-13〉 아모레퍼시픽 이니스프리 베트남 1호점과 말레이시아 설화수 매장

CASE 2 삼양식품

한국 라면은 깔끔하게 매운 맛으로 유명하다. 게다가 볶음면을 좋아하는 동남아에서 불닭볶음면의 인기는 한국에서 상상하는 것보다 훨씬 뜨겁다. 국가를 가리지 않고, 그야말로 선풍적이다. 젊은이들 사이에서 불닭볶음면을 먹고 매운 맛을 참아내는 동영상이나 사진을 올리는 것이 유행처럼 번져나갔다. 구글에서 Korean fire noodle challenge라는 검색어를 입력하면 모두 317만 건 이상의 결과가 나온다. 유튜브에서만 75만 건이 올라와 있다. 온라인 바이럴 마케팅의 대표적 성공사례로 손색이 없다.

이런 열풍에 힘입어 삼양식품에서 2012년 출시된 불닭볶음면 수출액은 2013년 7억 원에 불과했지만 2016년 700억 원으로 크게 늘어났다. 지난 4년간 100배 성장한 것이다. 그러나 매운맛 유행을 탄 반짝 히트상품에 머물지 않았다. 불닭볶음면 브랜드 아래 신제품을 7종을 출시하고, 국내 라면으로는 최초로 인도네시아 MUI 할랄인증을 획득하면서 해외 수출이 폭발적으로 증가했다. 불닭볶음면 브랜드 상품 수출은 2017년 1,800억 원에 이르렀다. 2018년에도 삼양식품 전체 수출액은 15% 가량 늘어난 2,300억 원으로 이 가운데 90%가 불닭 브랜드가 이루어낸 성과이다. 이러한 성과에 가장 큰 기여를 한 지역이 바로 아세안이다. 전체 수출에서 말레이시아와 인도네시아 등 아세안 지역이 약 40%를 차지하고 있다. 2017년 1억 불 수출의 탑, 2018년에는 2억 불 수출의 탑을 연이어 거머쥔 삼양식품의 1등 공신, 불닭볶음면은 이제 장타형 효자상품으로 완전히 자리매김하였다.

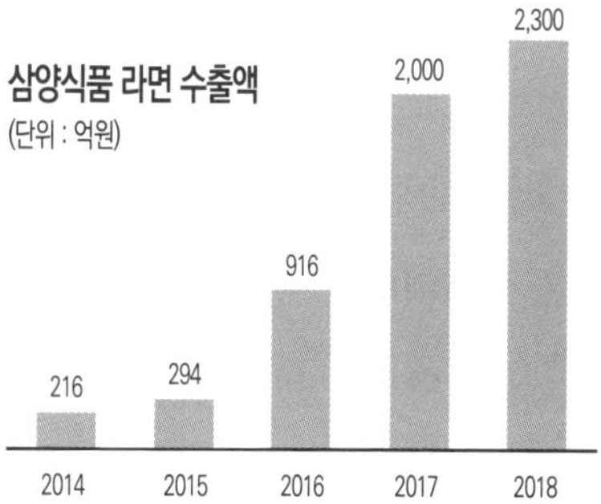

〈그림 4-14〉 삼양식품 라면 수출액

③ 중소도시 매출 증가

동남아 각국의 수도인 마닐라와 자카르타, 방콕, 호치민, 쿠알라룸푸르, 싱가포르, 양곤은 메트로폴리스로 인구 및 모든 사회기반 시설이 밀집되어 있다. 경제성장과 더불어 전국에 걸친 도시화가 진행된다고 앞서 언급한바 있다. UN은 2025년까지 동남아에는 수많은 중간급(second-tier cities) 도시들이 생겨날 것으로 예상하고 있다. 예를 들어 태국의 사뭇쁘라칸, 인도네시아의 바탐과 덴파사르, 라오스의 비엔티안 등은 2025년까지 모두 50% 이상 인구가 늘어날 것으로 보고 있다.

농촌지역에서 이주한 인구를 흡수하고 경제성장의 여파가 지방까지 전달되면 지역경제가 활성화된다. 몸집이 커진 지방 중소도시에는 새로운 소비시장이 열리는 셈이다. 베트남 인구의 절반 정도가 도시에 살지만, 다른 절반은 농촌지역 마을이나 소도시에 거주한다. 농촌개발이 진행됨에 따라 마을이나 소도시 사람들도 도시의 삶에 점차 젖어 들고 있다. 칸타르 월드패널 보고서에 따르면, 2017년 3사분기 지방 FMCG의 판매 증가율은 전년동기대비 7.6%로 도시의 4.9%를 능가했으며 2018년 3사분기에는 2.8%와 6.4%로 증가율은 낮아졌지만 그 격차는 더 벌어졌다.[45]

FMCG 시장에서 기업이 매출증가와 규모의 경제를 달성하기 위해서는 이제 중소도시를 적극적으로 파고 들어야 한다. 비단 인도네시아와 베트남에만 해당되는 것은 아니다. 아세안 각국의 대도시들은 인구가 급증하기를 기대하기 어려울 정도로 포화상태에 이르렀다. 소득증가로 인한 프리미엄 시장을 기대할 수는 있지만, 시장점유율 확대를 위해서는 더 높은 성

---

45 Kantar Worldpanel “FMCG Monitor: An integrated update of Vietnam FMCG market”

장률을 보이는 곳을 향한 지역 확대전략을 펴야 한다. 아세안 시장의 초기 진입은 대도시, 그 다음은 중소도시와 농촌을 단계적으로 진입하지 않고는 FMCG 부문에서 충분한 경쟁력과 수익성을 담보하기 어렵다.

④ 로컬기업과 외국기업과의 전쟁

P&G나 네슬레, 유니레버 등 다국적 기업은 다양한 상품군과 광고, 소비자 기호 리서치, 막강한 자금력으로 아세안 시장을 장악해왔다. 여기에 일본 기업들도 일찍이 이 시장에 발을 디뎠고 뒤이어 한국기업들이 등장했다. 그러나 모든 FMCG에서 글로벌/외국기업들이 승자의 자리를 유지할 것이라고 장담하기는 어렵다. 글로벌 기업과의 힘겨운 경쟁에서 살아남은 로컬 브랜드들이 시장확대를 꾀하고 있다. 로컬 기업들은 상대적으로 낮은 운영비용, 굳건한 네트워크, 현지 소비자의 필요와 기호에 대한 이해와 빠른 대응을 무기로 FMCG 시장을 공략하고 있다. Nielsen 보고서에 따르면 아세안 소비자들이 로컬 브랜드에 대한 선호도가 글로벌 브랜드보다 더 높다고 한다. 그 이유에 대해 로컬 기업의 제품가격이 더 낮으면서도 만족도가 크고, 자국 브랜드에 대한 자부심을 느끼기 때문이라고 응답한 소비자들이 87%나 된다.[46] 자국브랜드에 대한 애정은 한순간에 쌓이거나 식지 않기에, 로컬 기업들은 앞으로 글로벌 기업들에게 위협이 될 것이다.

FMCG 부문에서 로컬 브랜드가 성장해 지역 챔피언으로 진격하는 대표적 사례 중 하나는 타이 베버리지(Thai Beverage)이다. 이 회사는 창(Chang) 맥주를 생산하는 태국 주류회사로 출발했으나 2012년 싱가포르 F&N(Fraser & Neave)을 인수하면서 아세안 시장 내 업계 최대기업으로

46 'Go Glocal' Nielsen, April 2016.

〈그림 4-15〉 Thai Beverage의 Chang 맥주와 F&N의 상품들

등극한다. F&N은 부동산 사업과 각종 음료를 생산하는 139년의 역사를 자랑하는 기업이다. 타이 베버리지는 여기에 그치지 않고 베트남 최대 상장기업인 비나밀크(Vinamilk)의 지분을 사들이고, 유통업체인 메트로 캐쉬 앤 캐리 베트남(Metro Cash & Carry Vietnam)[47]을 인수한 뒤, 2018년 마침내 베트남 1위 맥주업체 사베코(SABECO)의 지분 53.59%를 인수했다. 베트남은 젊은 층 인구가 많고 금주에 대한 종교적 요인이 없어 '아시아의 마지막 맥주 낙원'이라고 불리는 시장이다. 그만큼 급속도로 성장하는 시장이어서 1위 업체인 사베코의 인수전에 대한 관심이 뜨거웠다. 타이 베버리지가 제시한 인수금액은 48억 달러였다. F&N에 이어 사베코까지 이어진 대규모 인수합병으로 타이 베버리지는 아세안 FMCG 시장에서 가장 강력한 지역 승부사로 떠올랐다.

그러나 FMCG 모든 분야에서 로컬기업들이 선전하고 있는 것은 아니

47 2017년 메가 마트(Mega Mart)로 이름 변경하였음

다. 로컬기업들이 식품과 음료부문에서 강세를 보이고 있지만, 퍼스널케어와 홈케어 부문에서는 여전히 약세를 면치 못하고 있다. 글로벌 기업인 유니레버와 P&G가 견고하게 시장을 이끌고 있는 이유이다. 특히 유니레버의 경우 아세안 최대시장인 인도네시아에서 오랫동안 부동의 1위를 지켜오고 있다.

CASE 3 유니레버 인도네시아

유니레버는 네덜란드계 소비재생산 글로벌기업이다. 1890년 버터수출상인 윌리암 헤스케스 레버(William Hesketh Lever)가 빅토리안 잉글랜드(Victorian England)에서 가정용 비누를 생산하여 썬라이트(Sunlight)라는 브랜드명으로 판매를 시작한 것이 그 기원이 되었다. 당시 회사 이름은 레버 브라더스(Lever Brothers)였다. 현재는 190개국 이상의 국가에서 식품, 스낵, 아이스크림, 음료, 홈케어, 퍼스널케어 등 모두 400여개의 브랜드를 제조, 판매하고 있다. 도브와 바셀린, 립톤 등 우리에게 친숙한 대표 브랜드이다. 유니레버 인도네시아는 85년이란 오랜 역사를 자랑하는 인도네시아의 대표적인 기업 가운데 하나이다. 1933년 레버 브라더스(Lever Brothers)의 자회사로 자카르타에 비누 공장을 설립했고 1980년 지금의 상호 유니레버 인도네시아(PT. Unilever Indonesia)로 변경되었다.

유니레버는 인도네시아의 최대 FMCG 생산자 가운데 하나이며, 소비자에게 가장 잘 알려진 브랜드 40개, 1천여 개 제품을 생산하고 있다. 인도네시아 사람들이 데오도런트부터 아이스크림까지 매일 쓰는 물품 중에 상당수가 유니레버 제품이다. 생산규모로 보면, 홈케어 및 퍼스널케어 제품이 73%로 주를 이루고 있으며, 식품 등이 27%를 차지하고 있다. 인도네시아의 소비지출이 증가함에 따라, 유니레버의 매출도 매년 증가하고 있다. 내수 시장이 확대됨에 따라 2조 루피아를 투자하여 9개의 생산 기지 설비를 확장하고 사옥 신축을 진행 중이다. 현재 생산공장은 서부 자바의 찌까랑(Cikarang)과 동부의 수라바야(Surabaya)에 위치하고 있으며, 2개의 자회사를 보유하고 있다.

오랜 역사를 자랑하는 만큼 친숙한 브랜드이지만, 그 기간 동안 선두자리를 쭈욱 지켜왔다는 것은 그만큼 인도네시아 소비자들을 사로잡을만한 제품과 전략이 동반되었기 때문에 가능한 일이다. 먼저, 인도네시아 소비자들의 소득수준과 취향을 철저히 고려한 맞춤 상품전략, 그리고 미충족 잠재수요(unmet needs)를 찾아내는 전략이 큰 주요한 영향을 미쳤다. 예를 들어 데오도란트 브랜드인 렉소나(Rexona)는 일반적인 형태인 스틱이나 스프레이형 말고 '데오 로션'을 내놓았다. 저렴한 가격에 소용량 제품으로 1-2주를 쓸 수 있어서 큰 인기를 끌었다. 인도네시아 일부 저소득 소비자들에게 데오도란트는 필수품으로 자리잡지 못했기 때문에, 저가 보급형 상품으로 다가가는 전략이 먹혀든 것이다.

〈그림 4-16〉 유니레버 렉소나 데오-로션

퍼스널케어 부분에서, 유니레버는 썬실크 히잡 샴푸에 이어 퓨어라인 히잡 프레쉬라는 바디로션 라인을 내놓았다. 이름에서 알 수 있듯이 히잡을 쓰고 있는 무슬림 여성들을 대상으로 한 할랄 인증 제품군이다. 2억 명 이상의 무슬림들이 살고 있는 최대 이슬람 국가의 무슬림 인니 여성들은 전체 FMCG 제품 판매의 약 70%를 좌우하는 주요 고객이지만, 그들 스스로가 무엇을 원하지는 드러내놓고 시장에 요구한 적이 별로 없었거나 업체들이 크게 주목하지 않았었다. 이들의 머리는 종일 히잡에 가려져 있고, 피부 역시 옷에 덮여 있는 상태로 지낸다. 여기에 열대지방 날씨를 고려하면 이들 여성 소비자들이 무엇이 필요한지 짐작이 될 것이다. 유니레버는 이들의 잠재니즈, 미충족의 욕구 상태로 남아있는 부분을 찾아내 상품으로 눈 앞에 가져다 놓았다. 보다 강력한 두피 및 모발케어 그리고 시원한 느낌을 주고 빠르게 흡수되는 로션이 필요했던 것이다.

〈그림 4-17〉 유니레버 썬실크 히잡 샴푸와 히잡 프레쉬 바디로션

유니레버의 전략의 유효함은 장기적인 매출 및 이익을 크게 증가시켰고 기업가치도 크게 높아졌다. 이러한 상승세는 지난 5년 동안에도 계속 이어졌다. 비록 2018년 경기가 둔화되면서 주가가 지난해보다 많이 하락했지만, 유니레버의 매출과 순이익은 늘어났으며, 영업이익률도 크게 올라갔다. 최근 스타트업과 지속가능한 사회공헌활동에 노력을 쏟는 유니레버는 인도네시아의 경제성장과 함께 더 커나갈 가능성이 높아 보인다.

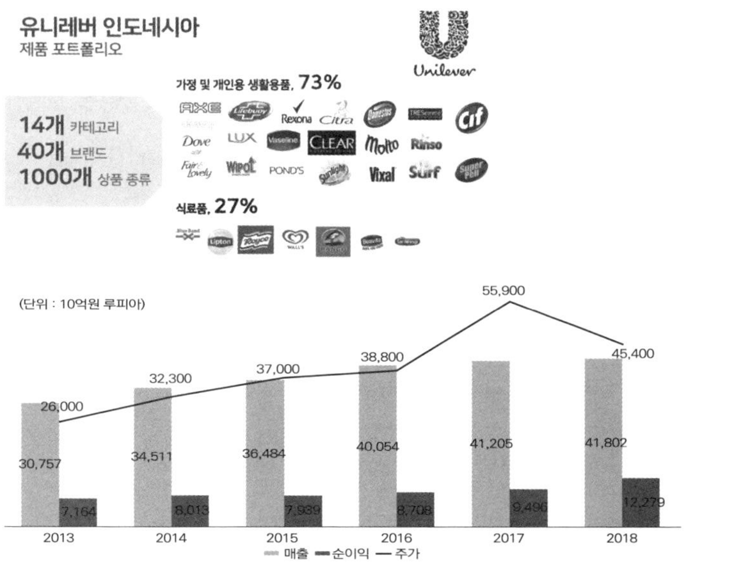

유니레버 인도네시아: 주가, 매출, 영업이익

〈그림 4-18〉 유니레버 인도네시아: 제품 포트폴리오와 성과

2) 물류

동남아에서 가장 치열하게 기업들이 뛰어들고 있는 분야 가운데 하나가 물류산업이다. 물류는 현대 사회와 경제의 혈관이다. 경제성장에 박차를 가하고 있는 동남아 국가들의 혈관 상태는 그다지 좋지 못하다. 2016년 세계은행에서 발표한 물류성과지수(LPI)를 보면 싱가포르를 제외한 동남아 국가들의 순위가 30위 밖에 머물러 있다. 통관, 인프라, 국제수송, 물류역량 등 여러 분야에서 높은 점수를 받고 있는 편은 아니다. 모든 경제활동에 발생되는 물류비용이 지나치게 높고, 효율성은 떨어지고, 결국 경쟁력을 손상시킬 수 밖에 없다. 아세안 지역의 물류의 발목을 잡고 있는 것은 먼저 물류 인프라의 부족이다. 인프라 다음으로 지적되는 것은 늘어나는 수출입 물동량의 통관처리부터 추적/배송을 원활하게 이행하기 위한 시스템이 효율적으로 구축되어 있지 못하다는 점이다.

아세안 각국 정부는 이를 개선하기 위해 지속적인 노력을 기울여왔다. 앞서 3장에서 살펴본 대로 물류 인프라 향상에 주력하면서 각종 인프라 프로젝트에 투자를 집중시켰다. 철도, 고속도로, 공항 건설 등 아세안의 어느 국가를 가도 대규모 공사현장을 목격하는 것은 어렵지 않다. 전국토가 공사중인 것처럼 보일 지경이다. 여기에 제조업이 글로벌 공급사슬에 더 깊이 참여하게 됨으로써 최근 물류 여건이 크게 나아지고 있다. 2016년의 순위와 비교해보면 2018년의 라오스와 베트남, 태국과 인도네시아, 필리핀 등 여러 아세안 국가들의 물류여건이 크게 향상되었음이 확연히 드러난다. 불과 2년만에 상당히 발전된 모습이다.

동남아 물류시장은 크게 국내 산업발전으로 인한 시장수요의 증가, 이

〈표 4-2〉 2018 세계은행 물류성과지수(Logistics Performance Index, LPI)

국가	LPI 순위 (2016 순위)	LPI 점수	LPI 세부항목(순위)					
			통관	물류 인프라	국제 수송	물류 역량	물류 추적	적시성
싱가포르	7(5)	4.00	6	6	15	3	8	6
한국	25(24)	3.61	25	22	33	28	22	25
태국	32(45)	3.41	36	41	25	32	33	28
베트남	39(64)	3.27	41	47	49	33	34	40
말레이시아	41(32)	3.22	43	40	32	36	47	53
인도네시아	46(63)	3.15	62	54	42	44	39	41
필리핀	60(71)	2.90	85	67	37	69	57	100
브루나이	80(70)	2.71	73	89	113	77	88	80
라오스	82(152)	2.70	74	91	85	83	69	117
캄보디아	98(73)	2.58	109	130	71	111	111	84
미얀마	137(113)	2.30	131	143	144	128	143	108

출처: World Bank "Connecting to Compete 2018: Trade Logistics in the Global Economy"

커머스의 확대로 인한 새로운 수요의 대두, 역내외 경제활동의 통로라는 세 가지 측면에서 발전 가능성을 바라보아야 한다.

① 아세안 내 산업발전

정부와 국내 민간자본에만 의존할 수 없는 신흥국가들의 현실을 고려하면, 제조업과 서비스업을 막론하고 국내기업의 성장과 외국기업의 투자가 이루어져야만 최소한 지금과 같은 경제성장률을 유지할 수 있다.

글로벌 전자/IT제조업체인 삼성전자는 여러 생산기지 가운데 하나를 베트남에 세웠다. 2009년 베트남 북부 박닌성 엔퐁공단을 시작으로 하노이 타이응우옌성 엔빈공단, 호치민 사이공 하이테크파크에 생산단지를 만들었다. 베트남에서는 토지를 무상임대했고, 공항과 타이응웬의 삼성전자 2공장 도로를 서둘러 완공했다. 또한 대규모 국책사업인 하노이-하이퐁 고속도로를 건설했다. 동서를 잇는 이 고속도로를 거치면 하노이에서 최대 항구도시 하이퐁까지 1시간 30분 밖에 걸리지 않는다. 삼성전자는 베트남 전체 수출의 약 20%를 담당하고 있는 만큼 가장 중요한 최대 해외투자기업이다. 게다가 삼성전자가 들어오면서 수많은 협력업체 역시 동반 진출했다. 거대한 산업 생태계가 만들어진 것이다. 베트남 물류협회에 따르면 연간 15~16%의 성장세를 보이고 있으며, 2016년 물류 시장의 규모는 600억 달러에 이른다. 특히 미국과 중국의 무역전쟁으로 탈중국을 선언하고 베트남으로 이전하는 기업들이 늘어나면서 물류시장의 규모도 크게 증가하고 있어, 두 자리 수 성장률은 2024년까지 계속 유지될 것으로 예상된다.

태국은 자동차를 중심으로 글로벌 공급사슬에 깊이 관여되어 있는 만큼 물류산업이 크게 활성화되어 있고, 이를 더 확장시키기 위한 정부 인프라와 시스템도 계속 향상되고 있다. 높은 경제성장률을 보이고 있는 필리핀 역시 국내 산업 발전과 인프라 개선에 힘입어 물류성과지수 순위가 크게 향상되었다. 캄보디아와 라오스, 미얀마 세 나라의 물류인프라나 시스템은 여전히 낙후된 편이지만, 높은 경제 성장율을 고려하면 향후 물류시장의 규모는 큰 폭으로 증가할 것으로 예상된다.

아세안 각국의 산업발전에 힘입어 물류 수요는 크게 늘어나고 있지만, 현대적인 관리시설과 장비를 갖추고 대형 화물을 처리할 수 있는 항구는 수요에 비해 아직 적은 수준이다. 대륙에 속한 지역은 육상수송 의존도가 높지만 도로망이 미비한 지역도 많은데다, 필리핀과 인도네시아 등 섬으로 이루어진 나라는 국토여건상 물류비가 높을 수 밖에 없다. 향후 현지물류회사는 가격 및 서비스 측면에서 외국기업에 비해 경쟁력이 훨씬 떨어진다. 하지만 물류산업에 있어서 미흡한 점이 많다는 것은 그만큼 미래에 시장이 커나갈 여지가 충분히 있다는 말과 다르지 않다. 경제규모가 커짐에 따라서 동남아 각국의 물동량은 증가할 것이고, 이를 효율적으로 처리할 수 있는 기업에게는 기회의 땅이 될 것이다.

② 새로운 수요의 대두

물류의 고비용 구조를 개선하지 않고는 민간 소비를 늘여나가는데 한계가 있다. 특히, TV쇼핑과 이커머스 시장이 급성장하고 있는데, 시장확대에 배송문제가 걸림돌이 되고 있다. 섬으로 이루어진 인도네시아나 필리핀에서는 배송비가 소비자나 판매자 모두에게 부담이 되고 있다. 말레이시아 동쪽 사바와 사라왁 지역(보르네오섬)도 마찬가지이다. 도시에서는 음식주문과 배송, 퀵서비스과 같은 온디맨드 배송(on-demand delivery) 수요도 앞으로 크게 증가할 것으로 예상된다.

소득수준이 향상되면서, 신선식품이나 의약품 수요의 증가로 냉장냉동 보관/운송도 주요한 시장으로 떠오르고 있다. 온도나 습도 등 환경조건에 민감한 과일부터 화훼, 수산물, 축산물, 약품, 시약, 백신, 생물학 제품 등을 수확이나 제조단계부터 마지막 전달에 이르기까지 전과정에 걸쳐 적정온도를 유지하는 유통체계를 콜드체인이라고 부른다. 동남아지역은 연중 기온이 높기 때문에 콜드체인이 더욱 중요한 시장이 될 수밖에 없다. 콜드체인은 별도의 창고와 설비, 시스템과 차량 등이 요구되기 때문에 보다 일반화물보다 비용이 많이 들고 수익률이 높다. 시장조사기관인 마켓앤마켓(Markets and Markets)은 세계 콜드체인 시장이 2017년 이후 매년 7%

씩 성장을 거듭해 2020년에는 2,713억 달러에 이를 것으로 전망했다. 특히 중국과 인도, 베트남 등 아시아 지역국가들이 시장확대를 이끌 것이라고 내다봤다.

특히 전문적 관리와 세심한 주의가 요구되는 의약품 운송은 가장 까다로우면서도 부가가치가 높은 콜드체인 시장이다. 따라서 경험과 기술, 해외 네트워크가 잘 갖춰진 글로벌 특송업체들이 의약품 운송시장을 장악하고 있다. 대표적인 업체가 DHL, TNT, 페덱스 등이다. DHL은 '메디컬 익스프레스', TNT는 '클리니컬 익스프레스(Clinical Express)', 페덱스도 별도의 헬스케어 솔루션을 두고 있다.[48]

③ 물류허브 경쟁

동남아는 오래 전부터 아시아와 인도, 유럽을 연결하는 지점으로 해상무역의 중심지였다. 현재까지도 항공이나 철도운송의 한계가 있기에 해상운송의 나들목의 자리는 그대로 유지되고 있다. 또한 2015년 아세안 경제공동체가 출범하면서 역내 관세 철폐와 산업분업화로 역내 교역량도 크게 증가하는 추세이다. 현재 동남아의 물류허브는 싱가포르이다. 그러나 이 자리를 두고 말레이시아와 태국이 도전장을 내밀었으며, 인도네시아와 베트남도 물류허브의 목표를 숨기지 않고 있다. UNCTAD의 자료에 따르면, 싱가포르의 컨테이너 포트 처리량이 가장 많긴 하지만 8.6% 증가하는데 그쳤다. 이는 전 세계 평균증가율인 27.6%보다도 한참 낮은 수치이다. 반면에, 다른 동남아 국가들의 처리량 증가율은 크게 높아졌음을 알 수 있다.

48 2015년 8월 세계 2위 특송업체 페덱스가 4위 TNT익스프레스 인수 발표하였고, 2016년 5월 인수작업이 최종 완료되었다.

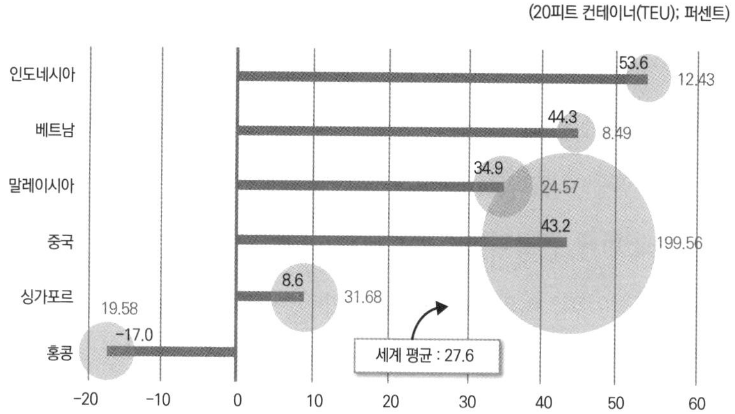

출처: UNCTAD, Nikkei Asian Review "Southeast Asian countries vie for port supremacy" (2017.12.31)에서 재인용.

〈그림 4-19〉 아시아의 컨테이너 포트 처리량 증감률

이러한 추세가 계속된다면, 싱가포르의 지위가 흔들릴 수도 있다. 그러나 아세안 허브를 높고 벌이는 치열한 경쟁은 산업의 고도화, 디지털화를 가속화시킬 뿐만 아니라 국내외 기업활동을 촉진시키는 계기가 될 것이다.

먼저 말레이시아가 강력한 후보지로 떠오르고 있다. 싱가포르 바로 옆에 위치하고 있음에도 불구하고, 개방적인 시스템을 가진 싱가포르에 밀려나 있던 말레이시아였다. 그러나 싱가포르와 비슷한 지리적인 이점에, 더 저렴한 비용과 안정적인 인프라를 내세우며 물류허브의 자리에 한발 다가서고 있다. UNCTAD 자료에서 보듯이, 말레이시아 컨테이너 포트처리량은 싱가포르보다 적지만 인도네시아나 베트남보다는 훨씬 앞서 있고, 34.9%나 증가했다. 싱가포르와 맞닿은 조호르주 딴중 펠레파스항구(PTP)를 개발하고, 해외기업들을 유치하기 위해 토지매입과 세금 등 다양한 혜택을 제공하는 정부 노력도 물류 발전에 한 몫하고 있다.

글로벌 기업들도 이제 말레이시아로 속속 들어오고 있다. 네덜란드 가구 리테일 기업 이케아(IKEA)는 2017년 말레이시아에 약 2억 1,200만 달러를 투입, 동남아 물류센터를 구축하기로 결정했다. 말레이시아 제 1항구인 포트클랑 인근에 10만㎡ 규모로 지어지는 물류센터는 IKEA 글로벌 유통센터 중 세 번째 규모이다. 이를 통해 아세안 지역의 12개 매장에 제품을 공급할 예정이며, 이케아는 2026년까지 매장수를 20개로 늘릴 계획이다.

한국기업 CJ대한통운과 아모레퍼시픽도 말레이시아를 아세안 허브로 결정했다. 아모레퍼시픽의 경우 화장품 원료 공급과 수출의 용이함이 결정적인 요인으로 작용했다. 동남아뿐만 아니라 중동, 인도 지역의 화장품 수요가 커지고 있기 때문에, 이 시장을 겨냥한 전략적 선택이라고 볼 수 있다. 아모레퍼시픽의 생산공장은 조호르주 나사자야 산업지역에 건설 중이며, 2020년 완공 예정이다.

태국 역시 국가적 목표로 물류허브를 천명하고 태국투자청(BOI)이 적극적인 정책지원을 추진하고 있다. 물류시스템 개발과 물류산업 투자 시 각종 세제 및 비세제혜택을 부여하고 있다. 교통인프라 부문을 개선하기 위해 모두 20여개 프로젝트에 516억 달러를 쏟아 부을 계획이다. 특히 아세안 내에서 자동차 및 전기전자, 식품 생산과 수출 비중이 높기 때문에 물류 수요가 풍부하다. 인도차이나 반도 한 가운데 위치하고 있기 때문에 해상운송 뿐만 아니라, 남쪽으로 말레이시아, 서쪽으로는 미얀마, 북쪽으로는 라오스, 동쪽의 캄보디아와 육상운송이 가능하다는 지리적 이점도 가지고 있다. 특히 미얀마-태국-라오스-베트남을 잇는 1,320㎞의 동-서 경제도로는 베트남 항구로 가는 최단경로로 가장 많이 이용되고 있다. 이러

*물류관련 비용절감을 위해 제품생산을 제외한 물류 전반을 특정 물류전문업체에 위탁하는 것.
출처: Techsauce.co, '아세안 물류허브로 발돋움하는 태국', 코트라 해외시장뉴스(2017/03/06)에서 재인용

〈그림 4-20〉 태국 물류기업 현황

한 장점은 수출동향에서 잘 드러난다. 2012~2016년 사이 태국의 아세안 국가들로의 수출은 9.4% 성장했으며 같은 기간 CLMV 국가로의 수출은 48.4%나 증가했다. 프로스트와 설리반(Frost & Sullivan)은 2019년 태국 물류산업 매출규모가 965억 달러에 달할 것으로 전망하고 있다.

인도네시아는 술라웨시주가 물류허브로 부상할 것이라고 내다보고 있다. 술라웨시주는 보르네오 섬과 자바 섬 사이에 위치하고 있으며, 필리핀과 베트남, 싱가폴, 말레이시아와 호주까지 이어지는 전략적 요충지가 될 잠재력이 있다. 특히 팔루 경제특구는 인도네시아의 11개 특별경제구역 가운데 하나로, 대표적인 성공사례로 꼽힌다. 2030년까지 3단계 개발 계획이 세워져 있으며, 전체 면적이 1,539ha이다. 인도네시아는 지역적으로 보면 경제력이 지나치게 자바섬에 집중되어 있고 수용능력이 이미 포화상태에 도달했다. 따라서 향후 팔루특구가 인도네시아의 전진기지로 부상할 것이라는 전망이 나오고 있다. 인도네시아 정부는 팔루 진출 기업을 위해 법인세를 5~25년간 최대 100% 감면해주고 각종 부가가치세를 면제해주

는 등 기업유치에 힘을 쏟고 있다. 탐바 후타페아 인도네시아 중앙정부 투자조정청 부청장은 “기업이 팔루에서 비즈니스를 시작하는 데 필요한 비용은 자바섬의 4분의 1 정도로 매우 저렴하다”고 밝힌바 있다.[49]

베트남은 호치민을 동서 해상항로와 남북 육상항로의 교차지점이라는 지리적 요건을 강점으로 내세우고 있다. 그러나 현재 베트남의 물류비용은 GDP대비 20.8%으로 선진국의 8~9%보다 두 배 이상이다. 이에 따라 2017년 베트남 응웬 쑤언 푹(Nguyễn Xuân Phúc) 총리는 물류산업 개발 실행계획을 승인하고, 2025년까지 물류산업이 차지하는 비중을 국가 GDP의 8~10%로 낮추는 것을 목표로 삼았다. 먼저 1단계 물류허브를 하노이, 호치민에 구축하고, 2단계 물류센터를 랑선(Lạng Sơn), 라오까이(Lào Cai), 하이퐁(Hải Phòng), 다낭(Đà Nẵng), 꾸이년(QuyNhơn), 껀떠(Cần Thơ) 등 6곳에 설립할 계획이다.

---

49 매일경제 레이더A
http://www.raythea.com/newsView.php?cc=310001&page=0&no=9924

CASE 4 CJ대한통운

한국의 최대 물류기업인 CJ대한통운은 국내 시장에 만족하지 않고 일찍이 중국과 동남아 등 해외로 눈을 돌렸다. 2015년 중국의 최대 냉장/냉동 물류업체인 룽칭물류(CJ로킨)을 인수를 기점으로 본격적으로 중국시장에 나섰다. 이 때부터 주변지역으로 확장해 공격적인 시장확대 전략을 구사하며 글로벌 네크워크를 구축하기 시작한다.

먼저 2015년 미얀마 정부의 육상운송청과 현지에 합작투자회사 설립했다. 2016년 8월 CJ대한통운 아시아 법인(CJ KOREA EXPRESS Asia Pte. Ltd)은 말레이시아 2위의 물류기업 센추리 로지스틱스의 지분 31.4%를 인수했다. 11월 인도네시아 자카르타 인근 베카시 공단 대형물류센터 인수하고, 12월 필리핀 TDG그룹과 현지 합작법인 CJ트랜스내셔널 필리핀을 설립하였다. 2017년 4월에는 UAE 이브라콤과 인도 수송(FTL)[50] 1위 기업 다슬로지스틱스를 연달아 인수했다. 이어 10월에는 베트남 '제마뎁 로지스틱스 홀딩스'와 '제마뎁 쉬핑 홀딩스' 지분 50.9%를 사들였다. 또한 동남아 최대 이커머스업체인 라자다와도 손을 잡았다. 동남아 3개국에 중국상품도 배송해왔으며, 동남아 6개국 소비자가 라자다 쇼핑몰에서 구입한 한국상품 국제 특송도 맡았다.

적극적인 인수합병으로 CJ대한통운은 마침내 한국과 중국-동남아시아-인도-중동을 잇는 아시아 물류벨트를 완성하게 되었다. 여기에 메가허브터미널 구축, 택배 전 과정에 이르는 분류 자동화 추진, 인공지능(AI) 챗봇 서비스 도입 등 첨단기술 개발 및 적용을 통해 자동화를 넘어서 스마트화를 추진 중이다. 글로벌 물류시장의 매출증가로 2017년 CJ대한통운은 사상최대 7조원에 가까운 매출을 기록했다. 향후 아세안 및 글로벌 물동량의 증가추세이므로 매출과 수익성 전망은 매우 밝다. '2020년 글로벌 탑 5 물류기업' 그리고 아시아 최대 물류기업의 자리가 어려워 보이지만은 않다. CJ대한통운의 시장확대는 다른 한국기업들에게도 긍정적인 요소로 작용할 것으로 예상된다. 닛폰 익스프레스(Nippon Express)가 일본기업의 동남아 사업활동에 기반이 되었던 것처럼, 한국기업들도 경비절감 등으로 경쟁력을 강화할 기회가 될 것으로 보인다.

50 Full Truck Load

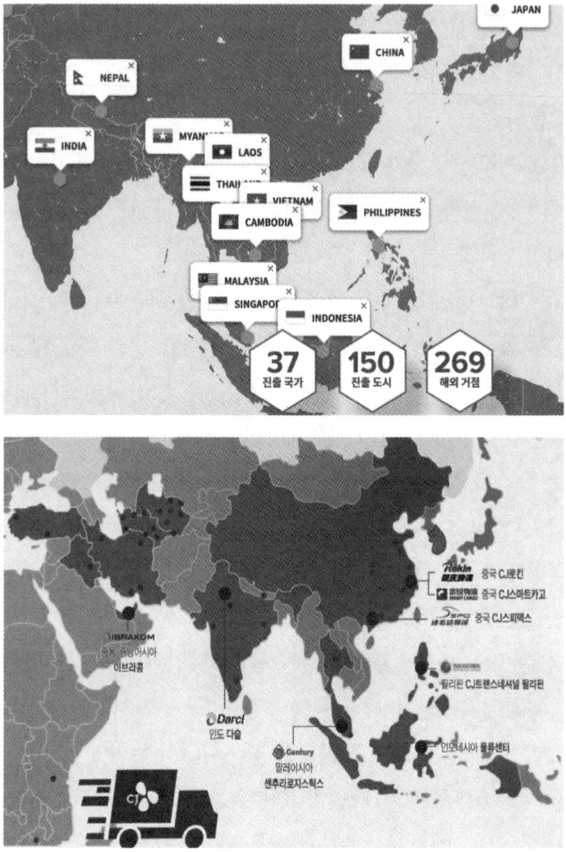

〈그림 4-21〉 CJ 대한통운의 해외네트워크

〈표 4-3〉 CJ대한통운의 해외시장 진출 현황

	2013.04	2015.12	2016.08	2016.09	2016.11	2016.12	2017.04	2017.04	2017.10
업체명	CJ스마트카고	CJ로킨 (룽칭물류)	CJ스피덱스	센추리 로지스틱스	대형 물류센터	CJ 트랜스네셔널 필리핀	다슬	이브라콤	제마뎁
국가/지역 본사	중국 상하이	중국 상하이	중국 선전	말레이시아 클랑	인도네시아 자카르타	필리핀 마닐라	인도 히사르	중동·중앙아시아 두바이	베트남
주요 서비스지역	중국·동남아시아·중동·아프리카(짐바브웨·탄자니아)·남미	베이징·광저우·항저우·텐진·우한 등 중국 전역	중국 전역	중국·태국·인도·싱가포르 등		필리핀 전역	델리·뭄바이·첸나이·콜카타 등 인도 전역 및 네팔	이란·이라크·터키·우즈베키스탄 등 15개국	베트남 전역
인수규모	51%	71.40%	50%	31.40%			50%	51.02%	50.9%
인수금액	100억원대 추정	4550억원	811억원	471억원	285억원		570억원	772억원	1000억원
비고	중국 중량물 전문기업	중국 최대 냉장·냉동 물류기업	중국 3대 종합가전업체 TCL 그룹 물류 자회사 지분 투자 후 JV 설립	말레이시아 종합 물류기업	베카시 공단 내 위치, 4만 2414m2 규모	필리핀 5대 물류기업	인도 광물·철강·중장비 전문 물류기업	아랍에미리트 중량물 전문 물류기업	베트남 최대 민간 물류기업

출처: CJ대한통운 및 IB업계, 인베스트조선에서 재인용

3) 리테일

아세안 경제공동체 전역에서 중산층이 증가하면서, 소비시장이 크게 성장하고 있다. 소비자들을 만나는 접점은 바로 상품을 구매하는 장인 리테일에서 이루어진다. 그래서 지금 가장 치열한 경쟁이 이루어지고 있는 분야가 리테일이다. 그러나 과거와 달리 다양한 유통채널이 유입되면서 소비자들의 구매방식도 하루가 다르게 달라지고 있다. 여기에 맞추어 리테일 업계도 덩달아 성장과 변화를 맞이하고 있다. 그러나 여전히 매출이나 거래자료 시스템이 없는 상점이 많기에 아세안 전체 리테일 섹터의 규모를 알아내기란 쉽지 않다. 데이터 수집이 가능하고 규모가 커진 아세안 6개국(인도네시아, 태국, 베트남, 말레이시아, 싱가포르, 필리핀)만을 보면 2016년 기준으로 7,865억 달러에 이른다.[51] 평균 성장률이 10% 안팎이라는 점을 고려해 본다면 2018년에는 1조 달러를 훌쩍 넘겼을 것으로 추정되고 있다.

유통채널은 크게 현대화된 채널(modern retail)과 전통적인 채널(traditional retail), 그리고 온라인 이커머스로 나누어 진다. 전통적인 채널은 그야말로 재래시장이나 노점, 근처 가게 등을 포함한다. 대형 마트나 슈퍼마켓, 편의점, 드럭스토어 등은 모두 현대화된 채널에 속한다.

현대적인 유통채널의 성장은 소득증가와 중산층 확대에서 충분히 예견된 트렌드이다. 그러나 소득수준의 차이만큼 유통시장 현황도 국가별로 차이가 있다. 미얀마나 라오스처럼 소득수준이 낮은 일부 국가에서는 대형마트나 슈퍼마켓 체인이 늘어나고 있지만, 재래시장이나 소규모 상점이 차지

---

51 eMarketer, "Total Retail Sales in Select Countries in Southeast Asian, 2016"

〈표 4-4〉 2017 글로벌 리테일 개발 인덱스(Global Retail Development Index: GRDI)

순위	국가	시장 매력도 (25%)	국가 위험 (25%)	시장 포화 (25%)	Time pressure (25%)	GRDI score	인구	GDP per capita, PPP	National retail sales (십억 달러)
1	인도	63.4	59.1	75.7	88.5	71.7	1,329	6,658	1,071
2	중국	100	64.5	24.4	92.5	70.4	1,378	15,424	3,128
3	말레이시아	77.1	87.1	23.3	56.2	60.9	31	27,234	92
6	베트남	26.7	25.4	72.4	100	56.1	93	6,422	90
8	인도네시아	49.3	45.5	52.1	76.7	55.9	259	11,699	350
18	필리핀	33.2	40.6	39.9	73.5	46.8	103	7,696	137
30	태국	47.4	50.3	5.8	47.8	37.8	65	16,835	119

출처: AT Kearney, "The 2017 Global Retail Development Index The Age of Focus"

하는 비중이 여전히 높다. 또한 아세안 전역에서 인터넷과 스마트폰 이용자가 크게 늘어남에 따라 이커머스 시장이 크게 확대되고 있다.

리테일 시장에 대한 평가와 전망은 에이티 커니(AT Kearny)의 글로벌 리테일 발전 인덱스(GRDI)에도 잘 드러나 있다. GRDI는 투자자들의 입장에서 외국인 투자환경과 경제성장, 소비확대 등을 고려한 평가이다. 2017년 순위를 보면 1위와 2위는 인도와 중국이 차지하고 있으나, 3위는 놀랍게도 말레이시아가 올라와 있다. 베트남과 인도네시아도 높은 평가를 받고 있다.

① 현대와 전통 유통채널의 혼재

동남아 대도시 어느 곳에서도 현대화된 유통업체들이 곳곳에 자리잡고 있다. 테스코(TESCO)나 롯데마트와 같은 대형마트 간판을 찾기는 어렵지 않다. 인도네시아를 포함한 전체 식료품 리테일 시장의 크기는 2016년 기준으로 대략 2,180억 달러로 추정된다. 성장률을 보면 인도네시아의

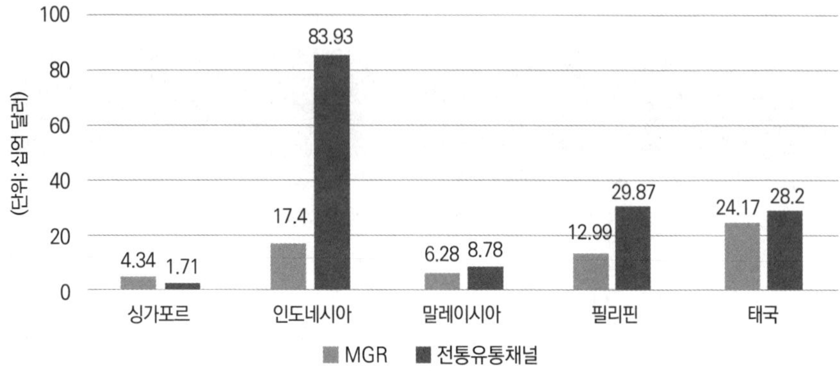

MGR: 현대화된 식료품 리테일(Modern Grocery Retail)
출처: Euromonitor, DBS Bank 자료 재구성

〈그림 4-22〉 식료품 유통시장규모(2016년)

10.3%를 필두로 필리핀, 태국의 성장률이 매우 높게 나타난다. 현대화된 식료품 리테일(Modern Grocery Retail: MGR)의 비중을 보편 평균적으로 아세안 5개국 시장의 30%를 차지하고 있는 것으로 드러난다.

국가별로 보면, 소득수준이 가장 높은 싱가포르는 MGR의 비중이 70%가 넘고, 말레이시아와 태국이 40%를 웃돈다. 그러나 성장률이 가장 높은 인도네시아와 필리핀, 태국에서는 여전히 현대화된 유통채널의 비중이 각각 17%와 30% 밖에 안 된다. 베트남의 상황도 크게 다르지 않다. 한국기업들이 가장 많이 진출한 베트남 리테일은 전통적 유통채널이 압도적이다. 도시에서는 64%이지만 지방은 90%를 넘는다. 전통적 유통채널의 성장률이 매년 크게 감소하고 있는 상황이지만, 전체 시장에서 미치는 영향력은 현대 유통채널과 차이가 크다. 구체적인 데이타가 드러나지 않은 캄보디아, 라오스, 미얀마 등의 국가에서는 현대 유통채널의 비중이 더 낮을 것으로 추정된다. 따라서 이들 시장에서 제품 판매에는 전통 채널이 가진 영향

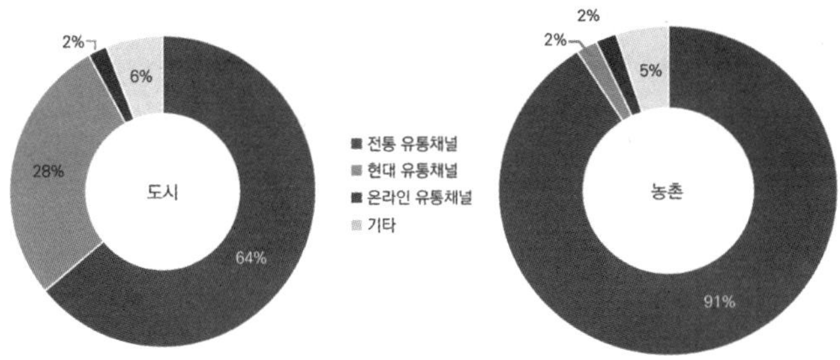

* 도시: 호치민, 하노이, 다낭, 깐떠
출처: Kantar Worldpanel FMCG Report (Nov. 2018), Retail in Vietnam: Navigating the digital retrial landscape (Deloitte, Feb 2019) 자료 재구성

〈그림 4-23〉 베트남 리테일: 전통 유통채널 vs. 현대 유통채널

력이 여전히 막강하다고 볼 수밖에 없다.

FMCG를 비롯한 소비재 시장에서 어떠한 유통채널에 집중해야 하는가는 중요한 전략적 선택의 문제이다. 한국 및 외국기업들은 대개 도시의 현대 유통채널에 집중하고 있다. 그러나 가장 규모가 큰 인도네시아 시장이나 소비시장 성장률이 높은 베트남 등의 국가에서 지속적으로 시장 점유율을 높이고, 규모의 경제를 이루기 위해서는 결국 전통적인 유통채널에 적극적으로 진입해야만 한다. 점차 농촌이나 지방의 소비시장이 커나가고 있고 이들 지역의 리테일은 전통채널이 장악하고 있다. 현지의 디스트리뷰터나 총판, 에이전트의 활동을 면밀히 살펴보고 공고한 파트너쉽을 구축하는 것이 무엇보다 중요한 이유이다.

한편으로는 현대적 유통채널 비중이 낮은 만큼 시장 확대 가능성은 높다고 할 수 있다. 현대화된 식료품 리테일(Modern Grocery Retail: MGR) 시장은 2016년부터 2021년까지 2,780억 달러로 연간(CAGR) 7.4%씩 성장할 것으로 예상된다. 특히 필리핀의 성장률이 11.1%로 가장

〈표 4-5〉 아세안-5 리테일 분야별 성장률 전망

2016-21 연평균성장률 (%)	싱가포르	인도네시아	말레이시아	필리핀	태국	전체
슈퍼마켓	3.0	2.5	6.3	9.7	6.4	6.6
하이퍼마켓	2.4	1.6	5.8	13.3	5.2	6.0
편의점	-1.9	7.8	14.2	19.4	9.8	9.3
기타	1.9	3.8	6.7	10.9	6.7	6.7
MGR*	2.5	5.3	7.3	11.1	7.5	7.4
전통시장	1.2	3.0	7.0	6.3	3.3	4.0
전체	2.1	3.4	7.1	7.9	5.3	5.0

*MGR: Modern Grocery Retail.

출처: Euromonitor, DBS Bank. DBS Group Research "DBS Asian Insights SECTOR BREIFING 49: Asean Grocery Retail" (2017.10)에서 재인용.

높게 나타나고 있으며, 베트남도 2017년 11%에 이어 꾸준히 두 자리 수 성장률을 기록할 것으로 예상된다. 현대 유통 전체로 보더라도 베트남은 2020년까지 45% 성장할 것으로 예상된다. 하이퍼마켓 등을 포함한 현대 유통채널의 연간 성장률은 7%를 뛰어넘을 것으로 보인다. 이는 전통채널 성장률 4%를 한참 앞서가는 수치이다.

② 이커머스의 성장

아세안 시장의 리테일에서 가장 화두가 되는 섹터는 다른 선진국들과 마찬가지로 이커머스 분야이다. 디지털화가 진전되면서, 소비자들 중 온라인 마켓 이용자들이 급격히 증가하고 있다. 베인앤컴퍼니의 보고서에 따르면 온라인 소비자는 총 2억 명이고 2016-2017년 사이 50%가 늘어났다. 특히 인도네시아에서만 8천 3백만 명으로 74%가 증가했다. 그 다음으로는 베트남과 필리핀에 각각 3천 5백만 명으로 각각 63%, 13%가 증가했

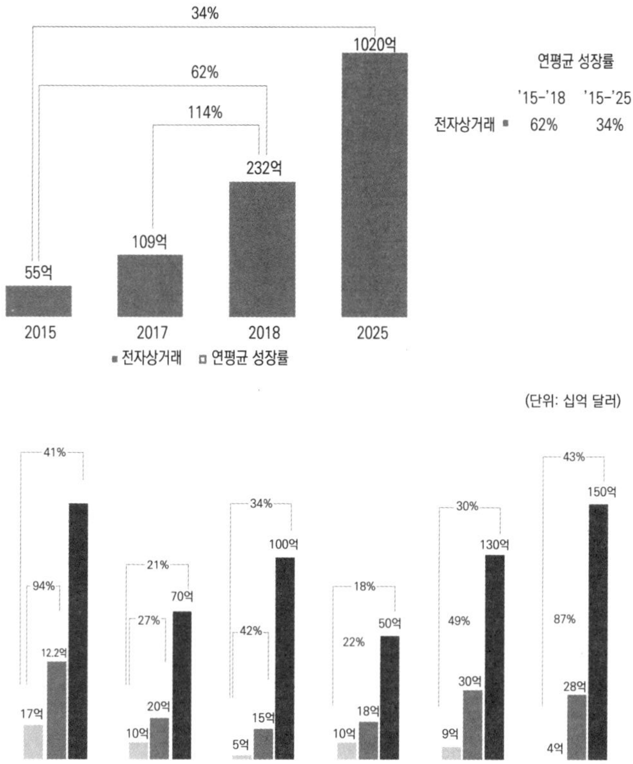

출처: Google & TEMASEK, 'E-economy SEA 2018: Southeast Asia's internet economy hits an inflection point'

〈그림 4-24〉 동남아 이커머스 시장 규모

다. 구글과 테마섹의 보고서에 따르면, 동남아 6개국 이커머스의 규모는 2025년까지 1,020억 달러로 증가할 것으로 보고 있다.

동남아 이커머스는 미국이나 한국과 달리 시작부터 모바일 기반 플랫폼에서 시작되었다는 특징이 있다. 높은 성장률과 인구, 소비증가에 따라 글로벌 기업 뿐만 아니라 로컬기업들도 동남아 이커머스 시장에 앞다투어 뛰어들었다. 지금 시장을 이끌고 있는 대표적인 업체 가운데 하나인 라자다(Lazada)는 중국의 알리바바가 인수했고, 쇼피(Shoppee)는 싱가포르에서 출발했으며, 토코페디아(Tokopedia)와 부칼라팍(Bukalapak)는 인도네시아의 대표적인 로컬업체이다. 싱가포르는 Qoo10이 시장을 이끌고 있다. 한국의 11번가와 일본의 라쿠텐 등도 일찍이 진출했으나, 경쟁에서 살아남기 쉽지 않은 상황에 처해 있다.

한국에서는 이미 상당수의 가정과 개인이 인터넷으로 먹을거리나 생필품을 주문해서 집에서 편히 받아보는 것이 일상화되어 있다. 아세안에서도 이러한 서비스가 성장 중이다. 특히 싱가포르는 아세안 온라인 리테일 분야에서 가장 앞서 나가고 있다. 도시국가인 싱가포르는 부동산 가격이 워낙 높다 보니 대형마트가 많지 않고, 차량보유율도 높지 않기에 이러한 서비스 수요가 매우 높은 편이다. 그 뒤를 이어 말레이시아와 태국, 인도네시아, 필리핀에서도 온라인 식료품 배송 서비스가 도입되었고, 점차 이용자가 늘기 시작했다. 점차 바빠지는 일상과 엄청난 교통체증의 대도시에서 온라인 식품 쇼핑은 시간절약과 편의성 등 다양한 이점으로 소비자들을 끌어들이고 있지만, 최저 구매금액 제한과 배송비용 및 신속성 문제가 걸림돌이 되고 있다. 신선식품의 경우 보관과 빠른 배송이 생명인데, 지역 커버리지가 아직은 제한적이다.

배송 문제 이외에도 동남아 이커머스 성장의 장애물로 여겨지고 있는 것은 지불결제 시스템이다. 신용카드와 은행 계좌이체를 포함한 다양한 결제방식을 제시되어 있지만 실상은 현금결제가 67.5%로 압도적이다. 한국을 비롯한 여러 전자상거래가 발달한 국가에서는 신용카드결제나 전자결제가 일반적이지만, 아세안 지역은 전혀 상황이 다르다. 그 이유는 은행계좌 및 신용카드 이용비율을 보면 답을 찾을 수 있다. 싱가포르, 말레이시아와 태국의 성인들은 거의 대부분 은행계좌를 가지고 있다. 직불카드(debit

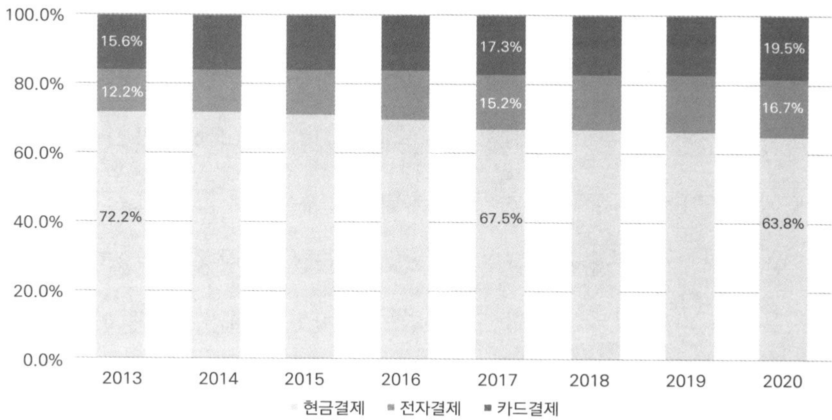

대상 국가: 인도네시아, 태국, 싱가포르, 말레이시아, 베트남, 필리핀
출처: iPrice Insights "State of eCommerce in SEA 2017", Euromonitor

〈그림 4-25〉 아세안 6개국 이커머스 주요 결제수단 비중

card)나 신용카드(credit card)를 사용할 수 있다는 뜻이다. 싱가포르의 경우 신용카드, 말레이시아는 인터넷 뱅킹으로 결제가 많이 이루어지고 있다. 반면에 인도네시아와 베트남, 필리핀은 은행계좌조차 갖지 못한 성인들이 60%가 넘는다. 보유자 비율이 4%에도 미치지 못하는 신용카드는 말할 것도 없다. 따라서 이들 국가에서 가장 선호되는 결제방식은 배송을 받을 때 현금으로 지급하는 캐시 온 딜리버리(cash on delivery, COD)가 될 수밖에 없는 환경이다.

인도네시아의 COD 비중은 50%가 넘고, 필리핀도 50%에 육박하는 등이 두 나라의 전자상거래에서 다른 어떤 결제수단보다 COD 비중이 높다. 그 이유는 앞서 언급한대로 은행계좌 보유비율이 낮기 때문이다. 그렇지만 태국의 경우는 그러한 이유로 설명되기 어렵다. 은행계좌 이용자가 많은데도 불구하고 COD의 비중이 59%나 된다. 온라인 마켓의 결제시스템에 대한 불안감이 아직도 남아있기 때문에 태국의 경우에도 여전히 COD 비중이 높은 것으로 보인다. 현금결제 비중이 높다는 것은 반대로 전자지급결제시장의 성장가능성이 그만큼 높다는 의미이다. 이미 페이팔(Paypal)을 비롯해 MOLPay와 iPay88 등 전자결제에서 앞서 나가고 있고, 각국 정부도 정책적으로 전자결제를 유도하고 있다. 여기에 차량공유시장과 메신저시장을 장악하고 있는 그랩과 고젝, 라인을 비롯해 여러 기업들이 전자지갑 및 결제시장에 뛰어 들었다. 그랩페이, 고페이(Go-pay), 라인페이를 비롯해 중국의 알리페이까지 시장확대를 향해 치열한 경쟁을 펼치고 있다. 다양한 플랫폼의 지불방식이 확산되면서, 이커머스의 발목을 잡고 있던 결제 문제는 빠르게 해소되고 있다.

③ 곳곳에 생겨나는 편의점

리테일 채널 가운데 또 하나 눈에 띄는 경향은 편의점(CVS)의 증가이다. 앞서 〈표 4-5〉 유로모니터 자료에 따르면, 아세안-5에서 가장 높은 성장률을 보이는 리테일 형태는 편의점이다. 2021년까지 9.3% 성장할 것으로 예상된다. 특히, 말레이시아와 필리핀은 두 자리 수의 성장률을 보여줄 것으로 기대된다. 국제식품연구소 IGD(Institute of Grocery Distribution) 역시 높은 성장률을 예상하고 있다. 2021년까지 베트남과 필리핀의 성장률을 각각 37.4%와 24.2%으로 전망하고 있으며 인도네시아 역시 15.8%로 두 자리수의 성장률을 기록할 것으로 내다보고 있다.[52] 반면에 싱가포르는 오히려 마이너스 성장할 것으로 보인다.

---

52 IGD, “IGD: Vietnam tipped to be Asia's fastest-growing convenience market” (2017.4)

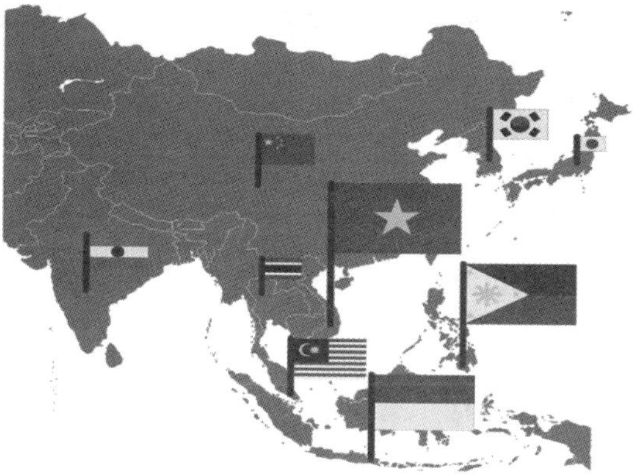

국가	2021 연평균 성장률 전망(%)
베트남	37.4
필리핀	24.2
인도네시아	15.8
말레이시아	10.5
인도	10.3
한국	8.4
중국	7.1
태국	6.6
일본	5.5

출처: IGD Research

〈그림 4-26〉 아시아 편의점 시장 성장률 전망 2017-2021

아세안-5 편의점 시장은 로컬기업들과 글로벌 리테일 공룡들이 이미 상당한 자리를 잡은 상태이다. 미국의 서클 케이(Circle K)를 비롯, CVS 강자인 일본의 훼미리마트(Family Mart), 미니스톱(Ministop), 세븐일레븐(7-Eleven) 등은 오래 전에 사업을 시작했다. 말레이시아의 경우, 바쁜 도시 생활자들이 24시간 열려 있는 가까운 편의점을 찾는다. 간단한 생필품과 식사를 해결할 수 있는 편리한 공간이기 때문이다. 가장 많은 편의점 매장을 보유하고 있는 업체는 세븐일레븐이다. 전체 편의점 수의 56%를 차지하고 있으며 그 뒤를 99스피트마트가 차지하고 있다. 최근 빠르게 성장하고 있는 편의점은 훼미리마트다. 2016년 영업을 시작한 이래 2025년까지 1,000개의 매장을 오픈하겠다는 계획을 세우고 있다. 훼미리마트는 삼각김밥과 고급스러운 도시락, 샌드위치 등 깔끔하고 다양한 간편식과 '잇트인(eat-in, 매장 내 식품 공간) 코너'를 제공하면서, 세븐일레븐과 99스피트마트와의 차별화를 내세우고 있다.

〈그림 4-27〉 훼미리마트 매장과 즉석조리음식 코너

인도네시아는 과거 편의점 시장이 급속하게 성장하는 대표적인 사례로 꼽혀왔다. 인도네시아의 편의점은 미니마켓과 편의점(CSV)이 모두 포함되어 있다. 미니마켓은 생필품과 식료품 판매를 위주로 운영되는 점포였지만, 최근에는 취급 제품이 다양해지고, 티켓 판매 등 서비스가 추가되면서 편의점과 거의 차이가 없어지고 있기 때문이다. 인도네시아 편의점 시장은 2017년 현재 현지기업들이 시장의 91% 이상을 차지하고 있다. 최대 편의점 체인은 알파마트(Alfamart)와 인도마렛(Indomaret)으로 각각 숨버 알파리아 뜨리자야(Sumber Alfaria Trijaya)와 재계 1위 살림(Salim)그룹이 운영하고 있는 자국 브랜드이다.

글로벌 편의점 체인 가운데에서는 서클케이와 훼미리마트, 로손(Lawson)이 사업을 운영하지만 시장점유율은 3%도 채 되지 않는다. 편의점 시장에 돌풍을 일으켰던 세븐일레븐이 2017년 매장을 철수하면서 그 비중이 더 낮아졌다. 외국계 편의점이 사업을 확대하기가 어려운 이유는 정부가 내세운 각종 규제 때문이다. 소규모 전통적인 리테일 상점(미니마켓)과 시장을 보호하기 위해서 특정지역에 한 기업의 점포 수를 제한하거

〈표 4-6〉 아세안 3개국 주요 편의점 브랜드 (단위: 개, %)

	인도네시아		베트남		필리핀	
연도	2016	2017	2016	2017	2016	2017
전체 매장수	29,280	32,406	1,522	1,770	3,278	3,617
2017년 순위(매장수 점유율%)						
1위	인도마렛	46.9%	빈마트	53.9%	세븐일레븐	63.2%
2위	알파마트	38.0%	서클케이	14.6%	미니스톱	13.7%
3위	알파미디	6.8%	훼미리마트	8.9%	알파마트	8.9%

출처: Euromonitor, Statistica

나 편의점 제품의 80%가 자국 내 생산제품이어야 하는 등 여러 규제장치가 편의점 시장 확대에 걸림돌이 되고 있다.[53] 현재 편의점은 자카르타에 많이 집중된 상황이어서 앞으로 대도시 주변과 관광지로 확장될 것으로 예상된다.

한국 관광객들에게도 추천 장소로 알려진 태국의 편의점은 태국만의 먹거리 코너로 크게 인기를 끌었다. 인도네시아와 마찬가지로 편의점은 수도인 방콕에 집중되어 있지만, 현지기업보다는 글로벌 브랜드가 장악하고 있다는 점에서 차이가 난다. 글로벌 브랜드 가운데 세븐일레븐이 약 80%라는 압도적인 점유율로 시장을 장악하고 있다.

지금 가장 뜨겁게 달아오르고, 기업들의 관심이 집중된 시장은 필리핀과 베트남이다. 20%가 넘는 성장률을 보이고 있으며, 앞으로도 두 자리 수 성장률을 유지할 것으로 확실시되기 때문이다. 필리핀은 리테일 시장의 성장은 편의점이 이끌었다고 해도 과언이 아니다. 2016년과 2017년 각각 15%와 20%의 성장률은 슈퍼마켓이나 다른 현대 유통채널의 성장을 압도

53 PB 제품의 비중은 최대 15%까지만 허용됨.

〈그림 4-28〉 와이파이 프리 표시가 눈에 띄는 인도네시아 서클케이 매장

하고 있다. 대도시의 회사 밀집지역과 주거지를 중심으로 매장 수가 증가하고 있는데 그 이유는 공간을 작게 차지하기 때문이다. 주유소 인근에도 매장이 많다. 여기에 한국에서와 마찬가지로 간편식 등 F&B의 판매비중이 높으며, 공과금 수납이나 항공권예약이 가능한 키오스크 설치 등 다양한 서비스 기능이 계속 추가되고 있다. 가장 많은 매장을 보유한 브랜드는 단연코 세븐일레븐이다. 필리핀에 처음으로 24시간 편의점을 열었던 브랜드로 인도네시아를 제외한 여러 나라에서 시장을 크게 차지하고 있다.

베트남도 최근 편의점이 빠르게 증가하고 있어 가장 주목받는 시장이다. 2017년 편의점 매장 수는 2,086개로 2012년에 비해 4.8배가 늘어난 수치이며, 하노이와 호치민, 다낭 등 대도시를 중심으로 빠르게 증가하고 있다. 젊은 층 인구비율이 높고 소득이 증가한 덕분이지만, 면적 500m^2 이하 소규모 매장은 허가를 취득하기 쉽기 때문이기도 하다. 현지기업인 숍&고와 빈마트를 비롯해, 외국계인 서클케이가 2008년에, 훼미리마트는 2009년에 각각 진출했다 2017년 세븐일레븐이 진출하면서 경쟁이 한

층 가열된 상태이다. 여기에 빈그룹은 '빈마트 플러스(Vinmart Plus)'를 2020년까지 4,000개로 늘리겠다는 계획을 발표했다. 2017년 12월에만 편의점 100개를 열었다. 사이공 상업총공사도 2018년 편의점 60개를 오픈을 목표로 하고 있다.

국내시장이 포화상태에 이른 한국기업들도 해외 시장에 문을 두드리고 있다. 2017년 GS리테일의 GS25가 SonKim과 손잡고 베트남 호치민에 진출했다. 2018년 8월 현재 18개 매장을 운영하고 있고, 10년 내 2,500개 지점을 열 계획이라고 한다. 삼각김밥이나 도시락 등 바로 사서 먹을 수 있는 식품들을 차별화 요인으로 내세우고 있다. 베트남 현지 특성을 고려해 오토바이 드라이브 쓰루 매장도 최초로 문을 열었다. 다른 한국기업인 CU도 이란과 몽골에 이어 베트남 시장에 진입했으며, 이마트24도 동남아 시장 진출을 준비하고 있다.

아세안 지역의 편의점 시장은 전체적으로 높은 성장세를 보이고 있으며, 현지 기업과 글로벌 브랜드 사이의 경쟁이 치열하게 전개되고 있다. 도시화의 진전과 소비수준의 향상으로 매장 개수의 증가와 지역적 확대가 지속될 것으로 보인다. 현재 편의점 이용고객들이 10~20대로 젊은 층이 많다는 것도 향후 미래 전망을 밝게 하고 있다. 그러나 편의점은 이제 24시간 간편 상품 판매공간이라는 기존의 CVS 유통업의 사업 본질을 벗어나고 있다. 한국에서와 마찬가지로 편의점은 독자적인 상품판매, 다양한 고품질 간편/즉석조리 음식제공 그리고 택배와 공과금 수납 등의 서비스를 이용할 수 있는 편리한 복합공간으로 변모하고 있다. 편의점은 접근성이 높다는 특유의 강점이 있기에 미래 새로운 컨셉이나 형태로 계속 변신할 가능성이 높다.

CASE 5 7-Eleven

아세안에서 가장 큰 시장을 점유하고 있는 글로벌 편의점 브랜드는 세븐일레븐이다. 1927년 미국 달라스에서 설립된 사우스랜드 아이스(Southland Ice Company)에서 시작되었다. 이 회사는 상점들이 문을 닫는 일요일과 밤에도 우유와 빵, 달갈을 팔기 시작하면서, 편의점이라는 새로운 비즈니스 모델을 시장에 가져온 세계 최초의 기업이 되었다. 일주일 내내 아침 7시에서 저녁 11시까지 문을 열었고, 세븐일레븐이라는 이름도 여기서 유래됐다. 1970년대 일본 슈퍼체인 이토요카도가 편의점의 사업성을 보고 세븐일레븐 재팬을 설립한다. 일본에 진출한 세븐일레븐을 큰 성공을 거두었지만 1980년대부터 본토 미국 시장에서는 고전을 거듭하였다. 1991년 일본의 세븐일레븐 재팬은 사우스랜드의 주식을 과반수 이상 사들였고, 2005년에는 지분 전량을 매입하게 된다. 이후 세븐일레븐은 세븐&아이 홀딩스라는 일본 지주회사가 완전 지배하는 회사가 되었다.

세븐일레븐의 해외진출 전략은 현지에서 매우 강력한 기업과 파트너쉽을 맺는 데에서 출발했다. 세븐일레븐 재팬은 태국에서는 CP(Charoen Pokphand) 그룹, 인도네시아에서는 모던 인터나시오날(Modern Internasional)과, 말레이시아에서는 버자야(Berjaya) 그룹과 손을 잡았다. CP 그룹은 태국내 재계 1위로 제조업과 유통업 등 여러 산업분야에서 선두를 달리는 계열사 군단을 보유하고 있으며, 버자야 그룹 역시 말레이시아의 부동산과 호텔 등 거대 재벌이다. 현재 태국과 말레이시아, 필리핀에서 1위를 차지하고 있으며, 인도네시아에서도 현지 기업들이 강력한 시장에 돌풍을 일으켰었다. 막강한 현지기업들과의 파트너쉽으로 세븐일레븐은 매일 3회 이상 신선한 제품을 배달하며, 효율적인 배송 시스템, 그리고 통합된 정보망이 다른 경쟁사들보다 앞서갈 수 있게 만드는 장점이다. 그리고 각국 소비자에 맞는 상품과 간편한 음식, 서비스 등을 제공하는 현지화된 모델을 제공해왔다. 대표적인 사례가 인도네시아이다. 세븐일레븐은 2009년 자카르타에 1호 매장을 개설하며, 편의점과 카페, 레스토랑을 결합한 새로운 형태의 공간을 소개했다. 사람들이 언제든 앉아서 음식을 먹고 차를 마시며, 와이파이를 사용할 수 있도록 했다. 젊은 세대의 뜨거운 반응에 세벨이라는 애칭을 얻었던 세븐일레븐은 2014년까지 190개 매장을 보유하였고, 그 해 1조 4천억 루피아 매출을 기록하였다.

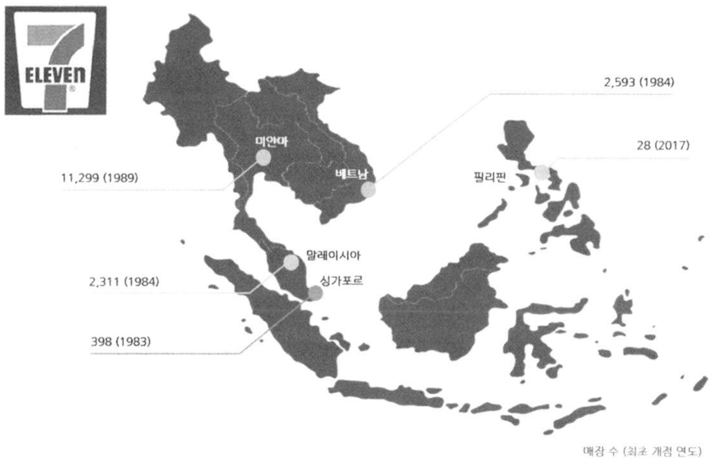

〈그림 4-29〉 7-Eleven 국가별 매장 수 (2019년 3월 31일 기준)

그러나 진출한 모든 지역에서 성공가도를 달리기만 한 것은 아니다. 인도네시아에서는 정부의 주류 판매금지 등 각종 규제로 큰 타격을 입고 2017년 모든 매장을 철수한 상태이다.[54] 아세안 최대 시장인 인도네시아에서 다시 사업을 진행하겠다는 의사를 표명하고 있지만 언제 재개될지는 불분명하다. 가장 성장성이 큰 베트남에서도 계획대로 매장 확대를 진행하지 못하고 있다. 현지기업의 시장 점유율이 높고 경쟁이 치열하기 때문이다. 게다가 진출시기가 늦으면서 최적위치 선점이 어려워지고 높은 임대료로 인해 수익성 확보가 쉽지 않다. 다른 국가들과 달리 베트남 소비자의 기호를 사로잡는 세븐일레븐만의 현지화된 상품이나 음식, 서비스 개발에 보다 노력이 필요하다는 평가를 받고 있다.

54 2014년 인도네시아 정부는 예배 공간, 역, 터미널, 병원, 학교 인근에서 운영되는 편의점에서의 주류 판매를 금지하였고, 2015년에는 청소년 주류 판매 가능성을 차단하고자 알코올 도수 1~5% 주류 판매가 금지되었다. 이후 규제 범위가 확대되어 주요 관광지를 제외한 모든 편의점에서의 주류 판매가 전면 금지되었다.

CASE 6 온라인 장보기

온라인 식료품/생필품 쇼핑은 젊고, 바쁜 도시인들에게 점차 인기를 얻고 시장을 점차 넓혀가게 될 것이다. 그러나 하루 아침에 이 시장이 폭발적으로 성장하기를 기대하기는 어렵다. 동남아인들에게 쇼핑은 귀찮고 시간이 걸리는 '일'이 아니라 즐거운 소비행위이기 때문이다. 게다가 대도시 주거지를 벗어난 보다 넓은 지역까지 신선식품을 빠른 속도로 배송할 수 있는 시스템이 갖춰지는데 상당한 투자와 시간이 걸릴 것으로 보인다. 따라서 지역별로 시장이 만들어지는데 차이가 클 것이고, 오프라인 매장과 온라인의 결합된 형태로 진행될 가능성이 훨씬 높다.

〈표 4-7〉 아세안 각국의 주요 온라인 식료품 배송업체

	Online grocery players/portals	온라인 식료품 쇼핑이 소비자들에게 인기 있는가?
싱가포르	Cold Storage, NTUC Fairprice, Sheng Siong, RedMart, Opentaste, Honestbee, Gofresh	약간의 관심을 얻었으나, 대부분은 여전히 가게에서 쇼핑
말레이시아	HappyFresh, Tesco, PasarTap, Delivery, Redtick, BIGbox Asia, SAM's Groceria	대부분의 사람들이 계속해서 오프라인 식료품 쇼핑을 선호하기 때문에 온라인은 틈새시장만 존재
태국	BIG C, Makro, Tesco Lotus	인기를 끌고 있기는 하나, 큰 인기를 얻기 위해서는 시간이 걸릴 것으로 예상. 현재 매출 기여도는 5%미만
인도네시아	HappyFresh, Klikindomaret.com, Ngemart, Go Mart, Hypermart Online, Kesupermarket.com	전체 식료품 매출에 대한 기여도는 작지만 온라인-오프라인(O2O)채널을 포함하여 빠르게 증가하고 있음.
필리핀	PureGold, Walter Mart	필리핀의 온라인 식료품 쇼핑 비율은 적고, 제품군과 서비스 영역은 여전히 매우 제한적.

레드마트(RedMart)는 가장 대표적인 싱가포르의 온라인 슈퍼마켓기업이다. 2011년 스타트업으로 시작해 매월 20%씩 성장을 거듭한 레드마트는 설립 2년차인 2013년에 1백만 달러 돌파했고, 그 후 다시 3년이 지난 2016년 매출 6,000만 달러라는 놀라운 성장세를 보여주었다. 그러나 빠르게 성장하는 동

〈그림 4-30〉 레드마트

안 현금 흐름이 지속적으로 악화되는 상태에 놓였던 레드마트는 2016년 라자다(Lazada)로부터 투자 제안을 받고, 이를 받아들였다. 라자다는 아세안 시장 확대를 노리는 알리바바가 이미 10억 달러를 들여 인수한 상태로, 이제 싱가포르의 레드마트까지 손안에 넣은 셈이다.

어네스트비(Honestbee)와 해피프레쉬(HappyFresh)는 파트너 슈퍼마켓/하이퍼마켓에서 대신 쇼핑을 해서 배달해주는 전형적인 장보기 대행서비스에서 출발했다. 어네스트비는 2015년 싱가포르에서 처음 서비스를 시작한 후 파트너사의 분야를 다양화하고 음식배달을 추가했다. 2018년 현재 싱가포르, 말레이시아를 포함 아세안 5개 국가와 홍콩, 대만, 일본까지 서비스 지역을 확대했다. 해피프레쉬는 창업자 본인이 겪은 장보기의 불편함에서 아이디어를 얻었다고

〈그림 4-31〉 어네스트비 그리고 해피프레쉬

한다. 2014년 설립되었으며 지금까지 1천만 달러의 투자를 받았다. 본사가 있는 인도네시아를 비롯, 말레이시아와 태국에서 서비스를 이용할 수 있으며, 대형 유통회사인 까르푸, 테스코, 롯데마트 등과 파트너쉽을 맺고 있다.

이 분야에서 새로운 바람을 몰고 오는 또 다른 기업으로는 오픈테이스트(OpenTaste)가 있다. 6개 국가 200여개 이상의 산지 농장에서 신선식품을 제공받고, 음식은 조리업자로부터 받아 36시간 이내에 배송해주는 시스템이다. 판매자들은 오픈테이스트에 품목을 무료로 올려놓을 수 있고, 가격도 자체 책정할 수 있다. 2015년에 설립되었으며, 현재까지 200백만 달러를 투자 받았다. 기술적인 혁신도 중요하지만, 실생활에서 불합리하거나 불편한 요소들을 해결해 나가는 서비스들이 아세안 지역에서 보다 빠르게 자리잡아가고 있다.

〈그림 4-32〉 오픈테이스트

4) 차량호출과 긱 이코노미

아세안 지역에서 가장 혁신적인 기업을 꼽으라면 단연 그랩과 고젝이다. 두 스타트업은 지금 가장 주목받는 기업으로, 유니콘을 넘어 데카콘으로 우뚝 섰다.[55] 그랩과 고젝은 모두 호출형 차량/오토바이 서비스를 기반으로 성공한 기업이다. 글로벌 강자이자 이와 같은 혁신적인 서비스를 처음 세상에 소개한 기업은 미국의 우버(Uber)이다. 우버는 2013년에 싱가포르를 시작으로 동남아에서 서비스를 운영하기 시작했지만, 2018년 3월 그랩에게 동남아 사업권을 넘기면서 아세안 시장에서 퇴장하고 말았다.

호출형 차량 서비스는 동남아 도시의 교통혼잡 및 대중교통의 불편함을 해결하기 위한 생활밀착형 혁신에서 시작되었다. 최악의 교통체증으로 유명한 자카르타를 비롯, 방콕과 마닐라, 쿠알라룸푸르 등 대도시에서 차가 막혀도 지하철을 이용할 수 있는 지역은 제한적이며, 버스는 정류장에 언제 올지 알 수가 없다. 가격흥정과 언어문제로 택시탑승도 수월하지 않다. 자카르타는 인구 천명 당 택시가 1.4대뿐이고, 말레이시아 택시는 세계 최악의 택시로 뽑히기도 했다. 아시아개발은행에 따르면, 동남아의 교통혼잡비용이 GDP의 2~5%에 달한다고 한다.

정부가 도로 및 대중교통 확충계획을 수립하지만, 단시일 내에 해결할 수 있는 문제가 아니다. 게다가 이용자들은 이미 앱을 이용해 자동차나 오토바이를 불러 타고 다니는 편리함에 익숙해졌다. 구글과 테마섹의 조사에

---

55 기업가치 10억 달러 이상의 비상장 스타트업을 유니콘(unicorn)으로 부르며, 데카콘(decacorn)은 기업가치 100억 달러 이상의 비상장 스타트업을 지칭한다. 기업 가치가 10억 달러 이상인 비상장 스타트업 기업을 머리에 뿔이 1개인 상상 속의 동물인 유니콘(unicorn)에 비유하듯이, 기업 가치가 10조원 이상인 비상장 스타트업 기업을 머리에 뿔이 10개인 상상 속의 동물인 데카콘에 비유한 것으로 블룸버그가 처음 사용한 용어이다.

따르면, 동남아 온라인 차량서비스 시장의 규모가 2015년 25억 달러에서 2018년 57억 달러, 2025년 200억 달러로 즉 4배 이상 증가할 것으로 예상하고 있다. 2018년까지 지난 3년간 32%라는 놀라운 성장세를 보여주었지만, 앞으로도 여전히 연평균 23% 가량 성장한다는 의미이다.

① 차량호출 서비스

차량호출 서비스 시장의 성장은 단순히 그랩과 고젝이라는 스타트업의 성공스토리만 가져온 것이 아니다. 아세안의 모든 사람들이 앱을 통한 혁신적이고 편리한 서비스를 누구나 이용할 수 있고, 누구나 서비스를 제공할 수 있다는 '디지털 시대의 유저 경험'을 공유하게 되었음을 의미한다. 차량호출 서비스를 이용한 후부터 이용자들은 다른 새로운 형태의 서비스, 즉 앱을 이용한 병원예약이나 이사짐 견적과 예약 등에 거부감이 사라지고 빠르게 적응해 나갔다.

전체 차량 호출 시장은 이제 음식배달 시장의 폭발적 성장 그리고 편리한 결제방식이 결합되어 그야말로 기하급수적으로 성장하고 있다. 음식배달 서비스는 2015년에는 4억 달러에 불과했으나, 2018년에는 20억 달러로 3년 사이에 5배가 커졌다. 2025년까지는 80억 달러로 커질 전망이다. 그랩과 고젝을 비롯해 푸드판다(Foodpanda)와 라인 등 여러 업체가 이 서비스 시장을 두고 치열한 경쟁을 펼치고 있다.

동남아 최초 오토바이 호출 서비스는 인도네시아의 나디엠 마카림(Nadiem Makarim)에 의해 2010년 10월에 시작되었다. 고젝은 모바일 기반의 스타트업으로 출발한 회사가 아니다. 설립 당시에는 오젝(Ojek)이라 불리던 오토바이 택시기사 20명을 데리고 콜센터에서 직접 교환원이

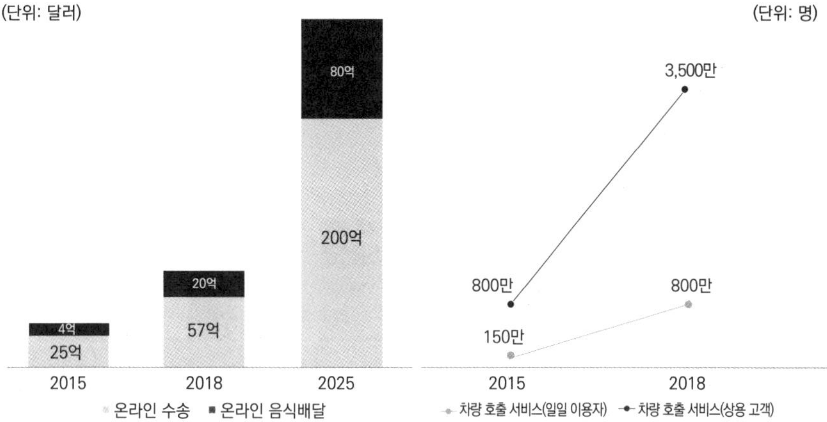

출처: Google & TEMASEK, 'E-economy SEA 2018: Southeast Asia's internet economy hits an inflection point'

〈그림 4-33〉 아세안 차량 호출시장 규모

연결해주는 형태였다. 모바일 앱은 2015년 1월이 되어서 런칭되었다. 스마트폰이 널리 보급된데다 시장의 수요가 폭발하면서 고젝은 성장가도를 달리게 되었다. 오토바이뿐만 아니라 일반 차량호출 서비스까지 확대할 수 있었고, 자카르타뿐만 아니라 인도네시아 지역 곳곳으로 빠른 속도로 확장되었다. 고젝은 차량호출에 머물지 않고 퀵서비스, 음식배달, 마사지 예약, 쇼핑, 티켓 예매에서 처방전 약 배달 등 20가지가 넘는 서비스와 공과금납부, 전자지갑을 포함한 고-페이(Go-Pay)라는 지급결제까지 하나의 앱에 통합함으로써 명실상부 인도네시아의 모바일 플랫폼으로 자리잡았다. 인도네시아에서는 고젝앱 없이는 생활이 불가능하다고 할 만큼 필수아이템으로 자리를 공고히 하고 있다.

말레이시아에는 2012년에 처음으로 인터넷 기반 택시호출 서비스가 생겨났다. 안소니 탄과 후이링 탄은 2012년 택시 호출 마이택시(MyTeksi) 앱을 개발해 말레이시아 쿠알라룸푸르에서 처음 서비스를 시작했다. 고젝

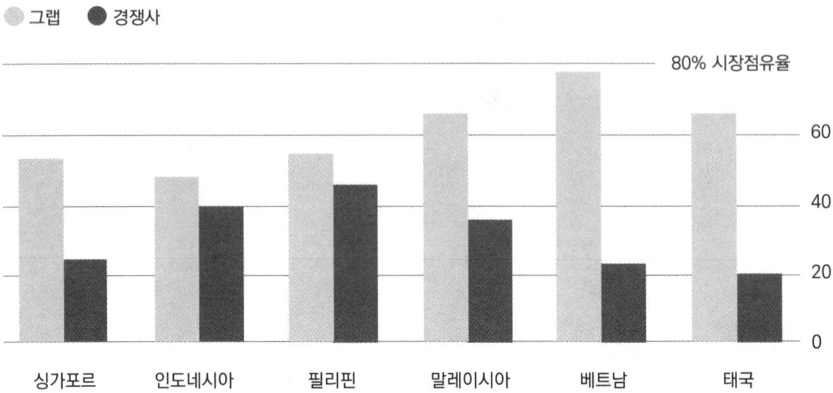

*그랩(혹은 가장 근접한 경쟁자)를 가장 자주 사용한다고 대답한 차량호출 앱 고객의 퍼센트
출처: Grab, 2017년 6월과 7월에 진행된 TNS 조사. Bloomberg "SoftBank's Got a Ticket to Ride.Uber's Stranded"(2018년 3월8일)에서 재인용

〈그림 4-34〉 국가별 그랩 시장 점유율

보다 출발은 늦었지만, 모바일 앱 기반으로 시작했기 때문에 변화와 성장 속도가 빨랐다. 마이택시는 이름을 그랩택시로, 다시 그랩이라는 브랜드로 바꾸면서 우버와 같은 일반차량호출 서비스를 신속히 도입했다. 또한 인구가 적은 말레이시아를 벗어나 해외 시장을 적극 공략했다. 2013년 필리핀, 싱가포르, 태국에 이어 2014년 인도네시아, 베트남 등으로 진격해 나갔다. 현재는 캄보디아, 미얀마 등을 포함해 8개국 225개 도시에서 서비스를 이용할 수 있으며, 그랩페이, 그랩푸드 등 그 영역을 확장하고 있다.

차량호출 서비스시장의 지속적인 성장, 그리고 이들 앱이 플랫폼으로의 진화가 이루어지면서 선두자리를 차지하기 위한 치열한 싸움이 벌어졌다. 2018년 그랩은 동남아 전역에서 우위를 보이는 것으로 나타났다. 글로벌 강자이자 최초 서비스 개발자인 우버는 앞선 기술력과 경험으로 시장을 장악할 것으로 기대되었지만, 결과는 달랐다. 하이퍼-로컬라이제이션 전략을 앞세운 그랩은 2013년 해외 진출을 시작한 이래 멈추지 않고 성장을 거듭

Grab vs. Go-Jek

동남아 시장 내 경쟁

Grab		GOJEK
Anthony Tan	CEO	Nadiem Makarim
Harvard Business School	출신대학	Harvard Business School
140억 달러	추정 가치액	100억 달러
1억 4400만 (동남아시아)	다운로드 수	1억 800만 (인도네시아)
•Toyota •SoftBank Group •Microsoft	주요 투자자	•Tencent •Google •KKR
	시장진입	
2012	말레이시아	
2013	태국	2018 (Get, Beta)
2013	싱가포르	2018 (Beta)
2013	필리핀	진입 거부 (논의 진행중)
2014	인도네시아	2011
2014	베트남	2018 (Go-Viet)
2017	미얀마	
2017	캄보디아	

출처: Nikkei Asian Review, Techcrunch, 회사 홈페이지

〈그림 4-35〉 그랩 vs. 고젝

해왔다. 우버 사업을 인수하면서 시장지배력은 더욱 강화되었다. 앞다투어 한국기업들이 그랩과 손잡으려 하는 것은 늦었지만, 당연한 전략적 선택으로 보인다.

고젝은 오토바이 호출에 집중된 나머지 인도네시아 차량호출 부문에서는 1위 자리를 차지하기가 어려웠었다. 고젝은 2019년 적극적인 해외진출을 감행하고 있다. 싱가포르와 태국, 베트남에서 현지 파트너와 베타 서비스를 출시했으며, 말레이시아와 미얀마에도 진출한다고 밝혔다.

차량 호출서비스에서 출발한 그랩과 고젝은 모두 다양한 서비스를 제공하는 생활필수 플랫폼으로 성장했고, 모두 핀테크 영역까지 진입한 상태이다. 동남아 전역에서, 그리고 인도네시아에서 이 앱을 바탕으로 한 다양한 서비스들이 점점 더 생활 속에 파고들 것으로 보인다.

CASE 7 그랩(Grab)

그랩은 하버드 비즈니스 스쿨의 동창생인 앤쏘니 탄과 후이링 탄은 교내 경진대회에 제출한 택시 호출서비스 아이디어를 바탕으로 탄생한 스타트업이다. 2012년 마이택시(MyTeksi)라는 말레이시아 택시 예약앱으로 출발해, 6년만에 기업가치 140억 달러로 추산되는 동남아 최대 데카콘으로 성장했다.

그랩은 2012년 이후 매년 360%라는 놀라운 성장률을 기록했다. 2018년 7월에 호출서비스 누적 20억 건을 기록했다. 2017년 10억 건을 돌파한 이후 겨우 9개월만에 두 배가 늘어난 것이다. 매출은 공식적으로 발표되고 있지 않으나, 2018년 12월 기준으로 10억 달러를 뛰어넘었을 것으로 예상된다. 2019년 3월 기준으로 앱다운로드는 1억 4천 4백만, 기업가치는 140억 달러로 치솟았다.

우버를 제치고 동남아 플랫폼으로 우뚝 선 그랩의 성공요인은 생활밀착형 혁신과 '하이퍼-로컬라이제이션'으로 요약된다. 대중교통을 이용하기 어려운 환경에서 소비자들의 불편을 해소하려는 것이 그랩의 출발점이 되었다. 그러나 이것만으로는 글로벌 경쟁자를 물리치기에 충분하지 않았다. 우버가 미국에서 성공한 글로벌 비즈니스 모델을 적용하는 동안, 그랩은 지역맞춤형 솔루션, 즉 하이퍼 로컬이 필요로 하는 해결책과 서비스를 제공하는데 집중했다. 심각한 교통체증과 소득수준이 낮은 지역에는 오토바이 택시를 도입했다. 그리고 요금흥정에 지친 이용자들을 위해 예약 시 요금이 확정되고 이를 알려주도록 되어 있다. 또한 그랩은 신용카드 보유율이 극히 낮은데다 은행계좌마저 없는 시장환경을 고려해 현금결제를 가능하게 했다. 또한 의사소통의 불편과 전화번호 노출을 꺼리는 이용자들을 위해, 인스턴트 메세지와 번역서비스를 추가했다. 그랩은 여전히 현장에서 나오는 이용자들의 소리에 모든 경영자들이 종종 고객센터에서 앉아 직접 불만을 처리하고 있다고 한다.

그랩 밍 마(Ming Maa) 사장은 오토바이/차량 호출시장의 확대 뿐만 아니라, 자전거공유 음식배달과 금융서비스, 그리고 지급결제 부문에 더욱 박차를 가할 계획이라고 밝힌 바 있다. 그랩은 이제 아세안의 플랫폼, 수퍼앱 그 이상의 자리를 노리고 있다. 스마트 모빌러티 시장의 리더가 되려는 그랩은 이미 자율주행차량과 전기차 도입을 목표로 세워 두고 있다. 자체적 기술개발을 위해, 2015년

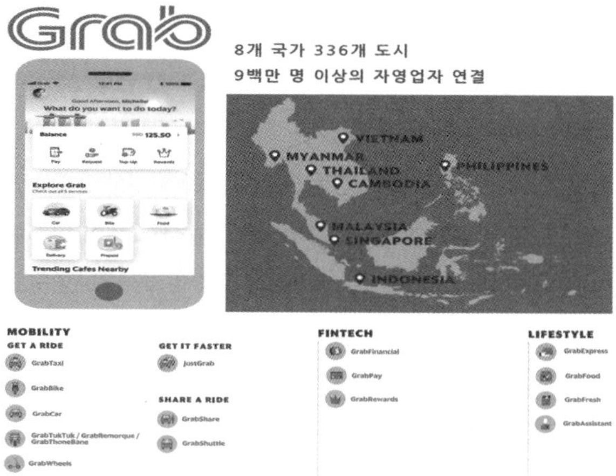

〈그림 4-36〉 아세안 시장 수퍼앱 그랩

싱가포르와 베이징에 R&D 센터를 세운 이래로 2016년 시애틀, 2017년 인도의 방갈로르와 호치민, 쿠알라룸푸르 그리고 자카르타 등 모두 7개 연구개발 센터를 설립 운영하고 있다. 도요타와 현대자동차, 삼성전자 등과의 전략적 파트너쉽 역시 이러한 목표와 무관하지 않다.

CASE 8 고젝(Go-jek)

고젝은 2010년 인도네시아의 오토바이 택시(Ojek) 연결 회사로 출발했다. 전화로 요청하면 콜센터에서 주문을 받고 오토바이 기사를 연결 주는 형태였다. 극심한 교통체증으로 몸살을 앓고 있는 자카르타의 특성상 오토바이가 인기가 있었고, 차량은 이용요금이 상대적으로 비싸기 때문에 오토바이 서비스에 집중했다. 초기 성장은 더뎠다. 차량호출 서비스가 추가된 모바일 앱은 2015년에야 처음 등장했다. 스마트폰 이용자가 폭발적으로 늘면서 고젝의 인기는 하루가 다르게 높아졌다. 인도네시아는 2.5억이 넘는 인구와 2만개 가까운 섬들로 이루어져 있어서, 고젝은 국내 시장확장에 주력했다. 그랩이 해외시장에 먼저 눈을 돌린 것과는 다른 행보다. 그와 동시에 고젝은 하나의 앱 안에 새로운 서비스를 얹기 시작했다. 먼저 음식배달과 퀵서비스, 마사지 예약, 장보기, 티켓 예매 예매 등 다양한 주문형 서비스를 추가했다. 또한 2016년 고-페이(Go-Pay)를 런칭하면서 모바일 지갑을 도입했다. 고-페이는 온라인 뿐만 아니라 오프라인에서도 사용할 수 있다. 그 사이 고젝은 모두 5차례 펀딩을 받았다. 2015년 세콰이어 캐피탈(Sequoia Capital) 투자를 시작으로, 2016년 라쿠텐이 두 차례나 투자를 했다. 2016년 8월에는 글로벌 투자자인 워버그 핀커스와 콜버그 크래비스 로버

〈그림 4-37〉 고젝 앱 홈화면과 서비스

츠(KKR)등 모두 10개의 투자자로부터 총 5억 5천만 달러를 유치했다. 2018년 2월에는 구글과 텐센트, JD.com, 테마섹 등 글로벌 기업들이 15억 달러를 고젝에게 투자했다. 구글과 텐센트가 크게 투자했다는 것은 고젝이 로컬 챔피언으로 향후 파트너가 되거나, 성장가능성이 높다는 것을 반증하는 것이다.

2017년 고젝은 해외진출을 선언했다. 우버가 물러가고 그랩이 동남아에서 독점적인 지위를 누리고 있는 상태에서 언제까지나 안방인 인도네시아 수성에만 머물 수는 없기 때문이다. 고젝은 베트남과 싱가포르, 태국, 필리핀 시장 공략에 나섰다. 투자자들로부터 충분한 자금을 확보한 상태에서 인구가 많은 시장을 중점적으로 공략하겠다는 전략이다. 5억 달러를 해외시장 확대에 투자하겠다고 밝혔으며, 로컬 파트너들과 손잡고 그랩과의 결전에 돌입했다. 아세안 시장의 수퍼앱의 자리를 놓고 그랩과 고젝의 경쟁이 날로 치열해지고 있다.

② 긱 이코노미(Gig Economy)

그랩, 우버와 고젝 등 차량공유 서비스의 확산은 동남아시아인들의 생활을 많이 바꾸어 놓았다. 생활의 편리함과 모바일 경제를 확산시킨 것은 물론 직업의 변화도 가져왔다. 이들은 모두 긱 이코노미(Gig Economy)의 한 형태이다. 흔히 '독립형 일자리 경제'로도 불리는 긱 이코노미란 1920년대 초 미국의 재즈공연장 주변에서 즉석 연주자를 섭외해 공연을 벌이는 긱(Gig)이라는 단어에서 유래한 용어이다. 과거에는 프리랜서나 1인 자영업자 등을 포괄하는 의미로 사용되었지만 주문형 서비스인 온디맨드 경제가 빠르게 확산되고 여기에 요구되는 노동수요가 급격하게 증가함에 따라, 긱 이코노미에 대한 개념도 변화되었다. 오늘날 긱 이코노미는 기업이나 사용자가 필요에 따라 단기계약직이나 임시직으로 인력을 충원하고 그 대가를 지불하거나, 거래 당사자들이 제품과 서비스를 소유하지 않은 상태에서 디지털플랫폼을 이용하여 거래하는 형태 등을 포함하는 경제를 의미한다. 대표적인 예가 에어비앤비와 우버, 태스크래빗(TaskRabbit)과 인스타카트(InstaCart) 등이다. 맥킨지 보고서에 따르면 2025년까지 긱 이코노미의 전 세계 GDP의 2%에 달할 것으로 전망하고 있다.

독립형 일자리 경제의 확산은 동남아시아도 예외가 아니다. 임금상승에 비해 물가가 빠르게 올라가고, 양질의 일자리는 경제성장률만큼 빨리 증가하지 않는다. 젊은이들은 개인소득을 증가시키기 위해, 자유로운 생활을 위해, 다주택 보유자들은 렌트 이상의 소득을 위해 앞다투어 긱 이코노미에 뛰어 들고 있다. 자영업자나 중소상공인들도 이제는 온라인 마켓플레이스에 적극 뛰어들지 않을 수 없는 상황이다. 디지털 인프라의 확산도 긱 이코노미의 발전에 중요한 영향을 미쳤다. 누구나 손안에 스마트폰을 갖게 되면서, 온라인에 접속된 상태로 원하는 때, 필요한 때 주문과 일처리가 가능해졌기 때문이다. 여기에 인터넷을 통한 사업을 장려하는 정부의 지원도 한 몫을 하고 있다.

아래 〈표 4-8〉을 보면 에어비앤비의 상위 200개 도시 가운데 8개의 동남아 도시가 포함되어 있으며, 필리핀, 베트남, 브루나이, 말레이시아의 인바운드 이용자수가 연간 100% 넘게 증가하고 있다는 것을 알 수 있다.[56] 동남아 최대 차량공유 서비스인 그랩의 운전자수는 2018년 3월 기준으로 동남아 전역 8개 국가 191개 도시에서 모두 270만 명을 넘어섰다.[57] 파트타임이 아니라 전업으로 그랩 운전사를 하는 이들도 많이 찾아볼 수 있다.

---

56 https://e27.co/airbnb-spend-us2m-grow-sustainable-tourism-projects-apac-20171109/

57 Grab Corporate Profile

〈표 4-8〉 AirBnB 상위 200개 도시 중 동남아 도시

순위	도시	국가
60	덴파사르(Denpasar)	인도네시아
61	꾸따(Kuta)	인도네시아
62	우붓(Ubud)	인도네시아
82	쿠알라룸푸르	말레이시아
95	마닐라	필리핀
104	싱가포르	싱가포르
121	방콕	태국
122	코사무이	태국

여기에 프리랜서나 소상공인, 자영업자들이 필요로 하는 기업과 소비자들에게 연결시켜주는 각종 사이트와 앱이 성업 중이다. 에어컨 수리 기사와 청소도우미, 피아노 교사는 카오딤(Kaodim)이나 서비스히어로(ServiceHero) 등을 통해서 찾으면 된다. 인도네시아에서 머리 손질과 메이크업을 받고 싶으면 고젝에서 예약할 수 있다. 태국에서는 서류배달이나 음식배달 모두 라인맨을 이용할 수 있다.

향후에도 이러한 온디맨드 서비스 마켓플레이스는 더 많이 나타날 것이고, O2O에서 P2P까지 광범위하게 확장될 것으로 보인다. 보다 전문적인 지식이 필요한 법률, 컨설팅, 그래픽, 프로그래밍 등의 영역에 특화된 서비스 시장도 더 커질 것으로 보인다. 이러한 서비스 플랫폼이나 그 참여자들은 대체로 아세안 전체 지역을 목표로 하고 있다. 온라인 상으로 충분한 의사소통과 업무 진행이 가능한 경우 서비스 제공과 거래에 지역적인 한계가 없다. 직접 현장에 있어야 서비스가 가능한 경우라 하더라도 아세안 내 인력 이동이 자유롭기 때문에 누구든 국경을 넘나들 수 있다. 아세안 10개국이 점점 더 가까워지고 있다.

5) 소셜 미디어

전 세계가 SNS를 비롯한 소셜 미디어에 둘러싸여 있다. 아침에 일어나면서부터 잠들 때까지 스마트폰과 컴퓨터에서 떨어지지 않는 현대인들에 소셜 미디어는 생활의 일부가 되었다. 동남아 사람들도 마찬가지이다. 아세안의 인터넷 이용 증가는 시장에 저가 스마트폰이 많아지고, 무선통신 인프라가 좋아졌기에 가능한 일이었다. 시장마다 무선 통신기업들이 시장 점유율을 높이기 위해 인터넷 데이터 사용 패키지를 다양하게 제공하고 데이터요금도 저렴해지면서 이용자 수가 급속히 늘어났을 뿐만 아니라, 이용시간도 늘어났다. 아세안 전체 인터넷 사용자는 3억 3천만 명에 이르며 2020년에는 4억 8천만 명에 이를 것으로 예상된다. 이 가운데 소셜 미디어를 이용하는 사람들은 2019년 1월 기준으로 거의 4억 명에 근접하고 있다. 전체 아세안 인구의 절반이 넘는 숫자로 전체 소셜 미디어 활성이용자 비율은 61.2%에 달하는데, 한국의 85%보다는 낮지만 글로벌 이용률 45%보다는 훨씬 높은 수치이다.

소셜미디어 사용자 수만 많은 것이 아니라 인터넷을 사용하는 시간이나 소셜미디어에서 활동하는 시간은 아세안 지역이 한국이나 미국보다 훨씬 길다. 세계평균 1일 인터넷 이용시간은 6시간 42분인데, 통계가 잡히는 아세안 국가들은 모두 이보다 이용시간이 더 길다. 필리핀과 태국은 무려 10시간에서 9시간이 넘는 가장 긴 시간을 인터넷과 함께 지내는 것으로 나타났다. 소셜미디어 이용시간도 글로벌 평균 1일 2시간 16분인데, 아세안 6개국에서 모두 이보다 많은 시간이 소비되는 것으로 집계되었다. 한국은 1시간 9분에 불과하다.

〈표 4-9〉 아세안 소셜미디어 이용자 규모

(단위: 백 만명)

	소셜 미디어 활성이용자 수 (명)	소셜 미디어 활성이용자 비율 (%)	1일 인터넷 이용시간	1일 소셜미디어 이용시간
싱가포르	4.4	79	7시간 2분	2시간 8분
브루나이	0.4	94		
말레이시아	25.0	78	8시간 5분	2시간 58분
태국	51.1	74	9시간 11분	3시간 11분
인도네시아	146.7	56	8시간 36분	3시간 26분
필리핀	74.8	71	10시간 2분	4시간 12분
캄보디아	8.2	51		
라오스	2.6	39		
미얀마	20.5	39		
베트남	59.9	64	6시간 42분	2H32분

출처: DIGITAL 2019 Global Digital Yearbook, We Are Social, Hootsuite, 2019.

이러한 인터넷 및 소셜미디어 과몰입 현상은 아세안 지역 내 젊은 층 인구가 많은데 이들의 소득수준과 더운 날씨로 여가 및 외부활동이 제한적이기 때문이기도 하다. 그러나 뜨겁게 달아오른 한낮이나 갑작스레 폭우가 쏟아지는 오후 그리고 늦은 밤에도 쇼핑몰이나 작은 커피숍 혹은 편의점에서 스마트폰으로 인스타그램에 사진을 올리고, 페이스북 포스팅에 '좋아요'를 누르고 있는 사람들의 모습은 여느 곳과 다르지 않은 흔하디 흔한 풍경이다.

그러면 어떠한 소셜미디어가 가장 많이 사랑을 받고 있을까? 아세안에 페이스북 가입자 수가 가장 많다는 것은 이미 익히 알려져 있으며, 이용시간도 압도적으로 높다. 최근 유튜브 이용시간이 늘어나고 있고 인스타그램도 많이 이용되고 있다. 메신저는 왓츠앱(Whatsapp)과 라인, 페이스북 메신저가 전 지역에서 고루 이용되고 있으나, 국가별로 차이점이 있다. 태국에서 모바일 앱 1 순위를 차지하는 소셜 미디어 플랫폼은 라인(LINE)이다. 해외취업자가 많은 필리핀에서는 스카이프 이용자 수가 많고, 베트남에서는 토종 메신저 잘로(Zalo)가 상위에 올라와 있다. 미국이나 중국, 한국 시장과 마찬가지로, 소셜 미디어는 아세안 시장에서 기업마케팅과 소비자 트렌드에 막강한 영향력을 미치는 강력한 채널로 자리잡았다. 싱가포르와 말레이시아, 태국 등지에서 모바일 인터넷 이용률은 이미 성숙단계에 도달했다. 향후 더 큰 변화가 기대되는 지역은 아직 모바일 인터넷이나 소셜미디어 이용비율이 높아질 가능성이 남아 있는 CLMV 지역이다. 그리고 소셜 미디어가 아세안 시장에서 어떻게 활용되는지를 살펴볼 것이다.

① 인도네시아와 CLMV 이용자 수 증가

동남아 전체의 소셜 미디어 이용율은 전체 인구의 절반이 넘어 글로벌 평균 42%를 넘는 수준이지만 70%가 넘는 미국이나 동북아시아의 64%는 약간 낮은 수준이다. 그러나 주요 5개 국가의 소셜 미디어 사용자 비율은 이를 훨씬 뛰어 넘는다. 특히 태국, 싱가포르, 말레이시아의 소셜 미디어 이용자는 전체 인구의 70%를 넘고 있으며, 브루나이의 경우 95%가 넘는다. 평균치가 낮아진 이유는 인도네시아, 캄보디아, 라오스, 그리고 미얀마의 소셜 미디어 이용자 비율이 아직 낮기 때문이다. 이들 세 국가의 모바일 이용자 수는 최근 몇 년 사이에 급격히 늘어났기에, 인터넷과 소셜 미디어 이용율은 아직 상대적으로 낮은 수준일 수밖에 없다.

그러나 향후 이 지역에서만 가입자 수의 증가를 기대할 수 있다. 인도네시아와 베트남이나 필리핀도 적지만 이용자 수가 증가할 가능성이 남아있다. 앞서 언급한대로, 캄보디아와 미얀마, 라오스의 이용자 수가 지금과 같

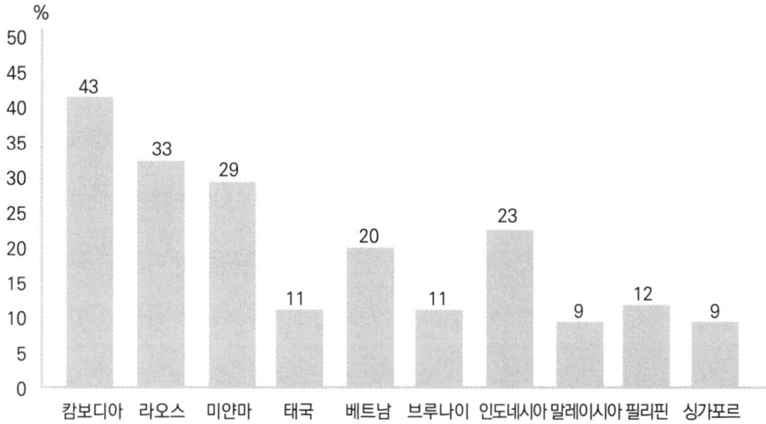

〈그림 4-38〉 2017-2018년 소셜 미디어 활성 이용자 증가율

은 증가 추세를 이어간다면, 빠른 시일 내에 동북아시아나 북미 수준으로 올라설 것으로 보인다. 미얀마의 경우 2013년 이후 핸드폰 이용자가 급격하게 증가하였고, 인터넷에 접속기기의 85%가 스마트폰으로 데스크탑이나 다른 기기와는 비교조차 안된다. 이러한 현상은 캄보디아나 라오스에서도 크게 차이가 나지 않을 것으로 예상된다. 〈그림 4-38〉에서 보여주듯이, 2017년에서 2018년 사이에 적극적 소셜 미디어 이용자의 수는 캄보디아와 라오스, 미얀마에서 가장 큰 폭으로 늘어났다.

자국 고유의 검색엔진이 제한적이고 접근 가능한 미디어의 종류나 수가 적은 지역일수록 소셜 미디어가 갖는 힘은 더 크다. 페이스북을 비롯한 소셜 미디어를 통해 검색을 하거나 뉴스를 보고, 여기에 등장하는 광고를 통해 새로운 상품을 접하며, 더 나아가 비즈니스 파트너를 찾아내기도 하기 때문이다.

② TV에서 소셜 미디어로

다수의 인터넷 이용자가 소셜 미디어를 이용하고 있기 때문에 기업들의 마케팅 채널도 여기에 집중되어 가고 있다. 물론 미국이나 한국에 비교하면, 아세안 지역은 아직까지는 광고시장에서 TV의 영향력이 가장 크다. 신상품이나 새로운 서비스를 처음 접하는 광고채널을 살펴보면 TV가 1위를 차지하고 있다. 그러나 TV의 영향력은 갈수록 줄어들 것으로 보인다.

제니스 옵티미디어의 글로벌 광고시장 전망에 따르면 TV와 PC, 신문, 잡지 및 옥외 광고 모두 2015년 대비 2018년 광고비가 하락세를 보이지만 오직 모바일 광고시장만이 20%가 넘는 상승세를 보일 것이라고 예측된다.[58] 아세안 지역 역시 이러한 글로벌 트렌드를 따라가고 있으며, 그 성장세는 오히려 글로벌 평균보다 가파르게 진행되고 있다. 시장조사기관 이마켓터(eMaketer)의 자료에 따르면, 디지털 광고비의 비중은 2016년 28.8%에 불과하나 2021년에는 68%를 넘어설 것으로 추정된다. 모바일 광고비는 4억 9천만 달러에서 2021년 22억 달러까지 늘어날 것으로 예상된다. 물론 그 증가율은 급속하게 낮아지겠지만, 2019년까지는 30% 이상의 높은 성장률을 기록할 것으로 예상된다.

온라인 광고플랫폼 점유율에서는 페이스북이 압도적이다. 한국에는 네이버나 다음, 카카오톡과 같은 자생의 포털 사이트와 메신저가 있지만, 동남아에는 이러한 현지의 강력한 플랫폼이 기존에 자리잡고 있지 못했기 때문에 이용자들은 글로벌 소셜 플랫폼으로 그대로 빨려 들어갔다. 게다가 인터넷 세상에서 동시대적인 흐름, 유행하는 트렌드는 지역간 격차를 크게

58 Zenith Optimidia (2016.9) "Zenith Advertising Executive Forecasts"

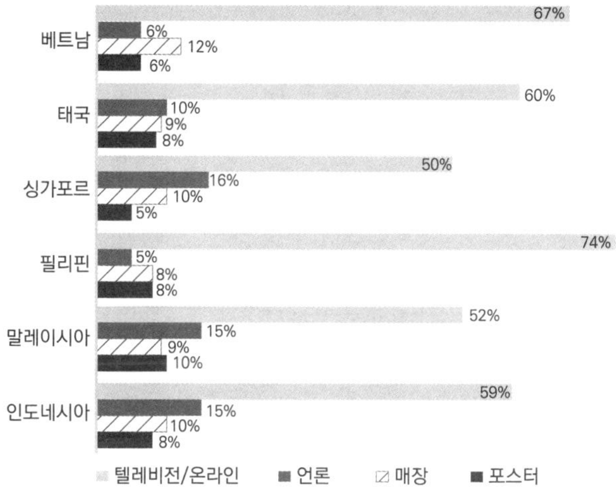

인터넷 이용자가 상품이나 서비스를 구매하기 전에 이를 처음 소개하는 광고 채널
출처: We Are Social, Hootsuit. "Digital in Southeast Asia 2018"의 자료를 재구성

〈그림 4-39〉 미디어 광고의 최초 인지(First Awareness)

두지 않는다. 페이스북은 가장 강력한 광고플랫폼이면서 쇼핑 채널의 역할까지 하고 있다. 태국에서는 페이스북과 함께 라인이 크게 인기를 끌고 있다. 가장 널리 쓰이는 메신저인 왓츠앱은 메신저에 불과하지만, 단체 그룹채팅방을 통해서 바이럴 마케팅의 근원지로 사용된다. 트위터는 미국만큼 인기가 있지 않지만, 스냅챗과 인스타그램은 이용자수가 점점 더 늘고 있다. 중국어 사용자들은 그들 사이에서 위챗을 많이 사용한다. 요즘 유료 TV를 시청하지 않는 일명 '코드 커터(cord-cutter)'가 증가하고 있는데 이들은 멀티미디어 콘텐츠를 스트리밍한다. 이들은 TV가 아닌 소셜 플랫폼의 동영상 광고에 그대로 노출되어 있으며, 이는 바로 쇼핑채널로 연결될 수 있다.

아세안 지역에서 소셜 미디어가 이커머스 플랫폼으로 적극적으로 활용되는 이유는 아마존(Amazon.com)과 같은 압도적인 이커머스 플랫폼

(단위: 십억 달러, 증가율 %)

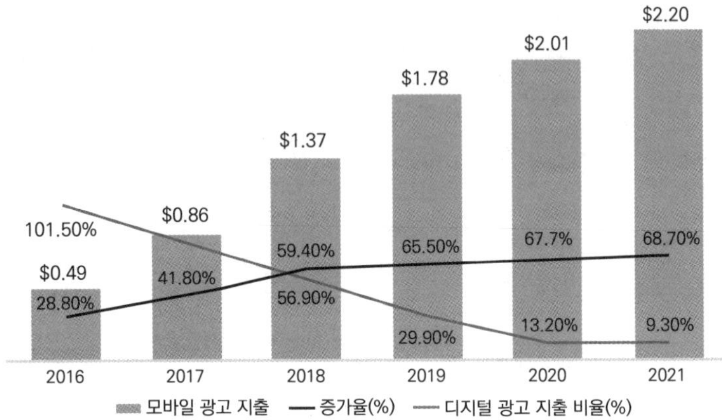

*디스플레이(배너, 비디오 및 미디어) 및 서치 포함; SMS, MMS, 및 P2P 메시지 기반 광고는 제외; 타블렛 광고지출 포함.

출처: eMarketer, 2017년 9월.

〈그림 4-40〉 2016-2021 모바일 및 디지털 광고비 지출*

의 부재와 더불어 시스템 안전성이 부족하기 때문이라는 의견이 제기된다. 페이스북 아시아태평양 브랜드/이커머스 마케팅의 레이놀드 디실바(Reynold D'Silva)는 온라인 결제와 배송의 보안이 미비하기 때문에, 아세안 지역 전자 상거래 구매자 및 판매자 모두에게 신뢰성이 주요한 문제가 되고 있다고 지적한다. 따라서 쇼핑객들은 라이브 채팅과 일대일 의사소통을 가능케하는 메시지앱이 있으면 안심하게 된다. 매달 페이스북 메신저에서 사람들과 기업 사이의 메시지 건수가 10억이 넘는다고 한다. 동남아 페이스북 이용자 가운데 52% 이상이 최소한 하나의 외국 비즈니스와 연결되어 있으며, 소셜 미디어가 해외 직구/역직구 구매활동(cross-border purchase)을 촉진시키고 있다고 설명한다.[59] 그러나 보안과 소통의 문제는 이제 아세안에서도 일부 지역에 국한된다. 인도네시아의 토코페디아를 비롯

59 WARC "Social commerce drives conversions in SE Asia" (2017.06.19)

여러 로컬 이커머스 기업들이 자체 시스템을 충분히 안정시켰고 전자지갑 등 디지털 지급결제가 확산되었기 때문이다.

소셜 미디어는 이제 콘텐츠와 광고, 마켓플레이스가 연결된 새로운 형태의 비즈니스 모델, 미디어커머스와 콘텐츠커머스, V커머스로 이어지고 있다. 아세안 지역에서 기업의 마케팅 성패는 페이스북과 유튜브, 인스타그램과 스냅챕, 라인 등에서 얼마나 이용자들의 흥미와 관심을 유발하는가에 달려있다고 해도 과언이 아니다. 물론 아세안 유저들을 끌어들이는 또 다른 새로운 플랫폼이 등장하기 전까지 말이다.

CASE 9 LINE

태국에서 국민 메신저라 부르는 것은 라인(LINE)이다. 전체 모바일 이용자의 70~80%가 라인을 쓰는 것으로 알려져 있다. 단순한 메신저 기능만을 내세운 라인은 일본에서 성공을 거둔 후 2014년 태국에서 서비스를 시작했다. 최초 런칭부터 800만명 이상이 다운로드하며 뜨거운 반응을 얻었다. 초기 반응이 꾸준히 이어지고 이용자가 늘어난 데에는 단순하고 간편한 사용법과 라인만의 스티커와 캐릭터의 인기 덕분이다. 라인은 앱을 처음부터 모바일용으로 개발했으며, 디자이너가 주도적으로 서비스를 디자인함으로써 쉽고, 직관적인 사용자환경이 만들어졌다는 평가를 받는다. 그리고 동남아에서 많이 사용되는 왓츠앱의 경우 이모티콘이 거의 없는데다, 한국 드라마에서 노출되는 다양한 메신저 스티커에 태

〈그림4-41〉 LINE 이미지

〈표 4-10〉 메신저 플랫폼 비교

특징	라인	왓츠앱	페이스북 메신저	위챗	카카오톡	비톡
문자 채팅	O	O	O	O	O	O
영상 통화	O	O	O	O	O	X
오디오 채팅	O	O	O	O	O	O
근처 친구찾기	X	X	X	O	X	O
스티커	O	X	O	O	O	O
게임	O	X	X	O	O	O
공식 계정	O	X	X	O	O	X
협찬 스티커	O	X	X	O	O	X

국인들이 빠져든 것이다. 여기에 사진 수정/보정을 해주는 '라인 브러시', 사진을 꾸미기와 공유 서비스 '라인 카메라', '라인 카드' 등 다양한 부가서비스가 추가되었다. 유료 서비스인 스티커와 부가서비스가 폭발적인 인기를 얻으면서 라인의 수익성도 높아졌다. 메신저 이용자수는 더욱 늘어났고, 라인은 태국의 필수 플랫폼으로 진화했다.

그렇지만 태국라인은 일본에서 성공한 전략을 재활용하지는 않았다. 철저한 태국문화를 이해하고 플랫폼에 담아가겠다는 '컬쳐럴라이제이션(culturalization)'을 내세웠다. 이러한 전략은 신중호 라인 최고글로벌책임자(CGO)의 발언에서도 드러난다. 그는 "본사에서 '글로벌화, 로컬화에 대한 스탠다드를 만들테니 따라오라'하면 통하지 않는다"며 "해외에서 성공하려면 현지 법인이 주도해서 사업을 이끌어야 하며 문화화의 핵심은 현지에서 직접 비즈니스를 주도해야 한다"는 것을 강조했다. '라인맨' 서비스가 대표적이다. 길거리 음식을 즐기지만, 배달이 어려운 태국 시장의 특성을 파악해서 내놓은 서비스이다. 현지 기업들과의 파트너쉽도 활발하게 진행되었다.

현재 라인은 뉴스 서비스와 '라인 페이', '라인 TV', '라인 쇼핑', '라인 택시'에서 만화와 뮤직까지 그야말로 손안의 스마트 포털로 자리잡았다. 메신저로 시작해 국민생활형 플랫폼으로 발전한 경우로는 거의 유일한 사례이다. 이용자들은 라인과 네이버의 연관성을 인식하지 못한다. 당연히 일본기업으로 인식하고 있다.

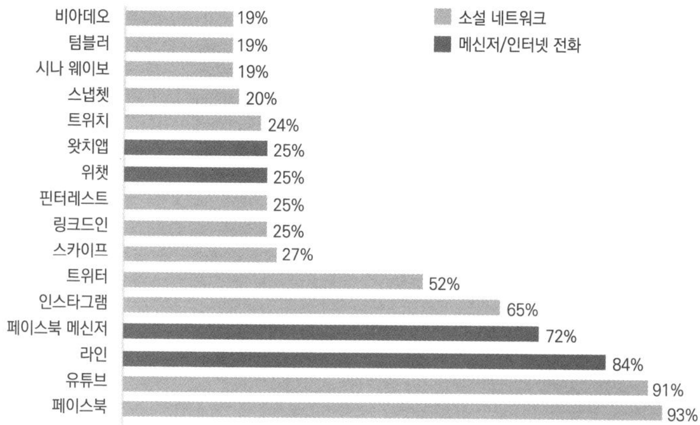

출처: We Are Social, Hootsuite, 'Digital 2019 – Thailand

〈그림 4-42〉 태국의 소셜 미디어 플랫폼 현황

③ 소셜 미디어의 새로운 활용법

많은 이들이 구글과 소셜 미디어를 애용하지만 베트남과 미얀마, 캄보디아 심지어 태국이나 말레이시아도 검열이 존재한다. 종교적인 이유와 정치적인 이유가 대부분이다. 한국의 카카오톡의 그룹 채팅이 가짜 뉴스를 퍼뜨리는 통로가 된다면, 동남아에서는 신문에 절대 나오지 않는 정치 뉴스와 뒷이야기가 퍼지는 통로가 된다. 한국에서는 보이스 메시지 기능(녹음해서 전송되는 형태)를 잘 사용하지 않지만, 동남아에서는 많이 사용된다. 중국어를 타이핑하기 곤란하거나, 운전 중에는 이 방법이 훨씬 편리하기 때문이다. 유튜브는 TV채널과 잡지를 대체하는 것 그 이상이다.

동남아에서도 구글이 검색엔진으로 많이 사용되고, 가장 많이 방문하는 웹사이트에 올라와 있다. 그렇지만 축적된 정보량 자체가 많지 않은 캄보디아나 라오스, 미얀마의 경우 소셜 미디어가 구글 대용으로 사용되기도 한다. 가장 많이 사용되는 소셜 미디어인 페이스북이 검색엔진도 되고 상품을 거래하는 마켓플레이스로도 사용된다. 심지어는 신용평가를 페이스북 등의 소셜 미디어나 SNS활동을 보고 평가하기도 한다. 바로 크레디보(Kredivo)가 소셜 미디어를 이용하는 방식이다.

CASE 10 크레디보(Kredivo)

아세안에서 가장 큰 이커머스 시장을 차지하는 인도네시아이지만, 배송문제와 더불어 낮은 신용카드 보급율은 소비자들의 구매행위에 큰 걸림돌로 작용해왔다. 전체 중산층 가운데 10%에 해당하는 700만 명만이 신용카드를 보유하고 있을 뿐이며, 신용카드를 신청하더라도 발급까지 걸리는 시간이 수 개월인데다가, 신용할부 이자율과 수수료가 너무 높다. 특히 이커머스의 주요 이용자들인 젊은 소비자들은 구매하고 싶은 상품이 있어도 신용카드가 없어서 구매를 주저하거나, 할부로 살 수 없는 등 쇼핑에 제약이 따른다. 이들의 필요를 파악하고 그에 맞는 위한 솔루션을 제공하는 핀테크기업이 바로 핀악셀이다.

2015년 12월 악샤이 가르그(Akshy Garg)와 우망 루스타기(Umang Rustagi), 앨리 탄(Alie Tan)은 동남아 밀레니얼 세대를 위한 디지털 카드를 만들겠다는 목표로 핀악셀(FinAccel)을 설립하였다. 핀악셀은 2016년 스마트폰만 있으면 누구나 신용으로 이커머스를 이용할 수 있는 신용대출서비스 크레디보를 선보였다. 크레디보는 시장에 나오자마자 인기를 끌었다. 신용대출이 필요한 사람은 시장에 너무나 많았고, 간편한 절차, 낮은 이자율, 그리고 빠른 진행속도는 다른 어떤 금융서비스 보다 크레디보를 경쟁력있는 서비스로 만들었다.

현재 크레디보는 부칼라팍(Bukalapak), 라자다(Lazada), 쇼피(Shopee), 블리블리(Blibli)와 징동 인도네시아(JD.id) 등 상위 9개 거대 이커머스 기업을 비롯 총 250개 업체와 제휴를 맺고 있으며, 인도네시아 상위 10개 금융앱에 올라가 있다. 이커머스를 통해 상품을 구매하는 소비자에게 몇 가지 지불 방식을 제

〈그림 4-43〉 크레디보 이용방법 및 제휴 파트너사

시하고, 소비자는 이 가운데 원하는 방식을 선택할 수 있다. 소비자가 상품구매 대금을 30일 이내 지불할 경우에는 이자가 없으며 3개월에서 12개월까지 납부 기간을 설정할 수 있다. 상품구매일부터 30일이 지난 후 납부할 경우에는 이자가 부과되는데, 1개월당 2.95%가 부과된다. 인도네시아의 은행대출 이자율이 6%가 훨씬 넘는데다 한국의 할부 수수료율이 10% 안팎인 점을 고려하면 무조건 높다고 생각할 수준은 아니다.

그런데 신용카드가 없는 이용자를 어떻게 신뢰하고 구매금액을 대납할 수 있을까? 크레디보는 다양한 데이터를 확보해 이를 바탕으로 자체신용평가 플랫폼을 구축해 리스크 관리를 하고 있다. 모바일폰 이용 내역과 쇼핑 사이트 접근 채널 및 시간대, 은행 계정 연계 그리고 소셜 미디어 활동 내역 등을 이용해 신용등급을 매긴다. 인도네시아 신용카드 보유자 수가 적다는 특성과 소비자의 구매욕

〈그림 4-44〉 핀악셀 설립자 (왼쪽부터) *Umang Rustagi (COO), Akshay Garg (CEO) and Alie Tan (head of product engineering)*

구, 이커머스 업체의 결제시스템 사이의 틈을 메워주는 혁신을 크레디보가 구현한 것이다. 투자자들도 일찍이 크레디보의 성장 가능성에 주목하였다. 2016년 창업 초기부터 500 스타트업 등 4개 기관으로부터 투자를 받았으며, 이후 시리즈 A, B를 거치며 여러 벤처 캐피탈로부터 3천만 달러 이상 펀딩을 받았다.

인도네시아의 이커머스가 빠르게 성장하는 만큼 크레디보도 빠르게 커지고 있다. 설립 2년도 채 안되는 2018년 상반기 총거래액 (Gross Merchandise Value)은 5배 이상 늘었다. 2019년 1사분기 기준으로 1일 신용거래 신청자가 5천 건이 넘고 있으며, 다음 분기에는 두 배가 될 것으로 예상하고 있다. 5천 건 가운데 평균 삼분의 일이 신용대출 승인을 받는다. 특히 월별 거래액의 80%가 50만 명의 충성스러운 고객에 의해 만들어지고 있는데, 이는 신용도가 높은 고객이 지속적으로 크레디보를 이용해 상품구매를 하는 것을 편리하게 여기고 이 방법을 선호하기 때문이다. 부실채권은 3%로 은행의 5%보다도 낮은 수준을 유지하고 있다.

2019년 크레디보는 여행 등 사업부문 확대, 오프라인 확장 그리고 해외진출을 준비하고 있다. 가장 먼저 필리핀을 향하고 있으며, 태국과 베트남에 진출할 계획을 갖고 있다. P2P나 마이크로 파이낸싱 등의 분야에서 신용평가가 가장 핵심적인 요소인데, 핀악셀은 AI와 머신 러닝 기술을 도입해 고객의 신용점수를 부과하고 승인과정을 불과 몇 분에서 몇 시간 안에 마칠 수 있는 기술을 사용해왔다. 축적된 데이터와 노하우가 필리핀을 비롯한 신용카드 보유율이 낮은 시장에 충분히 접목 가능하리라 예상된다.

6) 유아/교육

아세안 내 유아 및 어린이를 위한 시장은 양적 그리고 질적으로 모두 가파르게 성장하는 추세이다. 먼저 유아 인구 규모가 크다. 2018년 기준으로도 중국과 인도에 이어 세계에서 세 번째로 인구가 많은 지역인데다, 유아 인구규모는 2017년 기준 약 5천 6백만 명으로 세계 3위이다. 세계 유아 인구의 8.5%가 아세안 지역에 있는 셈이다. 특히 인도네시아에만 대략 2천 4백만 명의 유아 인구가 있다. 아세안 2018년 평균 인구증가율은 약 1.2%이고, 합계출산율[60]이 2.1명으로 추정된다. 전 세계 평균인 2.4명보다는 다소 낮은 수치로 보이지만, 한국의 2018년 합계출산율이 1명도 채 안되는 0.98명과 비교하면 결코 적은 수가 아니다. 더군다나 젊은 층 인구 비율이 높은 점을 감안하면, 당분간 유아 인구 수가 급격하게 줄어들기는 어렵다. 젊은이들 가운데 대다수는 결혼을 할 것이고, 아이를 낳을 확률이 높다.

지역내 거주민의 소득수준의 향상과 중산층의 증가가 유아용품 시장과 교육 지출을 확대시키고 있다. 이러한 추세는 당분간 계속 유지될 것으로 보이며, 관련기업들의 진출도 활발하게 진행되고 있다.

① 프리미엄 그리고 친환경

유로모니터 자료에 따르면, 2016년 아세안 유아용품 시장규모는 6억 7천만 달러로 전년대비 7.3% 성장했다. 향후 유아용품 시장은 매년 9.1% 성장을 거듭해 2020년까지 8.9억 달러에 달할 전망이다. 가장 많은 유아

---

60 합계출산율(Total Fertility Rate)은 가임여성(15~49세) 1명이 평생 동안 낳을 것으로 예상되는 평균 출생아 수를 나타낸 지표이며, 연령별 출산율의 총합이다. 합계출산율이 높을수록 한 여성이 출생하는 자녀수가 많다는 의미이다.

〈표 4-11〉 아세안 국가별 인구증가율과 출산율

국가	인구 (백만 명, 2017)	인구증가율 (%, 2017)	5세미만 인구 (천 명, 2017)	합계출산률 (2018 추정치)	출생률 (천 명당)
브루나이	0.42	1.00	29	1.77	17
캄보디아	16.0	1.70	1,652	2.47	23
인도네시아	262.0	1.20	23,824	2.08	16.2
라오스	6.7	2.00	709	2.65	23.6
말레이시아	32.1	1.30	2,621	2.48	19.1
미얀마	52.6	0.90	4,976	2.21	17.3
필리핀	105.3	1.60	11,402	2.91	23.7
싱가포르	5.6	0.10	188	0.84	8.6
태국	69.1	0.30	3,781	1.68	11
베트남	93.6	1.10	6,912	1.79	15.5
아세안	643.5	1.20	56,093	2.088	17.5

인구를 보유한 인도네시아의 시장규모는 2억 2천만 달러로, 역내 가장 큰 시장을 형성하고 있다. 향후 성장률도 연평균 13%로 매우 높을 것으로 예상된다. 그 다음으로 필리핀과 태국이 2위, 3위의 시장규모를 보유하고 있다. 베트남은 현재 그 시장규모가 5억 6천만 달러에 머무르고 있지만, 성장 속도는 가장 빠르다. 2011년부터 연평균 15.2%씩 성장해 2020년에는 말레이시아와 같은 수준에 달할 것으로 보인다.

시장자체 규모의 확대와 더불어 주목할 부분은 브랜드 상품이나 프리미엄 제품에 대한 선호도가 크게 증가하고 있다는 점이다. 특히 소득이 늘어난 데 비해 가족당 자녀수가 이전 세대보다 줄어들었다. 출산율이 여전히 2~3%대를 유지하지만 지속적으로 하락하는 추세이다. 젊은 부모들은 한 두 명의 자녀들을 위해 아낌없이 지갑을 연다. 가격이 비싸더라도, 믿을 만한 브랜드나 안전한 제품을 선택한다. 예를 들면 화학성분이 적은 기저

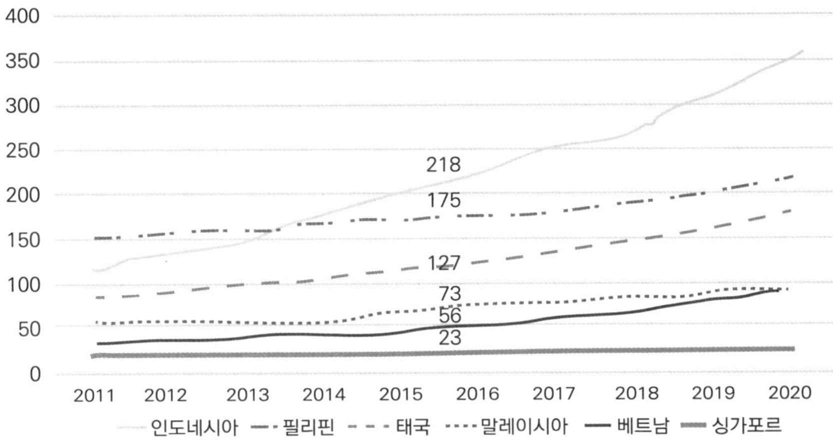

출처: Euromonitor

〈그림 4-45〉 아세안 주요국가의 유아용품 시장 규모 동향 (단위: 백만 달러)

귀나 천연성분의 유아용 샴푸 등을 찾아서 쓴다. 이러한 소비행태는 한국과 크게 다르지 않다. 대형 슈퍼마켓마다 친환경 코너가 있고, 유럽과 일본, 호주 등지에서 수입된 다양한 브랜드의 유아용품과 친환경/유기농 상품이 즐비하다. 주거밀집지역에는 젊은 부모들이 찾는 유기농 전문 상점이나 수입유아용품 매장이 발견된다. 게다가 온라인으로 세계 각국의 착한 상품, 유기농 제품을 찾아볼 수 있기 때문에, 중산층을 중심으로 하는 이러한 트렌드는 더 강화되는 추세이다.

이러한 유아 시장의 양적, 질적 성장에 대해 엄마들이 즐겨 찾는 쇼핑몰부터 빠르게 대응하고 있다. 아세안 지역의 대형 쇼핑몰이나 지역의 크고 작은 쇼핑센터에서는 아예 한 층을 유아와 어린이를 위한 공간으로 사용하기도 한다. 한국의 백화점이나 대형 마트의 공간배치와 비슷한 구조이다. 여기에는 여러 수입 프리미엄 브랜드의 제품을 파는 유아용품 전용 매장이

〈표 4-12〉 국가별 상위 5개 브랜드

순위	인도네시아			필리핀			태국		
	브랜드명	국가명	비중(%)	브랜드명	국가명	비중(%)	브랜드명	국가명	비중(%)
1	Mitu	인도네시아	22.8	Johnson's	미국	54.4	Johnson's	미국	47.0
2	Cussons	영국	21.5	Baby care plus	미국	8.7	Care	미국	12.5
3	Zwitsal	네덜란드	13.9	Lewis & Pearl	필리핀	5.9	Babi Mild	태국	9.5
4	Johnson's	미국	12.5	Eskulin	인도네시아	3.9	Mamy Poko	일본	6.3
5	Mamy Poko	일본	8.2	Tender Care	미국	3.2	Cussons	영국	3.0

순위	말레이시아			베트남			싱가포르		
	브랜드명	국가명	비중(%)	브랜드명	국가명	비중(%)	브랜드명	국가명	비중(%)
1	Johnson's	미국	59.4	Johnson's	미국	55.2	Johnson's	미국	51.5
2	Pureen	미국	13.5	Pureen	미국	6.8	Pigeon	일본	14.8
3	Carrie	말레이시아	5.8	Bübchen	독일	6.8	Kodomo	일본	5.0
4	Anakku	말레이시아	4.6	Pigeon	일본	6.8	Sebamed	독일	3.3
5	Sebamed	독일	2.4	D-nee	태국	2.2	Tollyjoy	싱가포르	2.4

곳곳에 자리잡고 있으며, 키즈 카페와 놀이터 등이 마련되어 있다.

② 유아용 교육서비스와 콘텐츠

유아용품 뿐만 아니라 자녀 교육에 대한 열망도 점차 커지고 있다. 아시아 전체로 보면, 교육인구에 비해 교육시장의 비중이 상대적으로 낮기 때문에 이 시장의 성장 잠재력이 높다고 할 수 있다. 특히 필리핀과 인도네시아, 베트남 등에서 민간 교육시장에 대한 양적 및 질적 수요는 지속적으로 높아질 것으로 기대된다. 그러나 전체 교육기관과 방식은 연령별로 차이가 크기 때문에 모든 단계별 시장이 동시에 같은 속도로 성장할 것으로 예상하기는 어렵다.

〈그림 4-46〉 말레이시아 쇼핑몰에 자리잡은 유아용품점, 키즈카페 및 교육

인구분포상 유아에서 초등교육까지의 인구가 많은 동남아 국가들에서 가처분 소득이 증가한 만큼 더 나은 교육서비스와 콘텐츠에 대한 수요는 확실히 증가하고 있는 것으로 보인다. 차별화된 교육서비스에 대한 요구는 사립유치원 및 프리스쿨(pre-school) 등 민간 교육기관의 증가에서 잘 드러난다. 아세안 대도시마다 몬테소리 유치원이나 인터내셔널 프리스쿨을 찾아볼 수 있다. 또한 한국처럼 다양한 유아/어린이 학원도 속속 등장하고 있다. 학습지에서부터 방문 영어 프로그램, 예체능 학원까지 더 나은 교육 기회를 주기 위해 부모들이 찾아 나서고 있다. 이러한 흐름은 싱가포르와 태국, 말레이시아에서는 널리 퍼져있으며, 다른 국가에서도 소득 상위계층에서 점차 중산층으로 확산되어 갈 것으로 보인다. 그러나 여전히 일부 국

〈표 4-13〉 태국의 교육관련 인기 무료앱

앱 로고	앱 명칭	회사명	분야
	Thai Handwriting	Montri Ngamakha rakul	태국 자모음 쓰기 학습
	Kanit Kitreu por1-por6	Infinity App	게임기반 수학학습
	KoKai Fwukanthai	Sbay IT App	게임기반 태국 자모음 학습
	EchoEnglish	XeerSoft	영어 학습
	Nithan	Hautangmo Group	태국어, 영어 동화 학습

출처: Mobileaction (2017) Best Education App in Thailand, 코트라 해외시장 동향에서 재인용

가들에서는 도시와 지방간 인프라 차이가 크고 소득수준도 차이가 있기 때문에, 이러한 현상은 대도시 위주로 나타날 수밖에 없다.

반면에 유아 및 아동용 모바일 콘텐츠와 외국어 학습은 국가별, 지역별 차이가 없이 인기를 얻고 있다. 스마트폰과 인터넷만 연결되면 접근성에 차이가 없기 때문이다. 스마트스터디가 내놓은 핑크퐁의 성공이 이를 잘 보여주고 있다. 핑크퐁은 편당 1~5분으로 구성된 유아동(만 1~5세) 대상 동요·동화 영상 콘텐츠이다. 한국 뿐만 아니라 전 세계 1억 5천만 어린이가

열광하는 글로벌 인기 유아용 콘텐츠로, 아세안 전역에서도 폭발적인 인기를 얻고 있다.

일본의 교육기업들은 이미 자국내 저출산에 대응하고자 커지는 동남아 시장을 주목해왔다. 성공사례로 구몬을 들 수 있다. 구몬은 1954년 설립된 수학학습지 교육학원으로 1998년에 태국에 진출했다. 2017년 기준으로 태국 전역에 452개의 교습소를 운영하고 있으며, 등록학생 수가 10만 명을 넘어선다. 한국에서와 마찬가지로, 교사로부터 일대일 첨삭지도를 받을 수 있다는 장점으로 인기를 끌고 있다. 최근 베넷세(Benesse) 홀딩스도 2018년 동남아시아 유아용 통신(원격)교육 사업을 시작할 예정이라고 밝힌 바 있다. 베넷세는 인도네시아를 시작으로 필리핀, 말레이시아 시장 진출을 노리고 있다.

퀴퍼 필리핀(Quipper Philippines)은 정부와 이러닝 기업사이의 모범적인 파트너쉽 성공사례이다. 퀴퍼는 영국에 본사를 둔 글로벌 이러닝 교육기업으로, 2014년 필리핀 교육부와 파트너쉽을 시작했다. 퀴퍼 스쿨(Quipper School)이라는 온라인 플랫폼을 통해 유치원부터 12학년까지 맞춤형 커리큘럼을 제공한다. 2017년 기준으로 1,400개의 필리핀 학교가 이 플랫폼을 사용 중이며, 100만 명의 학생과 5만 명의 교사가 이 플랫폼에 등록되어 있다. 교사를 위해서는 수업관리 및 학생성과 분석 툴을 제공하고, 학생에게는 최고 강사의 교육비디오를 무제한 접근을 허용하고 있다. 이러닝 및 스마트 러닝 분야의 여러 한국기업들이 동남아 진출을 타진하고 있다. 진입전략에 퀴퍼 필리핀의 사례는 많은 시사점을 주고 있다.

CASE 11 핑크퐁

K-pop을 뛰어넘는 글로벌 스타에 BTS가 있다면 어린이들 세계의 글로벌 스타는 단연 핑크퐁이다. 유아 자녀가 있는 집안에서는 누구나 들어봤을 상어송의 주인공 핑크퐁은 한국의 스타트업 스마트스터디가 만들어낸 애니메이션 캐릭터 스타이다. 상어송은 빌보드 싱글차트와 영국 싱글차트 6위에 오르는 등 동요로는 상상하기 어려운 기록을 거두고 있다. 한국의 아이돌 뿐만 아니라 배우 아만다 써니, 제임스 코든쇼와 렐렌 드려너러스 쇼 등에서도 상어송을 따라 부르거나 상어가족을 패러디하는 모습이 전 세계로 퍼져 나갔다. 전 세계에서 셀럽을 따라하는 베이비 샤크 챌린지가 이어지면서 핑크퐁은 그야말로 글로벌 유아 대중문화라는 새로운 장르를 건설했다.

스마트스터디는 2010년 6월 모바일 콘텐츠 기반 스타트업으로 출발했다. '노래하고 율동하는' 컨셉의 동영상 기반 유아교육 콘텐츠 선보이며 모바일 교육 시장에 진출했다. 스마트스터디의 대표 콘텐츠 핑크퐁은 편당 1~5분으로 구성된 유아동(만 1~5세) 대상 동요·동화 영상 콘텐츠로 한국뿐만 아니라 전 세계 1억 5천만 어린이가 열광하는 글로벌 인기 유아용 콘텐츠로 자리잡았다. 전 세계 164개국의 앱스토어에 약 125종의 핑크퐁 모바일 앱 시리즈가 출시되어 있으며, 2017년말 기준으로 전 세계적으로는 1억 5천만 다운로드를 기록했다. 1.5초마다 1번씩 다운로드된 셈이다. 미국과 영국, 중국 등 112개국에서 교육 카테고리 매출 1위를 차지하고 있다. 유튜브 누적 조회수는 89억 건, 약 1,380만 명의 구독자를 보유하고 있다. 2018년 8월에는 영어채널 구독자만 천만 명을 돌파하는 신기록을 세웠다. 핑크퐁 열풍은 동남아에서도 예외가 아니다. 쿠알라룸

〈그림 4-47〉 핑크퐁

유튜브 뷰	130억 +
유튜브구독자 수	22백만명 +
앱 다운로드 수	2억 +
동영상	4,000+
언어	10

<James Corden, Sophie Turner & Josh Groban>
9/26/2018

〈그림 4-48〉 국경 없는 플랫폼 기반 글로벌 성장

푸르나 자카르타 등지에서 열린 핑크퐁 행사장엔 연일 구름 같은 인파가 몰려들었다. 행사 이전에 이 지역에서 단한번도 공식 런칭이나 프로모션을 하지 않았지만, 유튜브를 타고 노래를 접한 아이와 부모들은 눈앞에 나온 캐릭터 인형에 열광했다.

핑크퐁의 성공은 유아를 타겟으로한 독창적 콘텐츠 기획력과 모바일 기술력, 그리고 철저한 글로벌 전략에서 비롯되었다. 먼저 콘텐츠의 내용을 보면 아이들이 좋아하는 다채로운 색상과 톡톡 튀는 영상 및 노래에 알파벳, 숫자, 구구단, 공룡 등 교육적인 요소가 더해져서 아이와 부모를 동시에 사로잡았을 수 있었다. 두 번째는 기본적으로 모바일 기반으로 서비스를 제공했기에, 빠른 성장을 이룰 수 있었다. 언제 어디서라도 스마트폰만 있다면, 아이들이 핑크퐁과 함께 시간을 보낼 수 있다. 세 번째, 스마트스터디는 콘텐츠 개발단계에서부터 해외 시장을 겨냥해 다국어로 개발되었으며, 문화적 거부감을 불러일으킬 수 있는 모든 요소를 배제하였다. 현재 한국어를 비롯해 영어, 일본어, 중국어, 스페인어, 러시아어, 태국어 등 10개 언어로 4,000여 편의 동영상을 볼 수 있다.

유아/어린이용 콘텐츠는 반복적으로 청취한다는 특성, 그리고 한번 자리잡은 캐릭터는 오랫동안 인기가 지속된다는 점에서 성인용과 차별화된다. 핑크퐁 사운드북은 도서출판시장에서도 큰 성공을 거두고 있고, 핑크퐁 키즈뮤지컬 또한 인기리에 글로벌 투어가 진행되고 있다. 전 세계 1억 5천만 명의 팬이 쉽게 사라지지 않고, 지속적으로 출시되는 콘텐츠와 캐릭터 연관상품들을 판매가 가능하다는 점에서 스마트스터디의 향후 전망은 더 밝다고 볼 수 있다.

7) 헬스케어

높은 경제성장률에도 불구하고 아세안에서 가장 발전이 더딘 분야가 있다면 바로 의료/헬스케어이다. 아세안의 GDP 대비 건강/보건 관련 지출은 1995년 2.9%에서 2016년 4.5%로 꾸준히 증가세를 보여주고 있지만, 만족할 만한 수준에 도달했다고 보기는 어렵다.[61] 싱가포르를 제외하면 아세안 지역에 사는 사람들의 상당수가 충분한 의료혜택을 받지 못하거나, 원하는 수준의 의료서비스를 받기 어려운 상태에 놓여있다. 그런 만큼 산업의 성장 기회가 크다고도 볼 수 있다.

먼저 수요측면에서 보면, 필수적인 혹은 그 이상의 헬스케어를 필요로 하는 이들은 아세안 전역에서 증가하고 있다. 가장 큰 이유는 소득 증가이다. 〈그림 4-49〉는 1인당 GDP와 헬스케어 지출 증가율 상관관계를 보여주고 있다. 게다가 2020년까지 전망치를 보면, 아세안 국가들이 중국보다 더 높은 성장률을 보여줄 것으로 예상하고 있다.

---

61 ASEAN Secretariat, "1967-2017 Celebrating 50 years of Evolution and Progress: A statistical Publication",

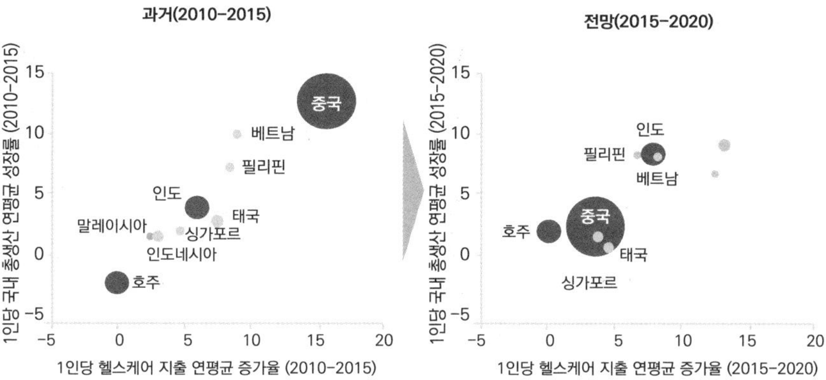

출처: Zafar Momin, "Posed for Growth: Prospects for Southeast Asia's Private Healthcare Provides", L.E.K. Consulting/Executive Insights (Volume XVIII, Issue 34). CIMB ASEAN Research Institute "AEC Blueprint 2025 Analysis: An Analysis of The ASEAN Cooperation in Healthcare"(Vol 1, Paper 23, 2017년 5월15일)에서 재인용.

〈그림 4-49〉 1인당 GDP 및 헬스케어 지출 증가율 2010-2020

두 번째, 평균연령이 낮기는 하지만, 평균수명은 길어지고 있으며 노령인구가 증가하고 있기 때문이다. 1960년대 이래로 아세안 기대수명은 꾸준히 향상되어 50년만에 50대에서 70대로 올라섰다. 이러한 추세대로라면 2035년에는 80세에 다다르게 될 것으로 예상된다. 기대수명이 늘어나는 만큼 고령인구도 급속히 증가할 것이다. 65세 이상의 고령인구는 2016년에는 약 4천만 명이지만 2050년에는 1억 2천 3백만 명으로 전체 인구의 15%를 차지할 것으로 예상된다. 이미 고령화 사회에 진입한 싱가포르는 2035년에는 고령인구가 30%를 넘게 될 것이며 아세안의 다른 6개 국가에서도 그 비중이 10%를 넘어설 것으로 예상된다. 급속한 인구고령화를 겪고 있는 한국의 경우 2010년에 10.7%, 2030년에 23%에 달할 것으로 전망된다. 20%가 넘는 경우 초고령사회로 간주한다. 베트남을 비롯해 인도네시아, 미안마, 캄보디아, 필리핀 등의 노인인구 비중은 2017년 기준으로 10%에 한참 못 미친다. 이 점을 감안하면 아세안 역시 노인인구가 급속

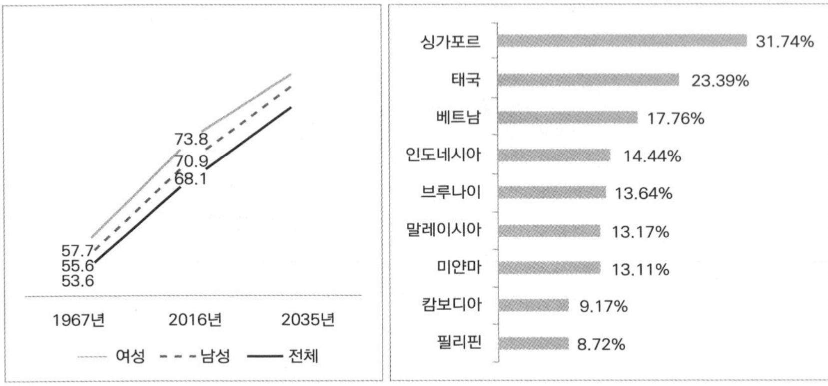

출처: ASEAN Secretariat, "1967-2017 Celebrating 50 years of Evolution and Progress: A statistical Publication", Statista.

〈그림 4-50〉 아세안 기대수명 및 2035년 노령인구 비중

하게 증가하고 있다고 볼 수 있다.

또 다른 요인은 당뇨병이나 암과 같은 비전염성 질병의 발병비율의 상승이다. 세계보건기구에 따르면 이 지역에서 비전염성 질병으로 매년 850만 명이 사망하는 것으로 추정되고 있으며 이는 전체 사명자의 62%에 해당한다. 850만 명 가운데 70세 이하가 48%나 된다. 성인병의 증가는 식습관과 생활습관 등도 영향을 미치지만, 과거에 비해 빈곤율이 현저히 낮아진데다 소득수준이 높아지면서 발병여부를 확인할 수 있는 가능성이 높아진 것도 하나의 원인이다. 치료비 부담 능력도 높아졌다. 여기에 정부의 인프라 개선 이 더해지면서 헬스케어 수요를 지탱해줄 것으로 예상된다.

① 의료기관의 증가와 의료기기 수요 확대

아시아 개발은행(ADB)에 따르면 2030년까지 아세안 지역의 중산층은 전체인구의 65%에 달할 전망이다. 그리고 앞서 밝힌 대로 2050년까지 65

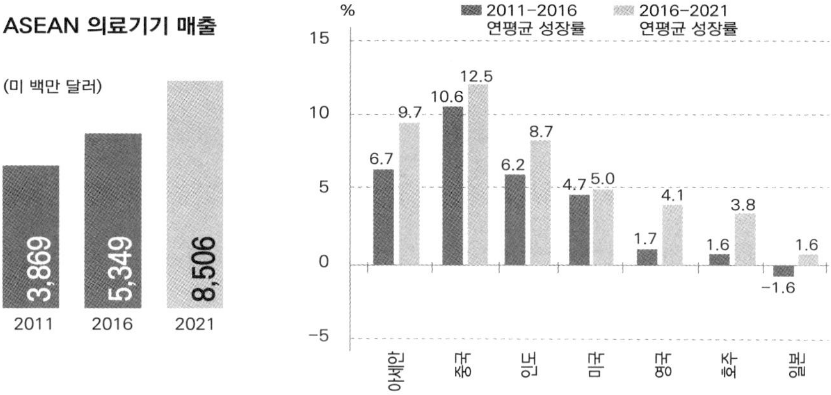

아세안: 인도네시아, 말레이시아, 필리핀, 싱가포르, 태국, 베트남 등 6개 국가의 데이터만 포함
출처: BMI Research, ASEAN Post (2018. 8.3) "ASEAN's growing demand for medical devices"에서 재인용

〈그림 4-51〉 아세안 의료기기 시장

세 이상 인구 비중이 빠르게 늘어날 것으로 예상된다. 소득증가와 노령화, 도시화는 사람들이 더 나은 의료서비스를 받고 싶은 요구를 가속화시킨다. 발전된 의료서비스는 필연적으로 여러 의료기기를 필요로 한다. BMI Espicom 보고서에 따르면 아시아/태평양지역의 의료기기 시장은 2021년까지 921억 달러로 연간 6.6% 성장할 것으로 전망하고 있다.[62] 이 지역의 성장률은 중국과 인도가 이끌고 있지만, 아세안 지역도 크게 기여하고 있다. 특히 인도와 아세안 지역의 의료기기 보급율은 아직 낮은 편이나, 의료기관과 서비스 수요가 크게 늘면서 향후 시장의 성장 가능성이 높다. 2016년부터 2021년 사이 아세안 6개국의 의료기기 시장은 연간 9.7%로 과거 5년간의 성장률 6.7%를 크게 웃돌고 인도의 성장률 보다도 더 높을 것으로 예상된다.

그러나 언제나 지적되듯이, 아세안 국가별 발전정도가 다르고, 도시와

62 BMI Espicom (2017), Worldwide Medical Devices Market Forecast to 2021

농촌 사이의 격차가 큰 만큼 의료기기 종류에 따라 그 수요나 시장확대 전망도 다르게 볼 수밖에 없다. 특히 의료보장제도가 얼마나 진척되어 보험 혜택을 볼 수 있느냐도 의료서비스와 기기 수요에 큰 영향을 미친다. 아세안 전체 시장의 유사성이라면, 소모품을 제외하면 현지의료기기 기업이 거의 전무하기 때문에 진입장벽이 없고, 해외기업간 경쟁이 이루어지고 있는 점이다. 예를 들면, 베트남의 경우 2021년까지 매년 9.4% 성장하는 시장을 갖고 있지만 현재 사용중인 모든 의료기기의 90%를 수입에 의존하고 있다.

싱가포르는 예외적이다. 지적재산권 보호, 인프라, 세금면제 등 모든 면에서 우월한 위치에 있기 때문에 대부분의 의료기기 기업들은 싱가포르를 아세안 지역의 허브로 삼고 있다. 싱가포르 메드테크제조업의 부가가치는 8억 달러에 이르며, 전체 GDP의 0.6%를 차지하고 있다.

말레이시아와 태국은 대형 사립 종합병원이 여러 곳 있을 뿐만 아니라, 중소규모 의료기관들의 의료서비스 수준도 상승하고 있다. 따라서 이들을 중심으로 한 의료기기 수요가 늘어나고 있다. 말레이시아는 1인당 헬스케어 지출이 457 달러로 2005년에 비해 두 배 늘어났다. 의료기기시장은 약 19억 달러에 이르는 것으로 보고 있다. 태국은 1인당 헬스케어 지출이 360 달러이며 말레이시아와 마찬가지로 의료기기 시장이 매우 빠르게 성장하는 중이다. GDP의 2%에도 미치지 못하지만 10%까지 성장할 것으로 예상된다. 의료기기 시장규모는 11억 달러로 추정된다. 두 나라 모두 빠르게 성장하는 시장이지만, 제조/생산은 기초적인 장비에 머물러 있다. 말레이시아는 수술용 장갑이나 카테터 등 고무베이스 의료품목의 주요 생산지이고, 태국 역시 주사기와 테스트키드, 수술용 장갑과 같이 고난도 기술력

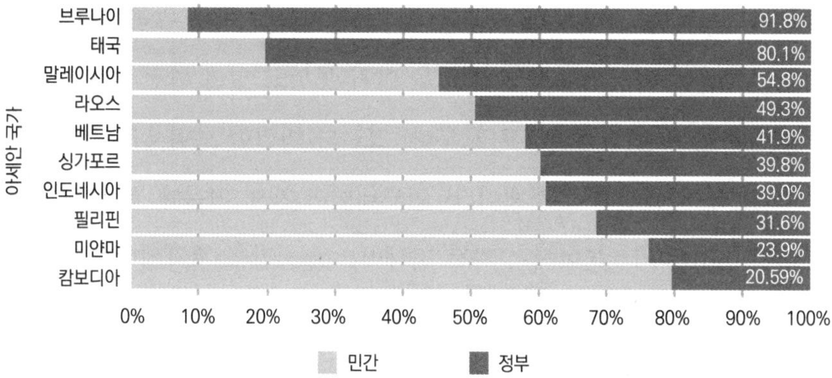

*2012년 자료

출처: World Bank, CIMB ASEAN Research Institute, 2015 "lifiting-the-Barriers Reports"에서 재인용

〈그림 4-52〉 아세안 각국의 의료비: 민간 및 정부 비용 (%)

이 크게 필요 없는 품목 생산에 집중되어 있다.

필리핀과 CLMV 국가들은 여전히 기초 의료 시스템이 부족한 상태이다. 산모와 유아사망률이 높은 상태이기에 2030년까지 이를 현저히 낮추는데 목표를 두고 있다. 인도네시아와 베트남, 필리핀 등은 보편적 의료보장 계획을 실행해 나가고 있으며, 정부지출도 꾸준히 늘려가고 있다. 그러나 수요를 감당하기에는 충분하지 못하다. 미얀마와 캄보디아는 아직 보편적 의료보장이 도입되지 않았다. 결국 민간 의료기관에 대한 의존도가 클 수밖에 없고, 상승하는 기대와 수요에 발 빠르게 맞추는 것 역시 사립의료기관이 된다. 대도시 사립 병원을 중심으로는 첨단 의료장비 및 기기 수요가 있겠으나, 대체로는 초음파기기와 같은 기본적인 진단 장비 수요가 증가할 것으로 예상된다.

가장 큰 시장을 보유한 인도네시아는 전국민건강보험을 추진 중에 있다. 건강보험이 확대되면 보다 많은 근로자들과 저소득층이 의료혜택을 받을 수 있으므로 무엇보다 중요한 정책목표이다.[63] 물론 많은 비공식 부문 종사자들이 아직까지 보험 혜택을 받지 못하고 있어 완전히 자리잡기까지는 오랜 시간이 걸릴지도 모른다. 그러나 이러한 보험제도의 정착은 의료시장에는 긍정적인 소재이다. 인도네시아 재벌 가운데 하나인 리뽀그룹(Lippo)은 의료분야에서 가장 적극적으로 시장을 개척해나가는 중이다. 2014년에 국내 투자 확대 및 필리핀, 베트남, 미얀마 헬스케어 시장 진출을 선언했다. 리뽀그룹은 이미 인도네시아 최대 병원사업자이지만, 향후 시장확대를 예상하고 5년동안 30-50억 달러를 투자하겠다고 밝혔다. 이에 따라 자국 내 50개 종합병원 건설을 추진 중이며, 미얀마에 현재 2개의 병원이 완공, 운영되고 있다. 미얀마는 최종 20개의 병원 건설을 목표로 10억 달러를 투자할 계획이다. 그리고 싱가포르의 헬스웨이 메디컬(Healthway Medical Corporation)을 인수하고, 일본의 이토츄(Itochu)와 손을 잡았다.

의료기기 시장은 그 어떤 분야보다 까다로운 각종 규제와 규정을 준수하여야 하는 각종 비관세 장벽이 존재한다. 아세안은 2014년 의료기기에 대한 일원화된 규정으로 아세안 의료기기 통합규정(ASEAN Medical Device Directive, AMDD)을 만들어 도입했다. 이 규정은 아세안 국가에 통일된 형식의 의료기기 신청서 문안 채택, 시장에 나온 제품에 대한 감시경보 시스템 설치, 일관된 의료기기 분류 기준 제정을 각국이 채택하는 것으로, 아세안 회원 10개국이 모두 서명하였고, 서명한 국가는 2019년 말

63 2014년 통합건강보험공단(BPJS Kesehatan)을 설립하고, 2019년까지 전국민건강보장보험(Uinversal Health Coverage, UHC) 달성을 목표로 하였으나 의료비급증과 정부재원의 한계로 어려움을 겪고 있다. 2018년11월부터 8개월간 한국의 국민건강보험공단이 정책자문을 수행한다.

까지 협약 비준을 약속하여 AMDD가 2020년에 발효될 예정이다. 싱가포르와 말레이시아 두 국가는 AMDD를 적극 구현해 나가면서 공통된 용어체계, 사후시장 감시지침, 장치그룹지침을 포함해 AMDD의 추가 구현 작업을 주도하고 있는 중이다. 반면 다른 8개 국가는 그에 비해 수행도가 아직 낮은 편이다.

② 의료관광

의료관광은 의학적 치료 등을 이유로 다른 나라로 여행하는 것을 의미한다. 여기서 치료는 보다 넓은 범위의 테라피 서비스까지 포함하고 있다. 미국과 독일, 영국과 같은 선진국에서는 높은 수준의 치료가 제공되지만 높은 치료비용이나 오랜 대기시간 등이 환자들로 하여금 국경을 넘게 만들었다. 베트남이나 아랍에미레이트 등의 환자들은 자국 내에서 제공되는 의료서비스가 만족스럽지 못하기 때문에 다른 나라로 이동한다. 신뢰할 만한 수준의 치료는 더 이상 선진국의 전유물은 아니다. 신흥국 의료기술과 장비수준이 크게 높아진데다 저렴하고 친절한 서비스로 보다 많은 환자들을 불러들이고 있다. 글로벌 의료관광은 환자/소비자들의 다양한 요구와 여러 공급자들의 역량강화가 맞물려 급속하게 성장하고 있다. 조사기관마다 차이가 있지만, 치료 및 관련 서비스를 모두 포함한 광의의 의료관광 산업 규모는 2016년 기준으로 4,390억 달러에 달한다. 더 나아가서 매년 15~25%씩 성장을 거듭하고 있다. 1년에 1,500만 명 이상이 의료관광에 나서고 있으며, 전 세계 인구의 3-4%가 치료를 목적으로 해외에 간다.

의료관광의 시작은 사실 태국과 싱가포르에서 탄생되었다고 볼 수 있다. 1997년 금융위기 당시 경영악화에 시달리던 병원들은 관광자원과 의

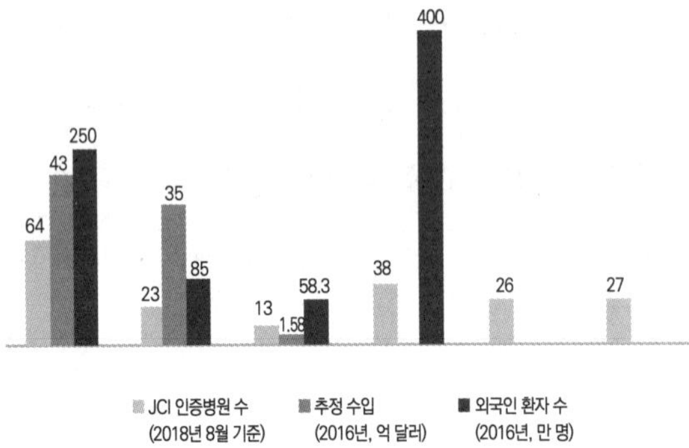

기준: 미국전문치료비용

브라질	20-30%
코스타리카	45-65%
인도	65-90%
말레이시아	65-80%
멕시코	40-65%
싱가포르	25-40%
한국	30-45%
대만	40-55%
태국	50-75%
터키	50-65%

출처: Join Commission International, Malaysia Healthcare Travel Council, Singapore Tourism Board, Tourism authority of Thailand

〈그림 4-53〉 아시아 의료관광 주요 국가 현황 및 상대적 의료비용 감소분

료서비스를 결합해 새로운 시장을 창출해냈다. 싱가포르는 물류와 금융 등 기존의 주요산업을 대체할 차세대 전략산업 가운데 하나로 의료 및 바이오 분야를 선정하였다. 여기에 말레이시아까지 가세하면서 이들 세 나라가 의료관광시장을 이끌고 있다. 헬씨 트래블 미디어(Healthy Travel Media)에서 뽑은 세계 상위 10개 의료관광지에는 이들 세 국가가 나란히 포함되어 있다. 클레멘트 월드와이드(Clements WorldWide)가 평가한 글로벌 5대 의료관광국가에서 1위를 말레이시아가, 5위는 태국이 차지했다. 메디컬 투어리즘 인덱스 (Medical Tourism Index) 2016 상위 5개 의료관광지로는 캐나다가 1위로 꼽혔고, 싱가포르가 4위에 올랐다.

이 세 나라가 의료관광의 중심지가 된 이유는 먼저 의료기술 및 서비스 수준이 선진화되었다는 점이다. 반면에 주변국가의 전문 의료수준이 높지 않기 때문에 환자들이 찾아올 수밖에 없다. 동남아 지역 내 이동 시간이 2-3시간 이내로 접근성이 높다는 것 또한 장점이다. 역내 고객뿐만 아니라 미국과 유럽 관광객들도 자국 내 의료비가 부담스러워 동남아를 찾고 있다. 미국과 비교해서 주요 시술비용이 90~60% 저렴한데다, 관광을 겸한 진료/치료를 받을 수 있다. 게다가 보험이전이 용이하고, 서비스의 질이 좋다는 것도 고객 유치에 한 몫 하고 있다. 뿐만 아니라 의료관광 담당 부처들과 병원이 관련된 정보를 상세하게 제공하도록 만든 웹사이트와 컨시어지 등은 다른 나라에서 쉽게 찾아볼 수 없을 만큼 확실히 차별화된 서비스가 강점이다.

싱가포르는 아시아 최고 수준의 의료기술과 서비스를 갖추고 있다. 외국환자들은 건강검진에서부터 심장수술이나 장기이식 등 고난도 수술을 받기 위해 싱가포르를 찾고 있다. 싱가포르 관광청에 따르면 2013년 관광객의 의료비 지출은 총 6억 1천 8백 40만 달러로 집계되었다. 선진국 수준의 의료기술을 유지, 발전시키고자 첨단 바이오의료과학 연구에 대한 투자도 계속 늘리고 있다.

태국은 동남아 의료관광의 선구자이며, 국가 전략으로 글로벌 의료관광 허브를 꿈꾸고 있다. 정부 주도적인 싱가포르와 달리, 태국은 민간병원들이 저비용, 고품질 치료에 관광을 결합한 상품을 내세워 산업을 발전시킨 것이 시발점이 되었다. JCI(Joint Commission International) 인증을 받은 범룽라드 국제병원(Bumrungrad Interntational Hospital)은 1980년에 설립되었으며, 가장 먼저 의료관광을 도입한 병원이다. 태국은 성형수술이나 불임치료, 치과치료, 안과수술 등을 받기 위해 찾아오는 환자가 많은 편이다. 특히, 성전환 수술과 알코올중독 치료센터는 세계적으로 인정받고 있다. '아시아의 스파 수도(The Spa Capital of Asia)'라도 불리는 태국은 수술 후 건강회복과 치유를 내세운다는 특징을 갖고 있다.

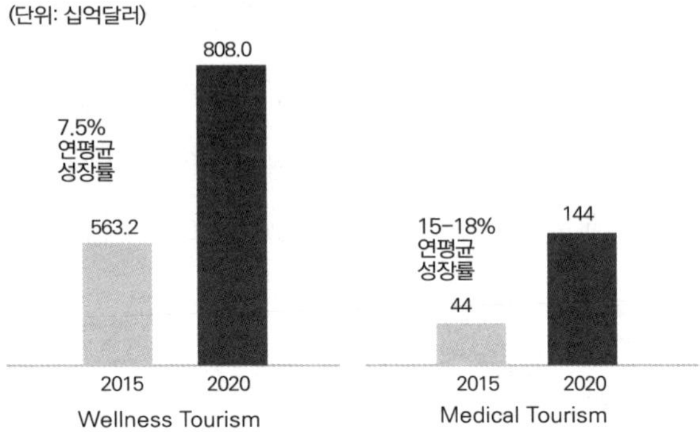

출처: Global Wellness Institute, "The Global Wellness Economy Monitor January 2017"

〈그림 4-54〉 의료관광 대비 웰니스 관광의 성장률

말레이시아는 태국과 싱가포르에 비해 출발은 늦었지만, 비용이나 서비스, 의료수준에서 상당한 경쟁력을 갖추고 있다고 평가된다. 특히 무슬림들이 말레이시아를 선호하는데 할랄음식과 모스크나 기도실이 잘 마련되어 있기 때문이다. 2017년에는 약 백만 명의 의료관광객이 다녀가면서 3억 달러 이상을 지출한 것으로 추산하고 있다.

아세안 전역의 헬스케어 서비스 수요가 증가하고, 선진국의 의료 비용도 줄어들지 않는다는 점, 고령인구의 증가와 보험의 해외적용확대 등을 고려하면 동남아를 찾아오는 의료관광객은 계속 늘어날 것으로 예상된다. 기관마다 추정치는 다르지만 의료관광 산업은 빠르게 성장할 것이라는데는 이견이 없다. 특히 동남아 지역은 2019년까지 15-19% 성장할 것으로 예상된다. 이들 세 나라의 의료서비스의 질과 의료기술, 비용 효율성 경쟁도 심화될 것이다. 이는 여러 관련산업의 전망을 밝게 하고 있다. 협소한 의미에서의 의료보다는 웰니스를 지향하는 확대된 개념의 서비스를 갖춘 다양한 의료관광상품이 나타나게 될 것이다. 그리고 무엇보다 ITC 기술과 접목된 새로운 의료서비스 도입이 가속화될 것으로 보인다.

CASE 12 IHH Healthcare

헬스케어 분야에서 주목할만한 성장을 보여주는 기업은 바로 IHH Healthcare Berhard(이하 IHH)이다. IHH는 말레이시아에 근거지를 둔 병원 그룹으로 미국의 HCA에 이어 규모로는 세계 2위에 도달했다. 현재 9개 국가의 49개의 병원과 30개의 메디컬 센터를 운영하고 있다. IHH는 원래 1970년대 설립된 말레이시아의 사립병원 판타이(Pantai)와 싱가포르의 파크웨이가 그 모태이다. 2000년대 말레이시아의 국부펀드 카자나(Khazanah Nasional Berhard)가 참여하면서 급속도로 규모를 키우게 되었다. 카자나는 헬스케어를 국가 전략적 섹터라고 판단, 아세안 및 인도와 중동을 넘나드는 포괄적 헬스케어 네트워크를 설립하겠다는 목표 아래 파크웨이 지분을 인수한다. IHH는 말레이시아와 싱가포르 내에서 꾸준히 병원을 설립하거나 인수하면서 시장점유율을 높였을 뿐만 아니라, 병원 경영에 대한 노하우와 상당한 경험을 쌓았다. IHH는 첫 번째 해외시장 공략으로 터키를 눈여겨보았다. 터키에서 4시간 비행구역 내 16억 명의 인구가 살고 있다는 위치 중요성에 의료관광, 국내 소득증가와 사립병원 수요 증가를 기대했기 때문이다.

2012년 싱가포르와 말레이시아 주식시장에 상장했다. 당시 상장을 통해 20억 달러의 자금을 조달했는데, 이는 그 해 세계 3위 규모의 IPO에 해당하는 규모였다. IHH는 터키에 이어 불가리아, 인도와 홍콩, 중국으로 진출했다. 인도는 세계에서 가장 빠른 속도로 성장하는 의료시장이다. 2024년에는 인도의 인구가 중국을 추월할 것으로 예상되며, 의료비 경쟁력으로 새로운 의료관광지로 급부상하고 있다. 현재 IHH는 인도에 7개의 병원과 3개의 메디컬 센터를 운영 중이며, 또 다른 병원 인수에 참여하고 있다. 한걸음 더 나아가 IHH는 2017년 홍콩에 진출함으로써 본격적인 중국 진출의 교두보를 마련하였다. 중국은 병원의 외국인 지분율 제한이 철폐되면서 시장진입 장벽이 사라진데다 고품질 서비스를 제공하는 사립병원에 대한 수요가 증가하고 있어서 인도만큼 매력적인 시장이다. 청도에 이어 상해 등지에 개원을 앞두고 있다.

2018년 연차보고서에 따르면, 매출은 총 115억 링깃(28.8억 달러), 이익은 6.3억 링깃(1.6억 달러)를 기록했다. 전년 대비 매출은 늘었지만 이익은 감소했다.

이는 병원 인수와 투자로 인한 자본조달 비용과 감가상각으로 인해 순이익이 크게 줄어든 탓이다.

IHH는 장기 비전으로 “One Belt, One Road, One Healthcare” 내세우고 있다. 홍콩/중국, 인도차이나, 인도, 터키/동유럽을 타겟으로 삼고, 적극적 해외 공략을 지속하겠다는 의미이다. 인도와 중국에 집중하면서도, 미얀마에도 병원을 짓기 시작했다. 또한 인공지능을 도입해 효율적인 진단과 데이터 수집에도 박차를 가하고 있다.

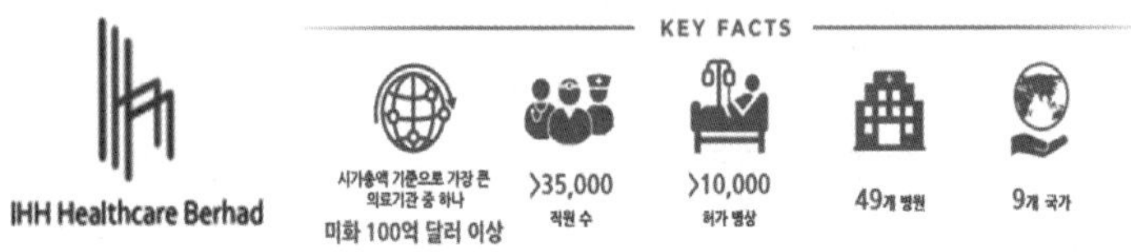

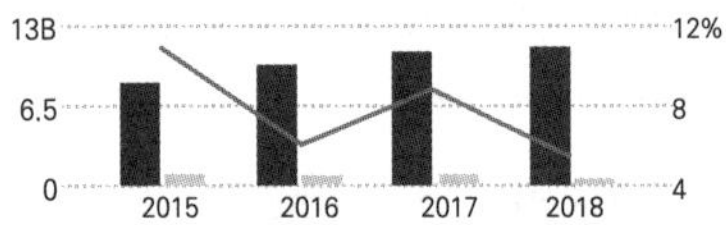

2018(백만 링깃)

● 수익	11,517.3
● 순이익	627.7
● 이윤폭	5.45%

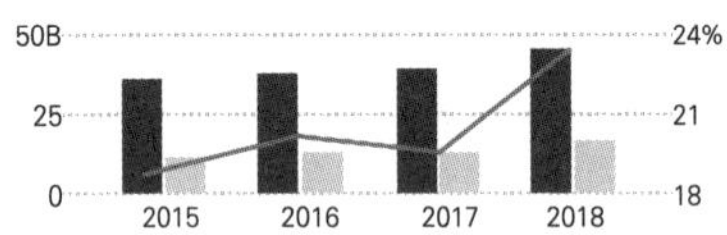

2018(십억 링깃)

● 자산총액	45.0
● 부채총액	17.0
● 자산 대비 부채 비율	23.35%

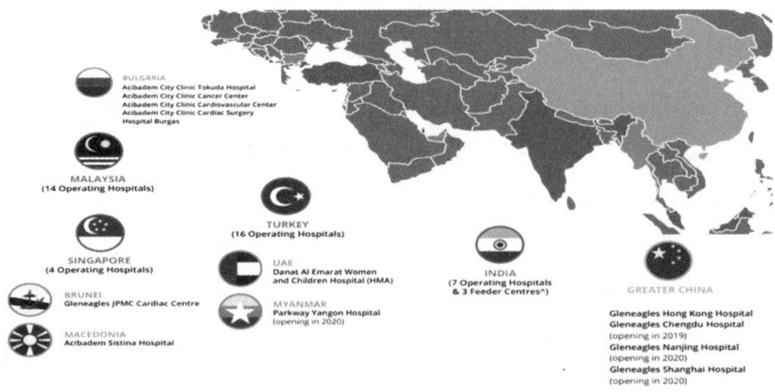

출처: Bloomberg, IHH Annual Report

〈그림 4-55〉 IHH Healthcare 현황 및 글로벌 진출 (2018년)

8) 엔터테인먼트와 미디어

너나할 것 없이 손안에 미디어 기기를 들고 있고, 어디서든 TV와 인터넷 접속이 가능한 지금, 가장 주목받는 산업은 엔터테인먼트와 미디어(Entertainment & Media, 이하 E&M)이다. 원래 E&M은 선진국을 중심으로 발전해왔지만, 향후 성장 가능성은 신흥시장에서 더 높을 것으로 전망된다. 글로벌 컨설팅사인 PwC에 따르면 글로벌 E&M 산업규모는 2016년 1.8조 달러에서 2021년 2.2조 달러로 매년 4.2%로 증가할 것으로 보인다. 반면에 브라질, 인도, 중국과 같은 신흥국가들은 소득이 증가하면서, 콘텐츠 소비가 더 늘어나고 있다. 특히 동남아지역 E&M 시장은 45.6백만 달러에서 2021년 64.5백만 달러, 매년 7.2%라는 매우 높은 성장률을 보여줄 것으로 예상된다. 글로벌 평균 성장률 4.2%를 훌쩍 넘는 수치이다. 한국콘텐츠진흥원에서 발표한 자료에 따르면, 동남아의 전체 콘텐츠 시장 성장률은 8.55%로 더 높게 나타난다.[64]

이러한 높은 성장률은 소득증가와 높은 젊은층 인구비율에서 기인한다. PwC의 보고서에 따르면 35세 미만 인구규모와 E&M 소비 사이에는 양의 상관관계가 존재한다.[65] 젊은이들이 이 시장의 주요 소비자이기 때문에 이들의 수가 많을수록, 이들의 지갑이 두둑해질수록 시장이 커진다. 아세안 지역은 35세 미만 인구 비중이 상당히 높은 편이다. 말레이시아, 인도네시

---

64 일반적으로 콘텐츠 산업의 정의는 국가마다 다르다. PwC의 Entertainment & Media outlook 2017-2021'은 만화와 애니매이션, 캐릭터·라이선스 시장의 통계를 포함하지 않고 있다. '2017 해외 콘텐츠시장 동향조사'는 이를 포함한 광의의 콘텐츠 사업개념에 기반하여, 다양한 자료를 바탕으로 성장률을 추정한 것이다. 따라서 PwC의 성장률 추정치와 다소 차이가 있음을 밝혀둔다.

65 PWC 'Global Entertainment and Media outlook 2017-2021'

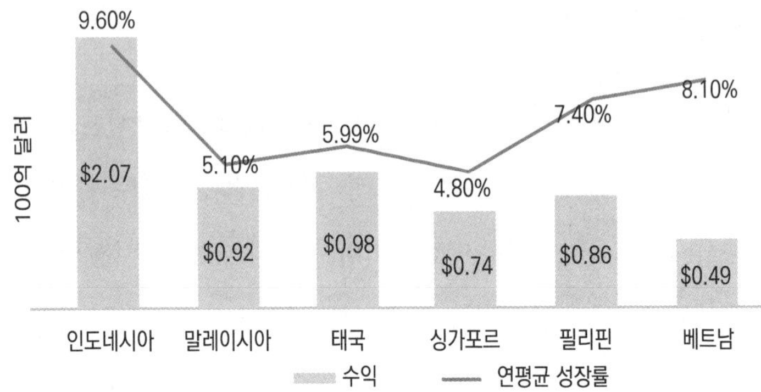

출처: Global entertainment and media outlook 2017-2021, PwC.

〈그림 4-56〉 2021년 E&M 규모 예측치

아, 필리핀, 베트남의 경우 60%를 훌쩍 넘는다. 일부 국가에서는 여전히 TV가 영향력을 발휘하고 있지만, 모바일 기기로 음악을 듣고, 드라마를 보고, 게임을 하는 것이 일상화되었다. 디지털 인프라가 향상되고 데이터 이용요금이 낮아진 덕분이다. 최대 시장인 인도네시아는 2021년까지 매년 10%씩 성장을 거듭해 82.7억 달러 규모에 이를 것으로 예상된다. 인터넷 동영상 수익이 2016년 2,400만 달러에서 2021년 8,500만 달러로 크게 증가할 것으로 예상되나, 여전히 가장 큰 비중은 TV가 차지하고 있을 것이란 전망이다.

① 스트리밍 서비스

글로벌 E&M 시장 규모는 매년 증가하지만, GDP에서 차지하는 비중은 2016년 2.54%에서 2021년 2.39%로 줄어들 것으로 전망하고 있다.[66] 디지털 미디어 시장이 성숙해지면서, 소비자들은 더 효율적인 소비를 추구하

66 PWC 'Entertainment and Media outlook 2017-2021'

는 쪽으로 변모하고 있기 때문이다. 더 이상 TV나 종이 신문을 보지 않는 밀레니얼 세대들은 인터넷으로 콘텐츠를 즐긴다. 20% 이상이 모바일 기기로 프로그램을 보며, 약 60%가 다운로드가 아닌 스트리밍을 이용 중이다.[67] 결국 글로벌 E&M 산업에서 가장 크게 성장하고 있는 핵심 비즈니스는 주문형 및 라이브 비디오 스트리밍 서비스이다.

PwC의 보고서에 따르면, 2020년까지 스트리밍 서비스는 300억 달러를 넘어설 것으로 보인다. 이러한 추세에서 아세안 지역도 예외는 아닐 것이다. 아세안 국가만을 포함한 정확한 통계가 나와있지 않지만, SVOD(subscription video on demand)를 통해 그 규모를 가늠해볼 수 있다. 아세안 지역은 출발이 늦은 만큼 비디오 스트리밍 시장 성장속도가 빠르다. 2017년 이 지역의 유료 SVOD 계정은 220만 개에 달했다. 최대 E&M 시장인 인도네시아를 포함한 6개국의 비디오 스트리밍 앱의 매출을 보면 2015년과 2016년 사이 무려 9.5배가 증가했다. 인구수 대비 매출 규모가 여전히 작기 때문에 향후 성장 가능성은 매우 크고, 높은 증가율도 앞으로도 계속 이어질 것으로 보인다. Dataxis에 따르면 SVOD 계정 수는 매년 12%가 증가해 2022년 620만에 달할 것으로 예상하고 있다. SVOD 총매출은 2017년 6천만 달러에서 2022년 3억 9천만 달러에 이를 것으로 전망한다. 매출 증가율은 연간 23%, 이용자 수당 평균 매출(ARPU)은 2017년 3.4 달러에서 2022년 5.6 달러로 크게 증가할 것으로 예상된다.

아세안 지역 SVOD 스트리밍 시장은 로컬 스타트업, 글로벌 플레이어, 그리고 아시아계 서비스 사업자들의 각축을 벌이는 양상을 띠고 있다. 글

67 Deloitte, 2017 Media and Entertainment Industry Outlook

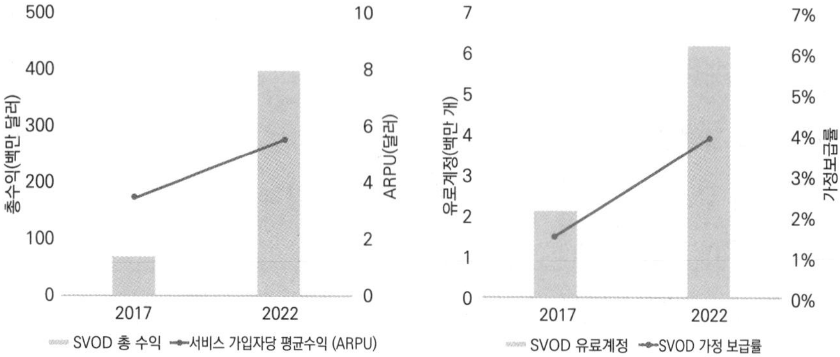

출처: Dataxis의 자료를 재구성

〈그림 4-57〉 아세안 SVOD 유료 계정 및 매출 전망

로벌 강자인 넷플릭스가 전체 시장의 31%를 차지하며 1위 자리를 차지하고 있지만, 시장을 완전히 압도하고 있는 상황은 아니다. 미국과 유럽에서 각각 48%, 45%의 시장점유율에 비하면 아직 더 성장가능성이 남아있다. 아세안 이용자들은 가격에 민감하고 콘텐츠 자체의 문화적 차이가 있기 때문이다. 가장 큰 시장인 인도네시아에서 콘텐츠의 선정성과 폭력성, 외국 기업의 사업허가 미비 등을 이유로 넷플릭스의 접속이 한 때 차단되기도 했었다. 2위는 말레이시아에서 시작한 아이플릭스, 그 뒤를 VIU와 Hooq이 따르고 있다. 넷플릭스와 다른 3사의 차이점은 콘텐츠와 요금제에서 드러난다. 넷플릭스는 고품질 자체 콘텐츠를 갖추고 하이엔드 마켓을 노리고 있지만, 다른 3사는 매스 마켓이 주요 타겟이다.

콘텐츠 이용자들이 점차 스트리밍으로 넘어가기 때문에 전체 시장규모는 계속 확대되겠지만 치열한 경쟁 속에 일부 기업들은 생존의 위기에 직면하게 될 수도 있다. 여러 플랫폼의 경쟁은 결국 킬러 콘텐츠 생산/확보 경쟁으로 이어질 수밖에 없다. 넷플릭스는 2018년 11월 싱가포르에서 아

〈표 4-14〉 주요 SVOD 서비스 업체의 특성

<table>
<tr><td>Netflix</td><td>SVOD</td><td>고급품</td><td>서양/아시아 콘텐츠
자체 콘텐츠</td></tr>
<tr><td rowspan="4">Iflix</td><td rowspan="4">SVOD</td><td rowspan="4">대중 시장</td><td>아시아/서양 콘텐츠</td></tr>
<tr><td>자체 제작 콘텐츠</td></tr>
<tr><td>현지 콘텐츠</td></tr>
<tr><td>라이브 스트리밍</td></tr>
<tr><td>VIU</td><td>AVOD</td><td>대중 시장</td><td>한국 콘텐츠
자체 제작 콘텐츠</td></tr>
<tr><td rowspan="4">Hooq</td><td rowspan="4">SOVD,
TVOD</td><td rowspan="4">대중 시장</td><td>헐리우드 콘텐츠</td></tr>
<tr><td>한국, 중국 콘텐츠</td></tr>
<tr><td>자체 제작 콘텐츠</td></tr>
<tr><td>현지 콘텐츠</td></tr>
</table>

시아를 적극공략하기 위한 신작발표회를 열었다. 100여편의 오리지널 작품에 20억 달러를 더 투자할 계획이라고 한다. 콘텐츠 공룡 넷플릭스와 로컬 플레이어와의 진검승부가 전개될 것이다.

CASE 13 Iflix

세계 1억 명이 넘는 가입자들에게 영상콘텐츠를 제공하며 방송산업의 새 역사를 쓰고 있다는 평가까지 받는 최대 SVOD 서비스 넷플릭스를 넘보는 기업이 있다. 바로 말레이시아에서 런칭한 아이플릭스(Iflix)이다. 이름까지 유사하게 붙인 아이플릭스는 '이머징 마켓의 넷플릭스'가 되겠다는 목표로 지난 2014년에 설립되었다.

경제적으로 빠른 성장을 거듭하고 있는 동남아시아 지역을 포함한 이머징 마켓은 불법 다운로드와 해적판 DVD로 가득했다. 불법 동영상 시장규모가 대략 60억 달러로 추정되었다. 그러나 소비자들이 합법적인 인터넷 스트리밍 서비스 가입자로 전환한다면, VOD 시장은 폭발적으로 성장할 가능성이 열려 있는 것이다. 설립자인 프태릭 그로브와 마크 브릿은 여기에 주목했다. 유료TV는 비싸서 보지 못하는 가난한 사람들이 즐길 수 있는 동영상 서비스 플랫폼을 만들기로 했다. 이들은 넷플릭스가 아니라 불법복제를 경쟁자로 놓고 출발했다.

2015년 말레이시아와 필리핀에서 서비스를 시작한 후, 단시간 내에 시장 확대를 이루었다. 아이플릭스는 이머징 마켓의 특징을 고려한 철저한 로컬라이제이션 전략으로 이뤄낸 성과다. 먼저, 소비자들이 가격에 민감하다는 점을 고려해, 무료시청기회를 제공하면서 낮은 이용료를 강점으로 내세웠다. 한달 이용료가 2-3달러에 불과해, 넷플릭스보다 70%나 저렴하다. 또한 국가별로 다양한 콘텐츠 선호도를 고려해 헐리우드의 월트 디즈니와 MGM 스튜디오를 포함 180여개 스튜디오와 각국의 통신회사와 협력관계를 적극 활용했다. 통신사 가입자들에게 12개월 무료 등의 혜택을 줌으로써 시장 확대 및 결제수단 확보라는 윈-윈 전략을 구사한 셈이다. 신용카드가 없는 이용자가 많기 때문이다. 이머징 마켓의 인터넷 연결상태와 속도, 그리고 모바일 기기를 많이 이용한다는 점을 고려해, 낮은 비트율로 영상을 시청할 수 있도록 했다.

2019년 상반기 기준으로 23개 국가의 1,500만 명이 넘는 가입자를 보유하고 있는 아이플릭스는 이미 2억 9천 8백만 달러의 펀딩을 받았고, 기업가치는 7~8억 달러 이상으로 추정된다. 아이플릭스 터키나 인도 등 로컬 영화와 스포츠, 일본 만화 등 다양한 콘텐츠를 많이 찾아볼 수 있으며, 대표적인 킬러 콘텐츠 가운데 하나는 한국 드라마와 영화이다. 아시아를 중심으로 이머징 시장 전역에서 인기를 끄는데다, 헐리우드 콘텐츠보다 가격이 낮다는 이점이 있기 때문이다. 아시아와 중동을 거쳐 아프리카까지 시장을 넓혀 한때 28개 국가에 서비스를 제공하였으나 2018년 12월 나이지리아를 포함 아프리카 8개국 사업을 파트너인 에코넷 그룹으로 넘겼다. 아시아 지역에 보다 집중하겠다는 전략으로 전환한 아이플릭스는 2019년 일본의 요시모토코교와 조인트벤처를 설립해 콘텐츠 개발에 더욱 주력하겠다고 밝혔다. 이미 자체 콘텐츠를 생산해내고 있는 아이플릭스가 앞으로 얼마나 더 현지인의 취향에 맞는 고품격 영상물을 만들어내는가에 따라 시장점유율이 크게 달라질 것이다. 분명히 아이플릭스는 넷플릭스의 아시아 경쟁자가 맞다.

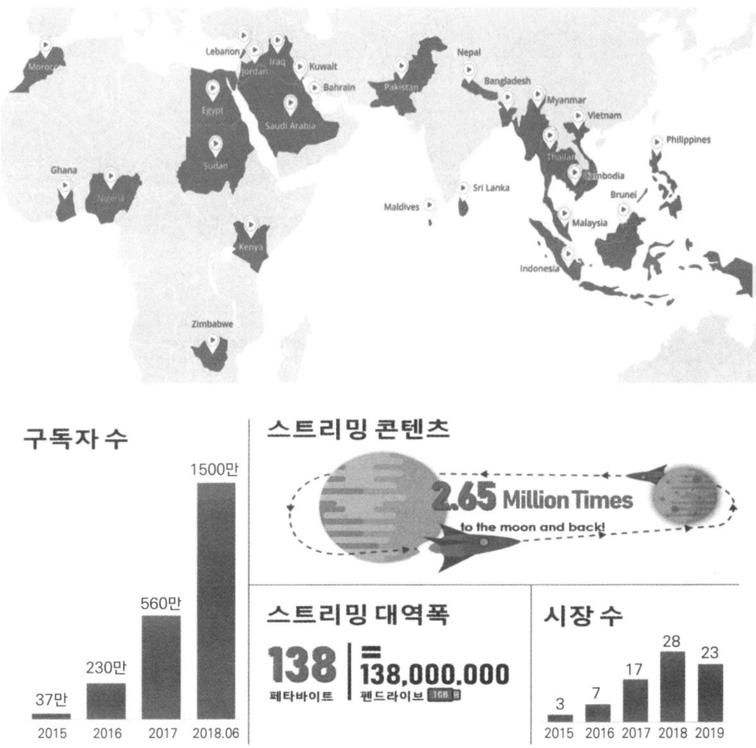

〈그림 4-58〉 Iflix 성장과 콘텐츠 공급 지역

② 한국 콘텐츠의 인기

극장영화와 TV 방송, SVOD 등 다양한 미디어 시장에서 무엇보다 주요한 핵심경쟁력은 콘텐츠이다. 한국 대중음악과 드라마에서 시작된 한류(K-wave)는 비단 아시아를 넘어서 전 세계로 뻗어 나가고 있다. 그렇지만 무엇보다 콘텐츠 수출의 가장 큰 비중을 차지하는 것은 게임이다. 게임은 한국 전체 콘텐츠산업 수출액의 50% 이상을 책임지고 있는 가장 중요한 분야이다. 특히 2017년에는 새로 출시된 게임 '배틀그라운드'가 크게 인기를 끌면서 수출증가에 크게 기여했다. 또한 애니메이션 역시 2016년 대비 43.6%가 수출액이 증가하면서 수출 효자 역할을 톡톡히 했다. 2017년 이는 한국 콘텐츠의 수출액은 전년대비 14.7%가 증가해 68억 9천만 달러로 나타났다.

〈표 4-15〉 2016년 지역별 수출액을 보면 동남아시아 지역은 일본, 중국과 함께 3대 수출시장으로 북미와 유럽보다도 그 규모가 크다. 동남아시

〈표 4-15〉 2016년 지역별 한국 콘텐츠 수출액 (단위: 천 달러)

구분	중국(홍콩포함)	일본	동남아시아	북미	유럽	기타
출판	28,375	46,585	22,416	50,389	10,295	29,328
만화	1,325	9,154	6,352	4,602	10,324	725
음악	98,362	277,292	55,876	2,105	6,247	2,684
게임	1,379,942	600,810	381,918	358,595	337,581	218,500
영화	11,446	4,314	6,239	9,615	1,115	11,165
애니메이션	1,825	26,254	635	69,654	28,842	8,412
방송	93,955	79,902	26,584	14,658	2,044	37,470
캐릭터	124,461	41,287	76,954	164,258	131,254	74,628
지식정보	48,329	231,324	263,706	13,215	5,106	4,732
콘텐츠솔루션	24,748	59,132	32,428	23,651	28,402	20,134
합계	1,812,768	1,376,054	873,108	710,742	561,210	407,778

출처: 국가통계포털

아의 방송사업자들이나 영화사들은 자체 제작도 많이 하나, 블록버스터나 대형 드라마 제작은 경험과 투자 역량 등이 부족한 상황이다. 따라서 킬러 콘텐츠로 한국 드라마와 영화를 내세우는 경우가 많다. 여기에는 한류 인기가 크게 영향을 미쳤다. K-pop의 인기가 드라마로 이어지고, 방송이 많이 되다 보니 한국 드라마, 예능 프로그램, 영화가 점점 더 인기를 끄는 선순환이 만들어진 것이다. 수출금액으로 보면 다른 지역과 마찬가지로 게임이 가장 큰 비중을 차지하고 있다.

게임과 드라마를 포함한 다양한 한국 콘텐츠는 여전히 인기가 있고, 앞으로도 계속 유지될 전망이다. 문화적으로 가깝게 느껴지는데다, 헐리우드 콘텐츠보다 가격이 낮다는 것도 강점이다. 중국시장에서 어려움을 겪은 한국 제작자들 역시 미래 시장으로 아세안을 바라보고 있으며, 아세안 소비자들을 미리 염두해서 제작을 하기도 한다. 한걸음 더 나아가 일방적인 완성 콘텐츠 수출에서 이제는 영화 배급과 공동제작, 리메이크, 관련산업 투자 등 다양한 형태로 변모하고 있다.

극장 영화분야에서는 고속 성장하는 시장인 인도네시아와 베트남, 태국에서 투자와 협업이 활발히 진행되고 있다. CJ 그룹은 영화배급시장과 극장 사업, 제작시장에 진출했다. CJ E&M은 2011년 베트남에서 한국영화를 직접 배급하기 시작했고, 이어서 2013년에는 인도네시아에 뛰어 들었다. CJ E&M은 영화배급을 통해 각국 영화시장의 특성을 이해하고 제작에 참여했다. 인도네시아에서 현지 제작사와 '사탄의 숭배자' 등 모두 4편의 영화를, 베트남에서는 '마이가 결정할게2' 등 총 7편을 합작으로 만들었다. 국내 흥행작인 '수상한 그녀'와 '써니' 등을 리메이크했다. '마이가 결정할게2'는 베트남 사상 최고의 흥생 실적을 기록했다. 쇼박스 역시 인도네시아를 주요 타겟으로 삼고, '포에버 홀리데이 인 발리'를 현지 파트너와 공동 제작하는 등 투자에 박차를 가하고 있다. SM 엔터테인먼트도 인도네시아에 진출해, 새로운 현지 스타를 발굴해내겠다는 계획을 밝혔다.

2018년에서 2019년까지 가장 화제가 된 한국형 콘텐츠는 바로 음악이다. K-pop 스타에서 21세기 비틀즈라고 불릴 수준의 아티스트 반열에 올라선 방탄소년단, BTS의 인기는 아세안에서도 폭발적이다. 2018년 아시아 투어가 열린 싱가포르와 태국 방콕의 콘서트 티켓은 일찌감치 마감되었고, 동남아 전역에서 팬들이 몰려들었고, 급기야 태국에서는 1회 추가 공연이 열렸다. 앨범 판매량이나 뮤직비디오 조회수도 엄청난데 강력한 팬덤을 바탕으로 하고 있어서 관련 상품판매도 크게 증가했다.

국내 대형 E&M 기업들의 동남아 진출은 더욱 가속화될 것으로 보인다. 과거 일방적인 생산/공급자와 시청자의 관계였다면 앞으로는 적극적인 로컬라이제이션 전략에 맞춰 현지 스토리와 인력을 참여시키거나 합작의 형태가 더 늘어날 것이다. 여기에 넷플릭스의 아시아 시장 공략은 한국에게 새로운 기회를 가져다줄 것으로 보인다. 넷플릭스에서 한국 이야기에 투자를 늘려가고 있어, 한국 콘텐츠는 강력한 채널을 확보한 셈이다.

9) 이슬람 경제

한국인들에게 이슬람이라는 종교는 직접적으로 접할 기회가 많지 않은 탓에 굉장한 거리감과 오해가 많은 편이다. 이슬람과 무슬림의 뜻이 구별되지 않는 경우도 많은데, 이슬람은 기독교와 같이 종교를 나타내는 명사이고, 무슬림은 이슬람 종교를 믿는 사람들이다. 아세안 경제를 이야기하

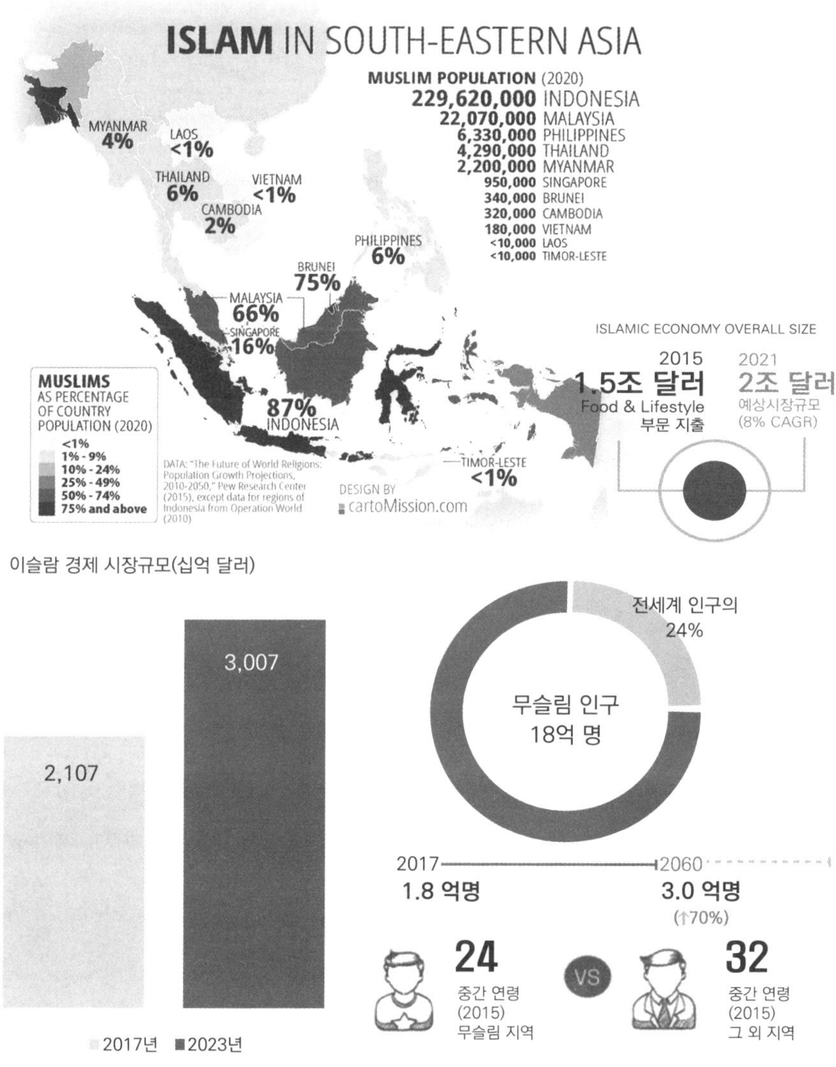

출처: State of the Global Islamic Economy Reoprt 2018/9

〈그림 4-59〉 아세안 이슬람 경제규모와 전망

면서 이슬람을 빼놓을 수 없는 이유는 이 지역에 무려 2억 4천만 명의 무슬림이 살고 있기 때문이며, 갈수록 종교적 영향력이 강화되고 있기 때문이다.

전 세계 무슬림 인구는 2017년 기준으로 18억 명 이상으로 전 세계 인구의 약 24%로 추정된다. 그러나 2030년이 지나면 이슬람은 전 세계 최대 종교가 될 것으로 보이며, 무슬림도 그만큼 늘어나고, 2060년에는 30억 명에 달할 것으로 예상된다.[68] 이는 개종과 높은 출생률 덕택이다. 18억 무슬림 인구 가운데 13% 이상이 동남아에 거주하고 있다. 널리 알려진 대로 인도네시아는 세계 최대 이슬람 국가이며, 말레이시아와 브루나이, 그리고 태국이나 필리핀, 미얀마 등지에도 무슬림이 살고 있다. 중동뿐만 아니라 인도네시아처럼 무슬림 인구가 지배적인 국가에서는 이슬람화 현상이 강화되고 있으며, 특히 종교적 세계관을 기반으로 한 이슬람 경제에 대한 강력한 드라이브가 추진되고 있다.

전 세계 이슬람 경제 규모는 매년 8% 이상 성장하는 걸로 추정되며, 2015년 1조 9천억 달러에서 2017년 2조 1천 7십억, 2023년에는 3조 달러에 이를 것으로 전망된다. 이슬람 경제는 경전인 코란(Quran)과 율법인 샤리아(Sharia), 마호메트의 언행을 담은 하디스(Hedith)와 수나(sunnah)에 그 뿌리를 두고 있다. 이러한 율법과 관습이 경제활동이나 일상 생활에도 영향을 미치며, 이를 따르는 무슬림들의 경제, 즉 이슬람 경제는 크게 이슬람 금융과 할랄이라는 두 축으로 이루어져 있다.

할랄(Halal)은 아랍어로 '허락된 것'이라는 뜻을 갖고 있다. 하람(haram)[69]은 반대로 금지된 것이라는 뜻이다. 할랄은 이론적으로는 음식뿐만 아니라 삶의 모든 부분을 규정하고 있다. 가축을 도살하는 방식부터,

---

68 Thomson Reuters, State of the Global Islamic Economy Reoprt 2018/9

69 부패한 고기 혹은 죽은 동물, 흐르고 있거나 응고된 피, 돼지고기 및 모든 부산물, 사자/개 등 송곳니를 가진 육식동물, 알코올과 약물을 포함해 모든 형태의 취하게 하는 물질, 육식성 조류, 개구리나 뱀 같은 육상동물 등을 섭취해서는 안된다.

(단위: 십억 달러)

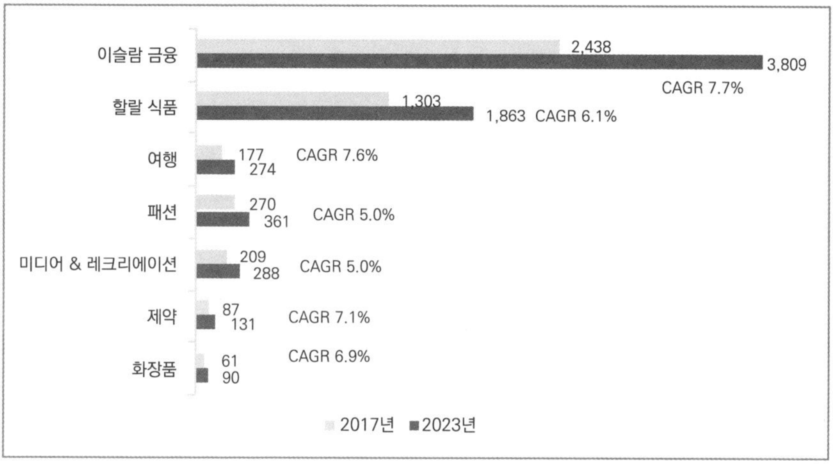

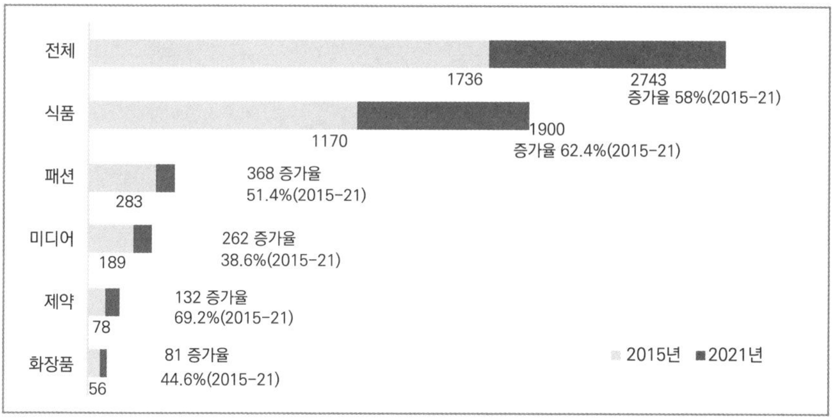

출처: Thomson Reuters, State of the Clobal Islamic Economy Reoprt 2018/9

〈그림 4-60〉 이슬람 경제: 분야별 전망치와 소비

피임하는 방식과 어떻게 오락을 즐겨야하는지, 부부간의 이혼이나 부모자식 관계 등 일상생활에 관계된 영역 전반을 규정한다. 그러나 현실에서는 주로 소비부문에 있어서 강제되고 있다. 강력한 이슬람화에 따라 할랄이 규정하는 범위가 화장품과 약품, 패션과 여행까지 점차 넓어지고 있는 추세이다. 특히 무슬림 경제가 커지면서, 이들만을 위한 서비스를 제공하는 '무슬림 테크'가 등장하기 시작했고 투자도 활성화되고 있다.

① 할랄 푸드

이슬람 경제에서 금융을 제외한 가장 큰 섹터는 할랄 푸드이다. 톰슨로이터의 보고서에 따르면 무슬림의 식음료 소비는 2017년 1조 3천 3십억 달러에서 2023년 1조 8천 6십 3억 달러로 성장할 것으로 예상하고 있다. 2015년 기준으로 할랄 인증을 받은 식음료 규모는 4,150억 달러로 추정하고 있다. 무슬림 식음료 소비시장 성장률 예측치는 연간 6.1% 이지만, 강력한 이슬람화가 추진되는 것을 고려하면 할랄 인증 식음료시장 규모는 이보다 더 높은 성장률로 커질 것이라고 예상해볼 수 있다. 할랄 식품은 '가공-포장-보관-운송' 등 전과정이 할랄 기준에 따라 진행되어야만 그 인증을 받을 수 있다. 할랄 식품을 취급할 때에는 제조에서 유통에 이르는 모든 과정에서 하람과 철저하게 분리, 취급되어야만 한다.

할랄 시장의 성장 잠재력을 인식하고 일찍부터 진입해 시장을 선도해 온 이들은 대부분 비무슬림국가의 글로벌 식품 대기업들이다. 이들이 전체 할랄 식품 시장의 80%를 장악하고 있다.[70] 스위스의 종합식품 기업인 네슬레와 패스트푸드 기업 맥도날드, 영국계 유통기업 테스코(Tesco) 등은 이미 1980년대부터 할랄 시장을 개척해 왔다. 네슬레는 1980년대 할랄 전담팀을 만들어 현재 45개 국가의 150개 공장에서 할랄 푸드를 생산해 왔다. 프랑스 식품업체 다농(Danone)의 경우, '아쿠아워터(Aqua Water)'를 할랄 기준에 따라 인도네시아에서 생산하고 있다.

---

70 삼정 KPMG, 2015, '글로벌 식품 신시장 할랄(halal)'

말레이시아	인도네시아	태국	싱가포르
JAKIM	MUI	CICOT	MUIS

〈그림 4-61〉 아세안 4개국 할랄 인증기관 및 표시

인도네시아와 말레이시아의 외식시장에서는 할랄 인증을 받고, 이를 매장에 표시하게 되어 있다. 맥도날드는 1995년 식품·식기·운반과정·보관·조리·사후관리에 이르는 전 과정에 대해 말레이시아 이슬람개발국(Department of Islamic Development Malaysia, JAKIM)으로부터 할랄 인증을 취득했으며, '샤리아 어드바이저'를 두고 있다. 1982년 말레이시아에 첫 매장을 연 맥도날드는 무슬림 친화전략으로 현재 전국에 264개의 매장을 두고 있다. 동남아 최대 외식시장을 보유하고 있는 인도네시아에서 할랄 인증을 받은 식품 수는 약 13,000여개이며, 버거킹과 스타벅스도 인도네시아 할랄 인증기관인 울라마협의회 (LPPOM-MUI)로부터 할랄 인증을 받았다.[69] 더 나아가 인도네시아는 2019년부터 비할랄(non-halal) 식품, 의약품, 화장품 품목에 대해 '이 제품은 비할랄임'을 알리는 표시를 의무적으로 부착하도록 하는 법안을 통과시켰다.

여러 한국기업들도 수출상품에 대해 할랄 인증을 받았다. CJ, 대상, 농

71 LPPOM-MUI (Lembaga Pengkajian Pangan, Obat-obatan, dan Kosmetika Majelis Ulama Indonesia-Majelis Ulama Indonesia)는 1975년 설립된 인도네시아 이슬람 단체 MUI(Majelis Ulama Indonesia)의 부속기관으로 인도네시아의 유일한 할랄인증 기관이다.

〈그림 4-62〉 맥도날드 입구의 '할랄' 인증 표시

심, 아워홈, 풀무원, 롯데제과 와 오리온 등 대기업을 중심으로 가공식품 가운데 일부가 할랄 인증을 받았다. 그러나 앞으로 동남아 외식업계 진출의 성장이 기대되는 만큼, 이 시장에 진출을 모색하는 기업들은 할랄 인증과 무슬림에 다가가는 전략이 필수적이다.

② 무슬림 테크

율법에 따라 비무슬림과 구별되는 것을 선호하는 무슬림들은 할랄 음식뿐만 아니라 의약품, 화장품, 기도실이 준비된 장소, 온몸을 가리는 이슬람 복식 등 다양한 영역이 별도로 존재한다. 과거에는 일부 지역을 벗어나면 무슬림 전용 제품, 서비스를 찾는 게 쉽지 않았지만, 요즘에는 샤리아-컴플라이언트, 즉 무슬림 율법을 충실한 서비스들이 온라인, 손 안으로 모여들고 있다. 이른바 '무슬림 테크'다.

최근 눈에 띄게 급격한 성장을 거듭하고 있는 분야는 무슬림 패션[72]과 할랄 화장품이다. 히잡을 두르고 전신을 감싸는 옷차림 탓에 무슬림 여성들이 옷차림이나 화장에 관심이 없을 것이라 생각하면 오산이다. 글로벌 패스트패션의 대표격인 H&M을 비롯해 럭셔리 브랜드 돌체 앤 가바나, 마이클 코어스와 마시모 두띠, 나이키 등 기존 글로벌 의류업체들도 무슬림

72 무슬림 패션 혹은 모디스트 패션(modest fashion)이라고도 부른다.

을 위한 라인을 런칭했을 정도이다. 특히 최대 무슬림 인구를 자랑하는 인도네시아는 무슬림 패션의 메카로 떠오르고 있다. 인도네시아의 디자이너 디안 펄랑이(Dian Pelangi)는 뉴욕에서 두 번의 패션쇼를 열었고 여러 바이어들로부터 인기를 끌고 있다. 히줍(Hijub), 소라벨(sorabel), 히자벤카(Hijabenka) 등은 무슬림 여성만을 위한 패션스타트업으로 젊은 여성들에게 인기다. 화장품이나 퍼스널케어 제품들도 역시 할랄 인증을 받은 제품들이 인기를 끌고 있다. 전 세계 시장 규모는 2017년 6백 10억 달러이며, 인도네시아와 말레이시아 두 나라 소비자가 70억 달러를 쓰고 있어 가장 큰 비중을 차지한다.

여행과 레저 관련 시장에서도 무슬림을 겨냥한 서비스들이 속속 등장하고 있다. 두바이에서 출발한 홀리데이미는 무슬림만을 위한 여행 플랫폼으로 동남아에서도 인기를 끌고 있다. 이슬람 친화적 여행지를 추천하고, 호텔 검색시 가장 가까운 모스크와 할랄 레스토랑 위치를 함께 제공한다. 말레이시아의 트립페즈(Tripfez)와 할랄 나비(Halal navi), 싱가포르의 할랄트립(Halaltrip)과 해브 할랄 윌 트래블(Have Halal Will Travel, HHWT), 인도네시아의 할랄 로칼(Halal Local) 등은 모두 무슬림 여행자들을 위한 서비스를 제공하고 있다. 할랄 여행 분야는 2023년까지 매년 7.6%라는 높은 성장세를 이어갈 것으로 예상되고 있어서, 관련 테크 기업에 대한 투자도 활발하게 이루어지고 있다.

'무슬림 검색엔진'으로 부상하고 있는 말레이시아의 살람웹테크는 이슬람 율법에 맞지 않는 검색과 웹사이트에 경고를 띄우는 시스템을 개발해 2019년 1월 서비스를 런칭했다. 불과 5개월만에 150개국에서 이용되고 있으며 '이슬람의 구글' 을 목표로 하고 있다. 인도네시아에서 개발된,

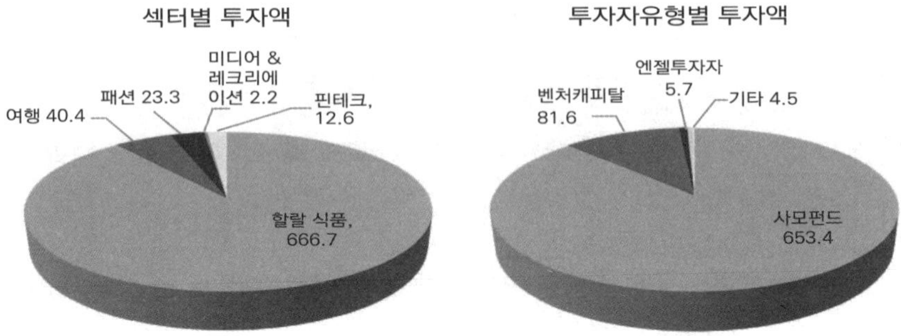

출처: Thomson Reuters, State of the Clobal Islamic Economy Reoprt 2018/9

〈그림 4-63〉 2015-2018년 이슬람 경제 투자 (단위: 백만 달러)

코란 읽어주는 움마(umma)는 기도시간과 메카 방향(퀴블라)를 알려주는 서비스를 비롯해 무슬림 사이에 인기를 끄는 기사와 동영상까지 제공한다. 2,500백만명의 회원을 확보한 움마는 할랄 상품 판매까지 사업을 확장하겠다는 계획을 세워두고 있다. 만남과 결혼에도 종교가 최우선인 무슬림을 위한 데이팅 앱도 등장했다. 런던에서 시작된 뮤즈매치(Muzmatch)는 동남아를 포함 전 세계적으로 젊은 무슬림들 사이에서 큰 인기를 얻은데 힘입어, 맷 앤 미나(Mat & Minah), 무슬리마(Muslima), 러브하비비(LoveHabibi), 밍글2(Mingle2) 등 다양한 앱이 출현했다.

핀테크에도 무슬림 바람이 거세다. 인도네시아 핀테크 스타트업 알라미 샤리아(Alami Sharia)는 이슬람 은행들과 손잡고 중소기업에 대출을 나선 기업이다. 율법에 따라 이슬람 금융상품은 이자가 금지되어 있기 때문에 우리가 이용하는 은행의 대출 상품과 다르다. 이자 대신 투자이익을 공유하는 방식으로 대출에 대한 보상을 하게 되어 있다

무슬림의 평균연령이 낮고 젊은 층 인구 비중이 높기 때문에 무슬림 테

크에 대한 전망을 밝아보인다. 글로벌 벤처캐피탈과 사모펀드는 앞서 언급된 다양항 무슬림 테크 기업에 투자를 진행했으며, 미래투자를 위한 펀드는 더 큰 규모로 조성되고 있다.

③ 라마단 경제 특수

라마단(Ramadan)은 이슬람력으로 아홉 번째 달을 지칭한다. 무하마드가 코란을 받은 때가 바로 제 9월이며 무덥고 건조한 기간이다. 이 기간에 금식이 행해지는데 해가 떠 있는 동안에 먹지도 마시지도 않아야 한다. 심지어 담배도 금지된다. 다만 노약자나 불가피한 상황에 있는 경우는 금식에서 제외된다. 원래 라마단 기간 금식은 가난한 사람들의 어려움을 이해하고 나눈다는 의미를 갖고 있어서, 해가 진 후에는 이웃이나 친척, 지인들을 초대해 저녁식사(뿌까 부아사, buka puasa)를 나누는 것이 보통이다. 식당이나 호텔, 골프클럽의 연회장까지 만찬을 즐기려는 사람들로 북적인다.

이슬람 국가들은 보통 라마단 기간을 전후로 보너스를 지급하도록 하고 라마단 끝날 무렵 1-2주 이상 휴가를 갖도록 한다. 라마단이 끝나면 이드 알 피트르 (Eid al-fitr), 인도네시아에서는 르바란(Lebaran)이라는 이슬람 최대 명절이 기다리고 있기 때문이다. 한국의 설날이나 추석과 같다. 따라서 이 때가 소위 '대목'이 된다. 낮에는 금식하느라 사람들이 활동량이 적지만, 해가 진 후에는 밤 늦게까지 쇼핑하는 사람들로 가득하다. TV쇼핑이나 온라인 쇼핑도 매출이 평소에 비해 2-5배까지 증가한다. 긴 연휴와 명절을 고향에서 보내기 위해 고속도로가 주차장처럼 변하는 풍경도 한국과 비슷하다. 아니면 황금연휴를 이용해 해외여행을 가려는 사람들이 많아

〈그림 4-64〉 라마단 기간 동안 내부를 가려 놓은 카페

비행기 예약은 일찌감치 마감이 된다.

사람들의 소비가 가장 크게 진작되는 시기이므로, 라마단 기간 대부분의 유통 및 소비재 판매업자들과 방송사와 식당, 항공사, 여행사 등은 프로모션을 실시하고, 매출을 끌어올리기 위해 안간힘을 쓴다. 금식으로 고단해 보이지만, 이슬람 국가 시장이 가장 활력을 찾는 때가 바로 라마단이다.

CASE 14 코스맥스

코스맥스는 화장품 연구, 개발, 생산(ODM) 전문회사로 1992년 한국미로토에서 시작한 한국의 대표 화장품 제조기업이다. 1994년 현재의 회사명인 코스맥스㈜로 바꾸고 설립 5년만에 기업부설 중앙연구소를 만들만큼 연구개발에 힘을 쏟아왔다. 전 세계 100여개국에 화장품을 수출하는 코스맥스는 세계적인 화장품 그룹인 로레알의 100대 협력사로 인정될 만큼 품질과 기술력에서 앞서나가는 회사이다. 2010년 코스맥스 광저우 유한공사 설립 이래로 중국에서 생산을 시작했으며, 아세안 지역에는 2012년 인도네시아에 가장 먼저 진출했다.

코스맥스인도네시아는 로레알 그룹으로부터 공장을 인수해 발판을 마련했다. 기존 공장 설비를 보완해서 연간 5천만 개 제품을 생산할 수 있는 공장으로 재탄생 시켰으며 여기에 그치지 않고 아세안 시장 및 무슬림 시장에서 경쟁우위를 만들어내기 위해 할랄 인증을 받기 위한 절차를 시작했다. 화장품 할랄 인증은 각종 원료에 대한 성분 및 유통 등에서 기준에 부합함을 입증하는 절차가 매우 까다롭고 시간도 오래 걸린다. 금지된 성분인 하람이 포함된 재료와 같은 장소에 보관, 운송되는 것도 허락되지 않기 때문에, 보관장소까지 새로 짓고 생산 전 과정의 심사를 받는 등 노력을 기울인 끝에 마침내 2016년 인도네시아 울라마협의회(MUI)의 인증을 획득하였다. 한국화장품 ODM 기업으로는 처음으로 인도네시아 내에서 할랄 화장품 생산 및 공급을 할 수 있게 된 것이다.[73] 코스맥스인도네시아는 기존 거래처인 로레알과 유니레버 등 글로벌 브랜드에도 할랄 화장품을 추가로 공급할 수 있게 되었으며, 조야 코스메틱, 무스티카 라티유 등 현지

〈그림 4-65〉 코스맥스 인도네시아 공장

73 탈렌트 화장품의 선우코스메 브랜드는 말레이사의 JAKIM에서, 대덕랩코의 JHN 브랜드는 터키에서 각각 할랄인증을 받았다.

〈그림4-66〉 코스맥스 상품

브랜드에도 할랄 화장품을 제공하기 시작했다.

코스맥스의 전체 매출은 2018년 1조 2천 5백 9십 7억 원으로 전년 대비 42.5%나 성장했으며, 화장품 부문만 매출 1조 원을 돌파하였다. 중국과 미국에서의 매출신장이 크게 기여하였지만, 인도네시아에서 시장이 계속 커지고 있어 향후 매출 성장가능성은 더 높아 보인다. 특히 아세안 지역과 중동까지 퍼져 있는 무슬림 소비자들을 고려하면 잠재력이 만만치 않다. 여기에 그치지 않고 비이슬람 소비자들을 공략하기 위한 현지 공장을 추가로 설립하였는데, 바로 태국 방콕에 거점을 잡았다.

꾸준한 R&D 투자와 능력, 그리고 해외법인에 설립된 현지 연구소와의 협업을 통한 글로벌 시너지와 현지화의 노력, 그리고 글로벌 생산 인프라 구축이 결합되어 코스맥스 성장을 이끌었다고 볼 수 있다. 코스맥스가 자사 화장품 할랄 인증을 받은 것은 단순히 법에 따른 것이 아니라, 인도네시아 고객의 눈높이를 맞추고 트렌드를 이끄는 주요 기업으로 자리잡을 수 있는 기반이 된 셈이다. 까다로운 화장품의 할랄 인증은 후속 제품이나 다른 제품이 안착하는데 도움이 된다. 앞서 언급한대로 할랄은 음식과 화장품만이 아니라 전체 라이프 스타일로 확장되는 추세이기 때문이다. 아세안 시장에서 할랄 화장품의 리더가 된다면 더 큰 세계 할랄 시장으로 나가는데 디딤돌이 될 것으로 보인다.

CASE 15 Nippon Express

무슬림 소비시장이 커지고 할랄 제품과 서비스에 대한 수요가 증가하는 만큼, 할랄 물류에 대한 기업의 수요도 크게 성장하고 있다. 아세안 지역에서 오랫동안 제조업과 서비스업에 진출한 일본기업들도 이 시장의 성장성을 주목해왔다. 어떤 산업이건 원료만 할랄 인증이 필요한게 아니라 생산과 운송에도 할랄 인증은 필수적이다. 원료의 보관과 생산과정 및 운송도 비할랄제품과 분리된 절차와 과정을 거쳐야만 할랄 인증을 받을 수 있기 때문이다. 무슬림에게 금지된 품목을 같은 창고에 넣으면 안되고, 금지된 제품을 실었던 차량 등으로 할랄 제품을 이동시켜서도 안된다. 따라서 물류 역시 할랄 운송 체계를 가진 업체를 이용해야 규정을 완벽하게 이행할 수 있다.

일본의 대표적인 물류회사인 니폰 익스프레스는 일찍이 할랄 시장의 성장성에 주목하고 말레이시아와 일본 인도네시아와 차례로 할랄 인증을 취득하였다. 아래 〈표 4-16〉를 보면 2014년 말레이시아의 JAKIM에서 운송 할랄 인증을 받은 이후 일본과 인도네시아에서 여러 자회사가 다양한 종류의 할랄 인증을 받았음을 보여주고 있다.

이슬람교는 생활과 사업에 관계된 많은 활동을 종교의식으로 규정해 놓고 있으며, 일반법 뿐만 아니라 이슬람율법에 따르는 것도 무슬림 사회에서는 강력히

〈표 4-16〉 니폰 익스프레스 할랄 인증

구분	일자	내용
말레이시아 인증기관: JAKIM	2014년 12월 2016년 10월 2017년 5월	운송 할랄 인증받음 자체 이슬람 청소의례* 인증 창고 할랄 인증
일본 인증기관: 일본할랄협회	2016년 1월 2016년 2월 2017년 3월	도쿄 마린 쉬핑 창고 할랄 인증받음 컨테이너 운송 할랄 인증 후쿠오카 마린 쉬핑 창고 및 운송 할랄 인증
인도네시아 인증기관: LPPOM-MUI	2018년 4월 2018년 6월 2018년 7월	니폰 익스프레스 인도네시아 할랄 인증 닛츠 레모 인도네시아 로지스틱 할랄인증 NEX 로지스틱스 인도네시아 할랄 인증

*청소의례(ritual cleansing): 할랄 음식 등을 다루기에 적합하지 않은 장소를 경건하게 만드는 의식. 트럭과 컨테이너 등을 할랄 음식 운송에 맞는 종교적 순결한 상태로 만드는 과정.

출처: Nippon Express 홈페이지 - Halal Logistics

요구된다. 청소나 세척과정도 일종의 종교의식을 요구한다. 무슬림을 위한 장소 역시 종교의식을 통해 순결의 의미를 갖춰야 하는데, 할랄 음식을 취급하거나 보관, 운반하는 차량도 세척과 세정을 통한 종교적 순결과 경건함을 갖추도록 하는 의식이 필요하다. 한국인들에게 '목욕재개'와 비슷한 의미를 같은 행위라고 볼 수 있다. 니폰익스프레스가 말레이시아에서 받은 청소의례(ritual cleansing) 인증은 바로 그러한 의식을 통해 회사 내 장비와 장소를 이슬람의 종교적 기준에 부합하도록 만들 자격이 있다는 뜻이다.

할랄 인증 필요성은 식품과 화장품을 넘어 의약품과 생활용품등으로 확산되고 있다. 특히 냉장이나 냉동 등 일정 온도 조건에 유지되어야 하는 품목들이 더 늘어날 것으로 예상된다. 고가제품 콜드체인 물류는 비용도 비쌀 뿐만 아니라 글로벌 네트워크를 가진 기업이 더 유리하다. 아세안 주요 이슬람 경제의 물류시장에 뛰어든 니폰 익스프레스는 하늘과 땅, 바다에 걸친 자체 할랄 인증 네트워크를 보유하게 됨으로써 다양한 제품과 서비스를 전 세계 무슬림에게 제공할 수 있는 기반을 튼튼히 갖춘 셈이다.

〈그림4-67〉 Nippon Express 로지스틱스

5장

아세안 시장 진출 전략

아세안 시장이 주목받는 이유는 아세안 경제공동체가 갖고 있는 시장으로서의 기회 요인, 그리고 기업들이 중국에서 눈을 돌려 새로운 시장을 찾아내야만 하는 외적 요인 등 두 가지 측면에서 살펴볼 수 있다. 아세안 공동체가 지닌 6억 5천만 명의 인구와 높은 경제성장률, 그리고 이에 따라 빠르게 커지는 소비시장은 거의 모든 산업분야에 걸쳐 기업들에게 매력적일 수밖에 없다. 글로벌 기업뿐만 아니라 일본과 한국의 중소기업까지 이 지역 정부와 기업, 소비자들의 관심을 받기 위해 노력을 경주하고 있다.

여기에 중국과 미국내에서 해외기업의 활동이 갈수록 어려워지고 있다. 중국이 외국기업에 대한 규제를 완화한다고 하지만 여전히 보이지 않는 장벽이 존재한다. 미국은 트럼프 대통령의 당선과 더불어 보호무역을 거침없이 내세우고 있다. 이러한 상황에서 대부분의 기업들은 이머징 마켓으로 달려가지 않을 수 없고, 위에 열거한 기회 요인들 덕분에 다른 어떤 시장보다도 아세안 지역에 심혈을 기울이고 있다. 〈표 5-1〉은 아세안 지역으로 이전하고 있거나 계획을 발표한 기업들이다. 여기에 열거된 기업 이외에도 수많은 기업들이 생산지나 공급 체인 변경을 검토하고 있다.

그러나 아세안이 저임금 노동력과 천연자원을 활용한 부가가치가 높지 않은 제품의 생산기지에만 머물러 있지는 않다. 스마트폰과 자동차에서 항공부품과 바이오, ICT 등 첨단산업이 늘어가는 아세안은 이제 수많은 젊은이들을 품은 거대한 시장으로 자라나고 있다. 일부 아세안 시장의 성장가능성을 저해하던 요인들, 즉 신용카드나 은행계좌가 없어서, 대도시를 벗어나면 접근성이 떨어져서, 고급인력이 부족해서 사업기회가 적다거나, 투자가 어렵다는 한계에서 점차 벗어나고 있다.

이미 우리는 아세안의 특징과 앞으로 진행될 변화에 대해서 살펴보았

〈표 5-1〉 2018~19년 외국기업의 동남아 이주 및 투자 사례

회사명	분야	관련정보
할리 데이비슨	오토바이	프로세스 일부를 태국으로 이전
파나소닉	전자기기	2017년 초 미국 공장 폐쇄 이후 말레이시아로부터의 위탁 생산 및 수출로 전환
스티브 매든	신발 및 악세서리	중국에서 캄보디아로 생산을 이전 중이라 발표
카야매틱스	사물인터넷 장치	중국에 공장 두 곳이 있으나, 말레이시아 쿠알라룸푸르와 페낭에 생산라인 구축할 예정
델타 일렉트로닉스	Apple사에 전원부품 공급	생산확장을 위해 태국 자회사 인수에 21억 달러 제공
메리 일렉트로닉스	Bose 등에 헤드폰 판매	생산 일부를 중국 남부에서 태국으로 이전할 계획
패스트 리테일	유니클로 유통	중국에서 베트남과 방글라데시로 일부 생산 이전
닌텐도	비디오 게임 콘솔	중국에서 베트남으로 생산지 이전 중
스케쳐스	신발 제조	인도와 베트남 생산 증대

출처: MayBank. Bloomberg, Nikkei Asian Review 등 각종 자료 정리

다. 아세안 경제공동체는 그 구성원 10개국이 모두 각기 다른 경제발전 정도와 특성을 강하게 지니고 있어서, 단일한 시장이라 결코 말할 수 없다. 그렇지만 유럽연합이라고 해서 그 시장의 다양성이 존재하지 않는 것은 아니다. 다만 아세안 시장은 그 규모에 비해서 지역별 차이점이 많고, 유럽연합만큼의 제도적 통합이 이루어 지지 않은 상태이다. 유럽시장이 유로라는 단일 통화와 유럽중앙은행에 의한 금융통화정책으로 견고한 경제공동체를 이루고 있는 것에 비하면 아세안 경제공동체는 앞으로 나아갈 길이 많이 남아 있다. 앞다투어 동남아로 달려가는 한국기업들은 어떻게 이 시장에서 사업기회를 성공으로 이루어 낼 수 있을 것인가를 전략적으로 다시 생각해 볼 때이다.

1) 중국진출 경험에서 새겨야 할 교훈

한국기업이 아세안보다 먼저 달려갔던 곳은 13억 인구의 중국이다. 과거 중국은 인건비는 싸고, 소비가 빠른 속도로 성장하는 그야말로 세계의 공장이자 거대한 시장으로 주목받았다. 모든 제조업이 앞다투어 공장을 건설했고, 리테일과 서비스기업들이 속속 진출했다. 초기에는 신뢰할 만한 품질과 앞선 서비스로 외국기업들이 중국시장에서 선전했지만, 지금은 쫓겨나오는 신세가 되고 말았다. 이제 중국은 한국기업의 무덤이라 말한다. 중국에서의 시행착오와 실패의 원인을 점검하고 아세안 시장에서 같은 실수를 반복하지 않는 것이 무엇보다 중요하다.

한국기업들은 중국에서 왜 좋은 성과를 거두지 못하고 있는가? 한국과 중국 사이의 외교적 마찰로 인한 불이익이 불쏘시개 역할을 한 것은 맞지만, 그것이 유일한 원인은 아니다. 일찍이 한국기업들은 기술과 제품차별화 그리고 마케팅 측면에서 경쟁우위를 갖고 있었으며, 중국시장에 매우 적극적으로 다가갔다. 2000년대까지 이러한 격차는 유지되는 듯이 보였다. 그러나 중국 현지기업들은 빠르게 기술을 습득했고, 막강한 자금력과 유통채널을 활용해 경쟁자들을 압박했다. 다른 외국기업들도 막대한 중국시장에 사활을 걸었고, 빠르게 성장하는 프리미엄 시장을 집중 공략했다. 소득수준 향상과 현지 테크기업의 성장, 디지털경제로 이행하는 과정에서 한국기업들은 “high tech”와 “luxury brand” 어느 하나도 공고히 하지 못했다. 소비 트렌드의 변화를 따라잡는데도 늦었는데, 한국과 미국, 중국 사이의 갈등으로 인한 정치적 리스크까지 덮친 것이다. 이를 정리하면, 중국에 직접 투자한 한국기업들은 초기에 가졌던 독점적 우위(monopolistic advantage)를 시간이 지나면서 상실했거나, 보유하고 있다고 착각했을 뿐이지 실제로는 이를 창출하지 못했기 때문에 어려움을 겪을 수밖에 없다.

독점적 우위 이론은 하이머(Hymer)가 해외직접투자를 설명하기 위해 제시한 이론이다. 기업이 다른 국가에 투자하게 되면 외국기업으로서 비용(cost of foreignness)이 발생된다. 투자대상 국가의 경제체제와 법률 제도, 문화적 배경과 소비자 선호 등 모든 측면에서 다르고, 현지 기업에 비해서 받을 수 있는 제도적 지원 혹은 차별 그리고 정보 비대칭까지 다양한 어려움이 산재해 있다. 이러한 불리한 요소들을 상쇄하는 이상의 기업의 우위가 확보될 때에만 해외투자를 통해 성과를 거둘 수 있다. 독점적 우위는 기술적 측면에서만 창출되는 것은 아니며, 경영관리기법이나 마케팅, 글로벌 조직과 자본조달 능력, 정보취득 등 경영상의 다양한 요소들을 포함한 기업 특유의 강점을 포함한 개념이다.

그렇다면 아세안 시장에 진출한 한국기업들은 각자 특유의 우월함을 갖고 있는가? 독점적 우위를 창출하고 지속하기 위한 방안은 무엇인가? 이러한 질문에 성공사례를 들어 설명하는 것이 가장 효과적인 방법이 아닐까 한다. 한국기업들을 위한 조언을 제시하기 전에, 일본의 대표적 자동차기업인 토요타의 사례를 이야기하고자 한다. 소득증가와 더불어 자동차에 대한 수요가 증가하는 것은 지극히 예측 가능한 현상이다.[74] 그럼에도 불구하고 토요타를 선정한 이유는 모든 분야를 망라해서 가장 오랫동안, 이 지역에서 최고 성공한 기업의 자리를 굳건히 지키고 있기 때문이다. 토요타는 진출 시점부터 기술에서 독점적 우위를 갖고 있었을 뿐만 아니라, 조직관

---

74 아세안 자동차시장에 관해서는 대외경제정책연구원 (2017) "AEC 출범에 따른 아세안 자동차시장의 최근 변화와 전망" 참조.

리와 신차 개발, 높은 수준의 현지화 등 계속해서 새로운 경쟁우위를 창출해왔다. 자동차 산업이 현지 국가에 기여하는 경제효과가 큰 만큼 정부와의 관계나 정책적 지원 등에서도 불이익을 받는 경우가 드물었다. 우리는 토요타의 전략과 접근법을 보며, 한국기업들이 아세안 시장에서 독점적 우위를 갖추기 위해 필요한 전략이 무엇인지를 정리해보고자 한다.

2) 도요타 자동차의 아세안 시장 진출 사례

일본 자동차의 동남아시아 진출은 그 역사가 짧지 않다. 1960년대부터 진출을 시작해서 이미 1970년대에 생산기지를 마련하고 시장을 장악해왔다. 아세안 전체에서 일본계 자동차회사는 시장의 80~90% 이상을 차지해왔고, 아세안-5개국만 보더라도 2016년 기준으로 점유율이 78%를 넘기고 있다. 특히 최대 시장인 인도네시아의 일본차 점유율은 무려 99%에 달한다. 그 가운데서 가장 돋보이는 기업은 바로 토요타이다. 2017년 가장 많이 팔린 신차를 보면 10개국 가운데 토요타가 1위를 차지한 국가가 8개 국가나 된다.

2016년 기준으로 토요타는 아세안 5개국 자동차 시장의 31.2%를 차지하고 있다. 2위인 혼다의 점유율이 14.5%이므로 2배가 넘는, 그야말로 압도적인 위치를 차지하고 있다. 토요타의 자회사인 다이하츠와 히노 등을 합하면 점유율은 더 높아지고 2, 3위와의 격차는 더더욱 벌어진다. 국가별로 보면 필리핀에서의 점유율이 41%로 가장 높게 나타난다. 그러나 토요타 계열을 전부 합하면 인도네시아에서 실질적 점유율이 60%에 육박한다. 반면에 유일하게 1위를 차지하지 못하는 말레이시아에서는 점

전체 시장 업체 점유율('16년)

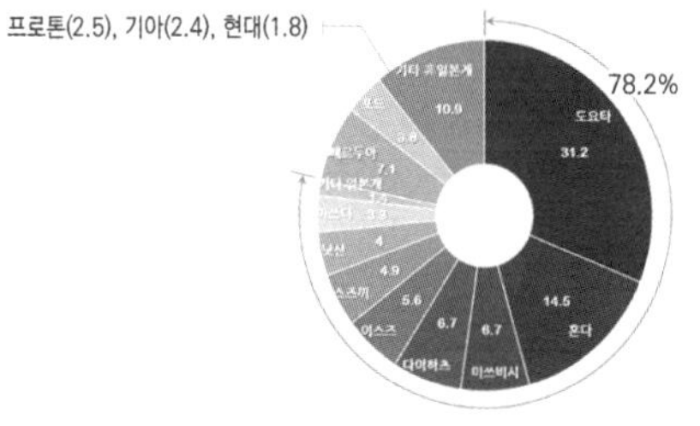

일본업체 내에서는 1강 1중 6약의 경쟁 구도

국가별 업체 점유율('16년)

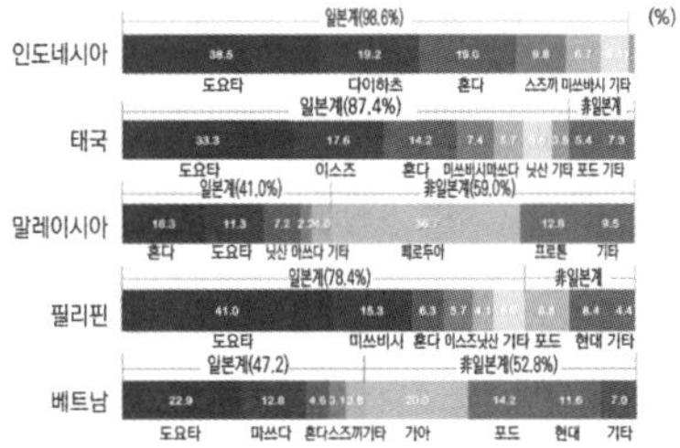

인도네시아는 일본업체 점유율(99%)이 일본 내수시장(94%)보다 높은 시장

출처: Financial Times. Living ASEAN, "SOUTHEAST ASIA'S CAR MARKET UPDATES"(2018.1.8) 에서 재인용

〈그림 5-1〉 아세안 5개국가 자동차시장 시장점유율(2016)과 2017년 최다 판매된 신차

유율이 11.3%로 현저히 낮다. 말레이시아는 프로톤(Proton)과 퍼로두아(Perodua)라는 자국 브랜드 차를 생산하고 관세장벽이 있어서 수입차 시

장점유율이 낮은 편이다.[75]

1937년 설립된 토요타 자동차는 1950년대부터 해외 사업을 시작해 남미와 아시아에 자동차를 수출했다. 1960년대부터 해외 현지 기업과의 제휴를 통해 조립생산체제도 구축했다. 1951년 창의연구 제안제도에서 시작된 카이젠(KAIZEN)으로 효율성과 생산성을 끌어올렸고, 이 후 '전사적 품질관리(TQC)'를 통해 토요타만의 품질신화를 써 내려갔다. 여기에 만족하지 않고 1980년대 프리미엄 브랜드 렉서스(Lexus)를 성공시키며 고급화와 수익률 향상으로 한단계 더 나아갔다. 1990년부터 미래 핵심기술개발에 집중, 프리우스(Prius)를 통해 하이브리드카 시장에서도 한발 앞서 나갔다. JIT(Just In Time), Lean 생산 시스템과 인재육성 등 토요타만의 전략과 노하우로 세계 최고의 자동차 메이커로 등극한다.

동남아시아에는 1970년대 초반 태국과 인도네시아에 생산설비를 갖추고 본격적인 생산과 판매에 돌입했다. 완성차 수출보다는 저비용과 고품질의 완성차 및 부품을 생산하고, 지역내 판매뿐만 아니라 해외수출로 이어졌다. 특히 1998년 IMV(Innovative International Multi-Purpose Vehicle) 플랫폼 개발, 아세안 지역을 생산 공급 기지로 만들었다. IMV는 다목적 차량인 픽업트럭과 SUV, 미니밴 등 다양한 차종을 생산하면서도 비용과 시간을 최소화하는 생산 설비 시스템이다. IMV 프로젝트에 따라 토요타는 부품을 해외생산 거점에서 상호조달하는 글로벌 밸류 체인을 갖추게 되었다. 2000년대 중반부터 태국은 픽업트럭과 SUV, 그리고 디젤엔진을, 인도네시아에서는 미니밴과 가솔린 엔진을, 필리핀에서는 트랜스미

75 2017년 중국의 지리(Geely)자동차가 프로톤 지분 49.9%를 인수함.

션과 프레스 부품을 생산해 왔다. 대 아세안 투자는 현재에도 진행 중이다. 인도네시아 공장을 증설했으며, 2020년부터는 전기차 배터리를 태국에서 생산할 계획이다. 해외에 배터리 생산 거점을 두는 것은 토요타 역사상 처음이다.

아세안에서 장기간 1위 자리를 지켜온 토요타의 핵심경쟁력은 무엇인가. 처음 동남아 지역에 진출하던 시점을 돌아보면, 아세안 국가 가운데 자국의 자동차 메이커를 가진 국가도 없었고 다른 외국기업들도 이 지역에서 차량생산을 하지 않았다. 반면에 토요타의 아세안 및 글로벌 전략의 핵심 키워드는 '현지화'이다. 토요타는 현지 생산, 현지 판매를 목표로 했으며, 상품과 지사를 고객의 요구에 맞춰 철저히 현지화하는 전략을 구사했다. 완성차 수입 판매에만 열을 올렸던 기업들이 동남아에 쉽게 뿌리를 내리지 못한 이유이기도 하다. 이미 세계 시장에서 인정받은 기술력은 토요타의 가장 큰 무기였고, 최초 진입자(first-mover)의 이점까지 누릴 수 있었다. 여기에 앞서 언급한 그들만의 생산시스템과 인력양성, 조직문화까지 더해져 완벽한 독점적 우위를 구축했다. 이후 다른 경쟁 기업들도 현지생산을 통해 시장을 적극 공략해왔지만 토요타의 성은 견고했다.

대표적인 예가 인도네시아의 끼장(Kijang)[76] 출시이다. 인도네시아는 과거 해외생산 차량은 물론이고 국내 생산 차량에 대해서도 사치세를 부과했었다. 정책적으로 국산화율이 높은 차종이나 상용차에 대해서는 우대를 했기 때문이다. 끼장은 처음에 픽업트럭으로 필리핀에서 생산되었고 상용차 대접을 받았다. 이후 네 차례 모델 변경을 통해서 지금과 같은 미니밴

---

76 말레이시아에서는 Unser, 필리핀에서는 Qualis, 다른 지역에서는 Innova라는 이름으로 판매된다.

〈그림 5-2〉 도요타 끼장과 하이럭스

형태가 되었고, 가장 인기 있는 국민차로 등극했다. 끼장은 철저하게 인도네시아 소비자들의 요구가 반영되어 있다. 일단 가격이 저렴하고, 중산층의 대가족에 적합한 밴이라 가정용으로 안성맞춤이다. 끼장은 다른 차종에 비해서 바닥이 높게 만들어져 있는데 도로사정이 좋지 않은데다 인도네시아에서 비가 내리면 물에 잠기는 곳이 많기 때문이다. 인도네시아에 끼장이 있다면, 태국에서는 하이럭스(Hilux)가 있다. 태국 역시 비슷한 조건을 가지고 있어서 픽업트럭인 하이럭스가 크게 인기를 끌었다.

토요타는 현지화를 원활하게 하기 위해, 인도네시아에서 아스트라 인터내셔널(Astra International)을 판매 파트너로 삼았고, 태국에서는 시암시멘트가 참여한 토요타 모토 타일랜드(TMT)라는 회사를 설립했다. 단순한 조립을 넘어서, 다양한 차종과 부품들을 생산·수출했다. 그리고 현지 인재를 고용하고 육성하는데도 힘을 쏟았다. 현지화는 조직관리 측면에서 반드시 효율적이지 않을 수도 있다. 그러나 외국 시장에서 성공하기 위해서는 새로운 기술과 마케팅 기법, 새로운 채널을 개발해야 하기 때문에 직원들의 노력이 그만큼 필요하며, 창의적인 아이디어도 계속해서 요구된다. 태국에서는 출라롱콘 대학에 자동차 공학과정을 신설했고, R&D 기술센터도 설립했다. 생산과 판매를 넘어, 개발도 현지에서 하겠다는 것이다. 인도네시아에서는 독특하게도 고구마 농장을 운영하고 있다. 고구마를 이용해 생분해성 플라스틱을 만들고, 이를 차량 바닥깔개 등 내장 부품에 사용하고 있다. 폐기 처분하더라도 유해물질이 배출되지 않고 자연스럽게 분해된다.

현지 개발/생산/판매 및 수출 전략은 상대국가의 수출과 산업발전에도 기여하는 바가 크다. 자동차 산업 특성상 협력업체 등 수많은 관련기업의 성장과 고용창출도 함께 이루어지기 때문에 투자대상국의 정부는 환영하지 않을 이유가 없다. 법인세 감면, 생산 설비 수입관세 면제 등 투자 우대 정책을 내놓았고, 토요타는 이러한 혜택을 충분히 받아왔다. 아세안 경제 공동체가 본격 출범하면서 역내 관세가 거의 철폐되었는데, 여기서 가장 큰 수혜를 입은 기업도 일본계 자동차 회사들이다. 가장 높은 판매량을 자랑하는 토요타 역시 수출이 늘어났다.

아세안 국가들도 친환경 하이브리드나 전기차 사용을 촉진하기 위한 정책을 마련해놓은 상태이다. 그랩투자를 통해 차량 공유 및 자율주행차 시장에도 적극 나서고 있다. 이 분야에서도 앞서가고 있는 토요타에게는 다음 단계의 사업 기회가 열려있는 셈이다. 토요타의 아성은 쉽사리 무너지지 않을 것으로 예상된다.

3) 아세안 시장 진출전략

아세안 시장에는 여러 기회요인들이 있지만, 한국기업들이 맞닥뜨린 현실은 녹녹하지 않다. 미·중 무역전쟁에서 촉발된 글로벌 경제 위축은 2018년 10월 전 세계 증시의 급속한 폭락이 일어나는 등 그 변동성이 크게 확대된 상태이고 향후 경제전망 역시 대체로 부정적인 시각이 지배적이다. 아세안 경제는 다른 이머징 마켓에 비해서 안정적인 성장세를 유지하고 있고, 인도 다음으로 소비시장으로의 확장이 기대되고 있다. 중국에서의 실패를 답습하지 않고 글로벌 기업은 물론 현지기업들과의 경쟁에서 우위를 차지하기 위한 여섯 가지 아세안 시장 진출 전략을 제안한다.

① 아세안 시장 진출을 위한 사전 준비를 철저히 하자

무엇보다도 아세안 시장에 관한 정보는 물론 글로벌 환경 변화에 따른 아세안 시장 변화에 대한 전문 지식을 축적해야 한다. 이를 위해서 시장, 산업 조사는 물론 글로벌 및 아시아 경영환경의 변화를 면밀히 분석할 필요가 있다. 아세안 10개 국가는 발전 정도도 다르고, 변화의 속도가 역시 동일하지 않다. 또한 이머징 마켓의 특성상 통계조사 자료도 쉽게 찾아지지 않는다. 법률도 자주 개정되고 많은 단서조항이 달려있는데다 적용과 해석의 범위도 다르다. 코트라와 무역협회를 비롯한 여러 기관에서 리포트를 내고 있지만, 분야별로 깊이 있는 조사를 기대하기는 어렵다. 일본이나 유럽기업들이 오랜 동안 축적한 데이터와 네트워크를 바탕으로 시장에 다가가고 급변하는 현지상황에 대비하는데 비해 한국기업들은 '맨땅에 헤딩'하는 형태로 들어와 막대한 사후 비용을 치르는 경우가 많다. 하루 아침에 자료를 쌓아 올릴 수는 없지만 컨설팅이나 시장조사업체의 자료들을 이용해 소비자들의 성향이나 트렌드를 추론해볼 수는 있다. 또한 현지 네트워크와 정보제공자들로부터 정치사회적 변동이나 정책기조 변화들을 상당부분 예측 가능한 범위 내에 분석해 볼 수 있다. 그러나 미래의 성장시장인 아세안 시장에서 승부를 걸겠다면 이제부터라도 한국기업들은 생각을 바꾸어야 한다.

일본기업은 1960년부터 동남아 시장에 정보 수집 기능을 가진 R&D 사무소를 설립하여 아세안 시장에 대한 많은 정보를 축적해 오고 있다. 이렇기 때문에 아세안 시장은 이미 일본시장화 되었다고 해도 과언은 아니다. 아세안 시장의 후발 주자인 한국기업들이 시장기회만을 인지하고 무작정 아세안 시장에 뛰어드는 것은 무모하다. 따라서 아세안 시장 진출과 관련된 모든 활동들을 비용이라 생각하지 말고 미래 아세안 리더가 되기 위한 투자라는 생각을 한국기업들은 가져야 한다. 최고경영자는 물론 현장 관리자까지 후발 주자로서의 어려움을 극복하기 위한 아세안 시장에 대한 사전 준비를 장기적인 시각을 가지고 해야 한다.

이를 위해서 먼저 한국기업은 한국과 아세안과의 유사점을 찾는 시도를 해야 한다. 한국과 아세안 국가는 유사점 보다 차이점이 훨씬 많기 때문에 특히 후발 주자의 경우 가능성 보다는 어려움이 앞설 수 있다. 그러나 유사점을 많이 찾으면 찾을수록 추가적인 비용을 많이 들이지 않더라도 한국기업은 아세안 시장에 쉽게 접근할 수 있다. 유사점을 통한 용이한 진입이 가능하다면 이제는 차이점을 찾아 이와 같은 차이점을 존중해 줄 수 있는 방안을 적극 모색해야 한다. 이것이 바로 현지화이다. 결국 표준화와 현지화의 최적의 조합을 아세안 시장에서 찾아 낼 수 있는 지름길은 철저한 사전 준비이다. 이런 사전 준비를 통해 아세안 시장에서의 기회도 포착하지만 또 다른 한편으로는 위험도 느끼게 된다. 역시 위험은 기회를 줄이기는 하지만 위험을 통해 후발 주자로서 그 동안 선발 주자들이 제공하지 못했던 새로운 기회를 창출할 수도 있다.

② 아세안 시장에서 경쟁우위를 창출하자

아세안 시장은 글로벌 경쟁이 본격적으로 시작된 시장이다. 1980년대, 1990년대 선진국 시장이 성장하면서 아세안 시장은 상대적으로 글로벌 기업으로부터 주목 받지 못했다. 일본기업 역시 동남아 시장을 떠나 미국 및 유럽시장으로 달려갔다. 그러나 2008년 글로벌 금융위기 이후 선진국 시장의 침체는 아세안과 같은 신흥 성장시장에 대한 글로벌 기업의 관심을 크게 불러 일으켰다. 아세안의 몇 개 국가들을 제외한 아세안 시장에서는 중국 시장 못지 않은 1등만 금메달을 쟁취하는 올림픽 게임이 시작되었다고 볼 수 있다. 아세안 시장에서 경쟁력을 제고하지 못하면 한국기업은 중국시장에서 겪었던 쓰라린 경험을 답습할 것 이다. 따라서 한국기업은 아세안 시장에서 글로벌 경쟁력을 창출하기 위한 지속적인 혁신을 해야 한다.

경쟁력 제고를 위한 혁신을 일으키기 위해서는 마이클 포터 교수가 이야기 했듯이 신기술(new technology)과 신사고(new ways of doing things)가 필요하다. R&D 투자를 통한 신기술의 창출은 지속적인 경쟁우위 창출의 근간이 되기 때문에 한국기업들도 그 동안 기술력 축적을 위한 많은 투자를 해 왔다. 그러나 중국기업이라는 새로운 강자가 나타나면서 한국기업이 기술력을 가지고 확보했던 시장에서의 니치(niche)가 점점 사라지고 있다. 그렇다면 한국기업은 현재의 기술력을 더욱 향상시키기 위해 지속적인 R&D 투자를 하는 것은 당연하고, 이런 R&D 투자가 아세안 소비자의 마음을 살 수 있는 기술력으로 집중되어야 한다. 따라서 그 동안 한국기업들이 투자를 해 왔던 엔지니어링 기술뿐만 아니라 아세안 소비자의 마음을 얻을 수 있는 시장 기술(market technology) 축적을 위한 투자를 해야 한다. 엔지니어링 기술은 제품의 성능을 향상시키는데 필요한 그야말로 기술적 기술이라면, 시장 기술은 해외시장을 이해하고 활용할 수 있는 무형의 노하우를 뜻한다. 그 만큼 시장 기술은 다양한 형태를 띤 여러 전략과 기법들이 포함된다. 아세안 시장은 10개 국가의 시장환경이나 경제여건이 동일하지 않기 때문에 시장 기술을 창출하는 것이 무엇보다 중요하다.

아세안에 맞는 시장 기술 창출을 위해서 가장 먼저 갖춰야 할 요소는 최적화된 현지화 전략이다. 아세안 10개국이 갖는 특성을 고려해 각각의 맞춤 전략을 세워서 진입할 수 있다면 좋겠지만, 현실적으로 그만큼의 자원을 투입하기는 어렵다. 아세안 전체 시장과 개별 국가 시장 사이의 중간에서 시장을 구분할 필요가 있다. 즉 산업과 상품, 서비스에 따라 달라지겠지만 2-3개 지역으로 시장을 나눠, 여기에 맞는 현지화 전략을 구사해야 한다. 엔지니어링 기술뿐만 아니라 마케팅과 판매전략 등 다양한 시장기술을 외국기업과 공유함으로써 아세안 시장에서의 경쟁우위를 공고히 할 수 있는 기반을 만들어 낼 수 있다.

파트너쉽이 절실한 것은 외국기업도 마찬가지이다. 기업은 당연히 기회와 장단점, 리스크를 고려해서 최선의 결정을 내리겠지만, 외국인비용(cost of foreigness)을 줄이면서 시장에 진입하는 가장 효율적인 전략은 현지기업과 손을 잡는 것이다. 아세안은 아세안 내에서 시장 장벽을 상당부분 걷어냈지만 경제공동체 밖에서 들어가는 경우 아직도 많은 걸림돌이 있다. 관세나 인허가, 현지인 채용 등의 규제에서부터 자재조달, 유통과 물류 접근성, 결제, AS에 이르기까지 난관이 많이 남아있다. 현지시장 진출과 점유율 확대의 열쇠 가운데 하나는 바로 최종 구매자/소비자에게 다가갈 수 있는 채널을 어떻게 확보하느냐도 관건이다. 일찍이 토요타가 아스트라 인터내셔널과 괜히 손을 잡은 것이 아니다. 신세계푸드는 말레이시아에서 2위의 라면업체 마미더블데커와 신세계마미를 설립했고, 현지인들 입맛에 맞춘 '대박라면'을 내놓았다. 해외시장에서 단독 진출을 할 수 없기 때문이 아니라, '최적의 길'을 찾기 위한 전략적 선택이었다.

과거 한국기업들이 현지기업과의 파트너쉽으로 기대하는 만큼의 성과를 올리지 못한 경우도 많았다. 상호간 신뢰부족 혹은 기업문화 차이에서 비롯된 갈등이나 협업의 범위와 실행 계약이 명확하지 못했기 때문이었다. 그러나 한국기업들이 글로벌 경험이 증가하면서 아세안 지역 내 파트너쉽에 대한 자세도 전향적으로 변하고 있다. 아세안 국가들과 시장은 '치고 빠지는' 기업을 당연히 좋아하지 않는다. 낮은 수준의 협력에서 장기적으로 공동 개발이나 제품 기획, 마케팅, 고객관리까지 지속 가능한 윈-윈 전략의 청사진을 그려낼 필요가 있다. 시작단계에서부터 기술이전을 포함한 광범위한 협업이 힘들 수 있다. 그러나 장기적인 비젼, 미래지향적인 파트너쉽에 대한 의지를 보여주는 것이 중요하다. 단지 시장점유율을 단기간에 빠르게 늘릴 수 있는 접근법에 그치는 것이 아니라, 정치적 리스크를 최소화하며 소비자들의 호감을 얻고 오래 뻗어 나갈 수 있는 최선의 전략적 선택을 해야 한다.

③ 아세안 시장에서 교섭력(bargaining power)를 확보하자

아세안 시장에서 지속적인 성장을 하기 위해서는 현지 정부 및 시장보다 더 높은 교섭력을 가져야 한다. 한국기업이 아세안 시장에서 교섭력을 가진다는 것은 한국기업이 제공하는 상품이나 서비스가 우리가 원하는 조건으로 거래될 수 있다는 것이다. 즉 더 나은 가격, 더 쾌적한 거래 조건들을 교섭력을 통해 확보할 수 있다는 것이다. 한국기업이 아세안 시장에서 교섭력을 창출할 수 있기 위해서는 높은 기술력의 제품이나 서비스, 높은 브랜드력, 고용 창출 등 현지국에서 큰 이익을 가져다 주어야 한다.

한국에서 온 제품이니까, 한국기업이니까 시장에서 더 우월한 상품으로 받아들여질 것이라는 기대는 하지 말아야 한다. 한국의 프리미엄이 전혀 없는 것은 아니지만, 절대적인 우위가 있는 것도 아니다. 과거 한국이 IT 강국이라고 하지만, 여전히 테크놀러지는 일본과 독일이 우세하다고 소비자들은 인식한다. 싸지만 신뢰성이 떨어진다고 생각하던 '메이드 인 차이나'에 대한 이미지는 '디지털 차이나'로 바뀌었다. 한국은 콘텐츠와 화장품에서 앞서 나가고 있다고 하지만, 경쟁이 치열해 그 경쟁력이 언제까지 유지될지 가늠하기 어렵고 한국기업이나 한국이라는 브랜드로도 이어지지 못하고 있다.

만일 일본이나 중국, 유럽, 미국과 그 기업들이 주지 못하는 그 무엇이 있다면 이것을 '한국 브랜드'의 출발점으로 삼아도 좋을 것이다. 한국인이, 한국만이 전달할 수 있는 것. 그것은 실력과 품질에 더해진 그 무엇, 바로 기대이상의 '감동'이다. 베트남의 축구를 한 단계 올려놓은 박항서 감독이 전국민의 사랑을 받는 이유는 실력과 함께 겸손한 자세와 진정성으로 '감동'을 불러 일으켰기 때문이다. BTS 역시 마찬가지이다. 데뷔했을 때부터 팬들과 소통하면서 그들의 진심을 음악에 담아내고 있기에 전 세계 아미(ARMY)들이 함께 울고 웃을 수 있는 것이다. BTS의 유엔 연설은 각 지역의 학교마다 수업시간에 다뤄질 정도로 큰 반응을 얻었으며, 한국과 관련된 모든 것에 흥미를 갖고 있다.

기업의 마케팅이나 사회공헌활동 역시 '선량한 기업 시민(good

corporate citizen)으로서 함께하는 기업, 감동을 주는 친구'의 역할을 수행하는 방향으로 진행시켜야 한다. 여기저기 나눠주기식 기부보다는 전략적 선택을 통해 꾸준하고 집중적인 공헌활동이 효과가 더 크다. 과거와 달리 작더라도 감동적인 기업활동은 소셜 미디어를 타고 빠른 시간에 온누리에 전달된다. 아세안 국가 대부분은 식민지배를 경험했고 경제발전이 우리보다 더딘 상황이다. 국가가 미처 다 관여하지 못하는 부분, 예를 들어 베트남 전쟁 고엽제 피해자 치유나 유적지 발굴/보수, 역사를 재조명하는 다큐멘터리 제작지원, 어린이 도서관건립 등이 외국기업의 사회공헌활동이 필요한 분야가 될 수 있다.

해외에서 한국기업의 마케팅과 CSR은 국가 브랜드정책 전략과 조화가 이루어질 때 더 큰 시너지를 얻을 수 있다. 과거 한국은 'Dynamic Korea'를 내세웠고, 2016년부터는 'Creative Korea'를 새로운 브랜드로 선정했다. 그러나 'Creative Korea'는 'Creative France'와 표절시비에 휩싸였고 대외적인 인지도도 거의 얻지 못하고 있다. 신남방 정책은 사람과 평화, 번영(people, peace, prosperity)의 3P를 핵심 요소로 내세우고 있다. 사람 중심의 공동체 번영을 기치로 내세운 정책이 '미래지향적인 관계 속에 감동'을 불러일으킬 수 있는 브랜딩으로 이어진다면, 아세안 내 한국기업들의 활동에 커다란 뒷받침이 되어 줄 것이다.

④ 아세안 시장을 위한 성장모델을 창출하자

아세안은 하나의 경제공동체를 이루었지만, 균일한 성격을 갖는 시장이라고 볼 수 없다. 국가별 차이가 크기 때문에 하나의 전략으로 아세안 전역의 소비자들에게 다가가기는 어렵다. 그렇다고 10개 국가에 각각 맞는 전략을 세워 개별적 접근을 해 나가는 것은 바람직한 방식일 수는 있으나, 글로벌 거대기업과 같이 자원이 충분한 경우가 아니라면 효율적이지 않다. 결국 비슷한 성격 혹은 지역적으로 가까운 국가들을 묶어 2~3개의 지역을 나누어, 그 속에 가장 적정한 지역을 거점으로 삼아 인근 지역으로 확장해 가는 접근하는 방식이 필요하다. 바로 허브-앤-스포크(Hub-and- Spoke) 전략이다.

이 전략을 처음 적용한 기업은 특송업체 페덱스로, 거점(허브)에 물량을 집중시켜 분류한 후 각 지점(스포크)로 재이동시키는 항공운수 시스템을 만들었다. 우리가 가까이 볼 수 있는 또 다른 사례는 스타벅스이다. 스타벅스는 입지가 가장 좋은 지역에 집중적으로 매장을 낸 후 인근 지역으로 보다 손쉽게 진출해 확장하는 전략이다. 허브-앤-스포크 전략은 브랜드가 잘 보이게 만들고, 인지도를 단기간에 상승시키는 효과를 가져다 준다.

아세안 시장은 국가별로는 커다란 차이가 나타나지만 거대 도시별로 비교해 본다면 그 차이가 크지 않을 것이다. 따라서 아세안 시장에서 성장 모델을 만들어 가는 과정에서 국가 단위의 접근보다는 거대 도시 단위 접근이 더 의미 있을 수 있다. 예를 들면 아세안 모든 거대 도시에 1개씩 매장을 내어 주요 거점도시에 집중한 후에, 인근 지역으로 확장해 나가는 것이 효율적이라고 볼 수 있다. 예를 들어 CLMV 지역에 모두 지점을 내기보다는 베트남에 거점을 두고, 이 후에 캄보디아와 미얀마에 진출한다거나, 싱가포르에 먼저 플래그십 스토어를 열고 브랜드가 널리 알려지면 태국과 말레이시아로 확대해나가는 방식이다. 허브-앤-스포크 전략에서 초기 허브를 어디에 둘 것인가가 핵심사안이므로 이를 위한 많은 사전조사와 분석이 요구된다.

아세안 시장은 선진국 시장과는 다른 성장시장이기 때문에 한국기업들은 나홀로 성장보다는 동반성장 모델을 적극 도입할 필요가 있다. 아세안 시장에서 스마트시티 건설에 한국기업들이 적극 참여하여 성장의 결실을 공유하는 방안을 모색할 필요가 있다. 1960년대 및 70년대 과실만 챙기고 동남아시장에서 빠져 나왔던 일본기업들, 그리고 최근 일대일로라는 명목 아래 자기 실속만 계산하는 중국기업들과 다르게 아세안 시장에 접근하기 위해서는 함께 끝까지 동반 성장할 수 있는 모델을 한국기업은 개발해야 한다.

⑤ 아세안 전문인력을 양성하자

아세안 시장에서 제 몫을 해내기 위해서는 한국기업은 인력과 조직관리의 역량을 강화해야 한다. 아세안 각국 정부는 점차 자국인들의 고용을 늘리도록 압박을 가하고 있다. 외국기업들 상당수가 인수합병이나 합작회사 설립으로 아세안 시장에 진입하거나 시장 확대를 노리는 경우가 많다. 이런 경우 본사에서 파견되는 인원도 적을뿐더러 현지인력 확보에 대한 어려움이 상당히 줄어든다. 좋은 고용조건을 제시하면서, 인재 이탈을 방지하고 장기간에 걸친 사내교육으로 내부에서 인력을 키워내는데 주력해온 칼스버그나 ABB 등과 같은 글로벌 기업이 있다.

반면에 한국기업들은 독자적인 진출을 하는 경우가 훨씬 많다. 각각의 진입방식에 장단점이 있지만, 독자진출을 하는 한국기업은 초기에 파견하는 한국인 직원수가 적지 않고 현지 인력을 채용 및 관리에 어려움을 겪는다. 진출 시기가 빨랐던 한국 대기업들은 점차 주재원 파견을 줄이고 현지 중간관리자들을 늘려가면서 이 문제를 해결하고자 노력하고 있다. 비용절감과 현지화를 위한 선택이지만, 싱가포르와 말레이시아 정도를 제외하면 채용할 외부 인재풀이 충분치 않다. 현지에서의 지속적 성장을 위해서는 인재를 키워내고, 생산성과 경쟁력을 강화하기 위해 고용인들에 대한 교육을 강화하거나 현지 교육기관과의 협력방안을 강구해야 한다. 본사의 조직문화를 고스란히 강요할 수는 없지만, 현지의 느슨한 업무관행을 그대로 수용하는 것도 곤란하다. 인사·조직관리에서 유연한 '글로컬(Glocal)' 태도가 필요하다. 본사에서 아세안으로 파견되는 글로벌 매니저의 준비와 경험, 역량이 점점 더 중요해지는 이유가 여기에 있다.

현지에서 혁신과 조직관리의 역량을 쌓기 위해서는 글로벌 매니저에게 4C의 자세가 필요하다. 4C는 Cultural Sensitivity, Communication, Cooperation, 그리고 Connection을 뜻한다. 문화적 감수성을 갖고 소통하고, 협력하며, 나누려는 노력을 해야 조직도, 개인도 커나갈 수 있다. '문화적 감수성'이란 현지 문화에 대한 이해와 존중을 기본 바탕에 두는 자세이다. '소통'은 내가 가진 것을 많이 이야기하지 않고 내가 줄 것이 무엇인가를 더 고민하는 것이다. 비유하자면 30:70의 법칙이다. 내가 말하는 것이 30이라면, 듣는 것은 70이 돼야 한다. '협력'이란 내가 먼저 무엇을 얻으려고 하기보다는 내가 상대를 만나러 가기 전에 무엇을 줄 것인가를 고민하는 것이다. '연결'은 상대의 마음을 얻기 위해 내가 가진 가장 중요한 것을 주는 것이다. 이처럼 사고의 전환이 실현되어야 기업의 우위를 창출하고 지켜나갈 수 있다.

⑥ 아세안 리더십을 제고하자

2030년 글로벌 아시아시대에 한국기업이 아세안 시장에서 리더십을 발휘하기 위해서는 먼저 글로벌 리더십을 창출하기 위한 노력을 해야 한다. 글로벌 리더십을 창출하기 위해서는 한국 정부, 기업, 사회 물론 한국인 모두가 글로벌리티(globality), 글로벌 마인드(global mind), 글로벌 네트워크(global network), 글로벌 스탠다드(global standard)를 확립해야 한다. 글로벌리티는 한국기업이 세계 어느 기업과 어느 시장에서 경쟁해도 우위가 있어야 함을 의미하고, 글로벌 마인드는 우물 안의 개구리가 아니라 열린 마음으로 세상을 따뜻하게 포용함을 시사한다. 글로벌 네트워크는 협력을 통한 성장을 성취하기 위한 다양한 이해당사자들과의 연결을 의미하고, 글로벌 스탠다드는 세상의 틀을 존중하고 더 나아가 새로운 틀을 제시하는 것을 시사한다. 이와 같이 글로벌 리더십을 창출하게 되면 아세안 리더십을 제고하는 것은 상대적으로 용이할 수 있다.

우리가 창출한 글로벌 리더십을 가지고 아세아 시장에서 더 나은 아세안을 만들기 위한 리더십을 제고해야 한다. 이를 위해서 한국기업은 끊임없이 소통(communication)하고, 협력(cooperation)하고, 그리고 연결(connection)하는 노력을 해야 한다. 아세아 시장에서 진정성이 있는 리더십을 발휘하기 위해서는 한국기업은 소통우위(communication advantage), 협력우위(cooperation advantage), 연결우위(connection advantage)를 축적해야 한다. 아세안 시장은 전통적인 경쟁우위만을 가지고 승부하는 시장이 아니고, 이와 같은 신 경쟁우위를 가지고 가슴으로 경쟁하는 시장이다. 단기적인 결과보다는 장기적으로 더 나은 아세안을 만들기 위한 따뜻한 사랑이 소통, 협력, 연결의 미학을 창출하는 시장이다. 아세안 시장의 후발 주자인 한국기업이 따뜻한 리더십을 가지고 아세안 시장을 안아준다면 한국도 2030년 세계 7위의 경제대국으로 우뚝 설 수 있다.

또한 글로벌 아시아시대의 중심 국가로 더 나은 세상을 만들기 위한 성장 플랫폼을 아세안 시장에 구축할 수 있다.

4) 글로벌 아시아 시대를 위한 준비

2018년부터 시작된 미국과 중국 중심의 커뮤니티(community)가 경쟁하는 글로벌 G2 시기는 2022년까지 지속될 것이다. 그리고 2023년부터 글로벌 G2 커뮤니티의 치열한 경쟁 속에 미국을 중심으로 한 커뮤니티는 인도를 중국의 대항마로 활용하기 위해 많은 투자가 본격적으로 시작될 것이다. 결국 2023년부터 아시아의 중국과 인도를 두 탑으로 하는 글로벌 시장의 재편이 일어날 것이며 이런 글로벌 시장의 재편은 2027년 완성되어 2028년부터 글로벌 아시아 시대가 막을 올릴 것이다.

영국의 연구기관인 CEBR(Center for Economics and Business Research)는 2030년 GDP 경제규모로 중국이 1위, 미국 2위, 3위 인도, 4위 일본, 5위 독일, 6위 영국 그리고 한국이 7위가 될 것이라고 전망하고 있다. 그리고 아세안 10개국의 경제규모 총합은 세계 4위에서 5위 사이가 될 것이다. 따라서 글로벌 아시아 시대의 도래는 일본부터 인도에 이르기까지 아시아 시장에 세계 1위 중국, 3위 인도, 4위 일본, 5위 아세안, 7위 한국이 포진하게 된다. 다시 말해 세계경제의 중심이 아시아로 이동하는 대변혁이 일어나게 된다. 글로벌 아시아 시대에 대변혁을 창출하기 위한 통로(corridor)의 역할을 아세안이 담당하게 될 것이다.

글로벌 아시아 시대가 열리게 되면 한국은 아시아 시장의 리더십을 발휘할 수 있는 천재일우를 얻을 수 있다. 그러나 한국만의 힘으로 아시안 리더십을 구축하기에는 역 부족이기에 지금부터 아세안과 함께 하는 준비를 해야 한다. 한국이 적어도 2022년까지 아세안에서 입지를 공고히 해야만 아시아의 열강들인 중국, 인도, 일본과 대등한 경쟁을 할 수 있을뿐 아니라 서구 열강들과도 균형있는 협력적 경쟁을 할 수 있다. 한국 기업은 물론 정부, 사회 및 개인 모두 아세안 시장을 품을 수 있는 꿈과 용기를 지금부터 키워나가야 한다.

참 | 고 | 문 | 헌

Angaindrankumar Gnanasagaran. 2018. "ASEAN's growing demand for medical devices.", *ASEAN Post*, August 3, 2018. https://theaseanpost.com/article/aseans-growing-demand-medical-devices.

ASEAN Secretariat. 2016. "Master Plan on ASEAN Connectivity 2025." Indonesia: ASEAN Secretariat.

ASEAN Secretariat. 2017. "Celebrating ASEAN: 50 Years of Evolution and Progress 1967-2017." Jakarta: ASEAN Secretariat.

ASEAN Secretariat. ASEANstats Database. https://www.aseanstats.org/.

ASEAN Secretariat. Foreign Direct Investment Statistics. https://asean.org/?static_post=foreign-direct-investment-statistics.

Asian Development Bank(ADB). 2002. "ADB Annual Report 2002." Singapore: Asian Development Bank.

Asian Development Bank(ADB). ADB Data Library. Thomson Datastream.

AT Kearney. 2017. "The 2017 Global Retail Development Index: The Age of Focus." India: A. T. Kearney, Inc.

AT Kearney. 2017. "The ASEAN Digital Revolution." India: A. T. Kearney, Inc.

AT Kearney. 2018. "Learning from the East-Insights from China's Urban Success: Global Cities 2018." India: A. T. Kearney, Inc.

Bloomberg. 2018. "Japan still beating China in Southeast Asia infrastructure race." the japan times, Feb 9, 2018. https://www.japantimes.co.jp/news/2018/02/09/business/japan-still-beating-china-southeast-asia-infrastructure-race/#.XQT07zF7k2w.

BMI Espicom. 2017. "Worldwide Medical Devices Market Forecast to 2021." UK: BMI Espicom.

Datareportal. 2019. "Digital 2019: Global Digital Overview." Last modified January 31, 2019. https://datareportal.com/reports/digital-2019-global-digital-overview.

David Scutt. 2015. "As China slows, another Asian superpower is emerging."

Business Insider Australia, April 24, 2015. http://uk.businessinsider.com/as-china-slows-another-asian-superpower-is-emerging-2015-4/?IR=T.

DBS Group Research. 2017. "ASEAN Grocery Retail: will online grocery retail take off in ASEAN?" Singapore: DBS Bank.

Deloitte. 2016. "The Myanmar Consumer Survey: Golden land, golden opportunities." Southeast Asia and Singapore: 2016 Deloitte Southeast Asia Ltd.

Deloitte. 2017. "2017 Media and Entertainment Industry Outlook." UK: 2016 Deloitte Development LLC.

Deresky Helen. 2016. *International Management: Managing Across Borders and Cultures, Text and Cases (9thed.).* London: Pearson.

eMarketer. 2019. "Total Retail Sales in Select Countries in Southeast Asian, 2016(billions)." Last modified June 3, 2019. https://www.emarketer.com/Chart/Total-Retail-Sales-Select-Countries-Southeast-Asia-2016-billions/196786.

EuroAsia Research Experts. 2017. "Vietnam Retail Report 2017." Philippines: EuroAsia Research Experts.

Global Wellness Institute(GWI). 2017. "The Global Wellness Economy Monitor January 2017." Last modified January 31. 2017.

Google & Temasek. 2016. "E-conomy SEA - Unlocking the $200B digital opportunity in Southeast Asia."

Google & Temasek. 2017. "e-Conomy SEA Spotlight 2017 - Unprecedented growth for Southeast Asia's $50B internet economy."

Google & Temasek. 2018. "E-conomy SEA 2018: Southeast Asia's internet economy hits an inflection point."

Grab. 2015. "Grab Corporate Profile." Singapore: Grab.

Hill, H. & Menon, J. 2010. "ASEAN Economic integration: features, fulfillment, failures and the future." Philippines: Asian Development Bank.

Homi Kharas. 2017. "The Unprecedented Expansion of the Global Middle Class." Washington, DC: Brookings Institution.

Hoppe, F., May, T., & Lin, J. 2018. "Advancing Towards ASEAN Digital Integration." Bain & Company, Inc.

IGD. 2017. "IGD: Vietnam tipped to be Asia's fastest-growing convenience market." Last modified April 6, 2017. https://www.igd.com/articles/article-viewer/t/igd-vietnam-tipped-to-be-asias-fastest-growing-convenience-market/i/16565.

IHH Healthcare Berhad. 2017. "IHH Annual Report 2017." Malaysia: IHH Healthcare Berhad.

International Monetary Fund(IMF). 2017. "World Economic Outlook Database."

International Monetary Fund(IMF). 2019. "World Economic Outlook Database."

Iprice insights. 2017. "State of eComerce in Southeast Asia 2017." https://iprice.my/insights/stateofecommerce2017/.

James Kynge. "China's Belt and Road projects drive overseas debt fears." *Financial Times*, August 8, 2018.

James Kynge. "Southeast Asia emerges as consumer powerhouse." *Financial Times*, July 29, 2016.

Kantar Worldpanel. 2015. "FMCG Monitor: An integrated update of Vietnam FMCG market." Vietnam: Kantar Worldpanel.

Kantar Worldpanel. 2018. "Consumer Insights ASIA Q4 2018." UK: Kantar Worldpanel.

Kantar Worldpanel. 2018. "베트남 FMCG 시장 들여다보기." Seoul, Korea: Kantar Worldpanel.

LivingASEAN. 2018. "Southeast Asia's Car Market Updates." Last modified January 8, 2018. https://livingasean.com/explore/southeast-asia-car-market-updates-myanmar-cambodia-thailand-indonesia-malaysia/.

Martin Prosperity Institute. 2015. "Creativity in Southeast Asia." Rotman School of Management University of Toronto: Martin Prosperity Institute.

Martin Prosperity Institute. 2015. "The Global Creativity index 2015." Rotman School of Management University of Toronto: Martin

Prosperity Institute.

McKinsey Global Institute analysis. 2014. "Southeast Asia at the crossroads: Three paths to prosperity." New York: Mckinsey & Company.

McKinsey Global Institute. 2014. "Southeast Asia at the crossroads: Three paths to prosperity." New York: Mckinsey & Company.

Michelle Jamrisko. "China No Match for Japan in Southeast Asia Infrastructure Race." *Bloomberg*, June 23, 2019.

Neilson. 2017. "RETHINKING ASEAN Dispelling 8 Myth about Consumer Markets." New York: Nielson Company, LLC.

Nielsen. 2016. "Breakthrough Innovation Report." New York: Nielson Company, LLC.

Nielsen. 2016. "Go Glocal." New York: Nielson Company, LLC.

Nielsen. 2016. "Moving on Up: Premium Products are in High Demand Around the World." New York: Nielson Company, LLC.

Nippon Express. "Halal Logistics." https://www.nipponexpress.com/service/solutions/halal/.

OECD. 2018. "Economic Outlook for Southeast Asia, China and India 2019: Towards Smart Urban Transportation." OECD Development Centre.

Philip Kotler. 2007. *필립 코틀러의 Think ASEAN!* 윤규상 옮김. 서울: 비즈니스맵.

Philip Kotler. 2016. *필립 코틀러의 아세안 마케팅*. 홍윤주 옮김. 서울: 시그마북스.

Philip Kotler. 2017. *필립 코틀러의 마켓 4.0*. 이진원 옮김. 서울: 더퀘스트.

PwC. 2016. "Global Entertainment and Media outlook 2016-2020." London: PwC.

PwC. 2017. "Global Entertainment and Media outlook 2017-2021." London: PwC.

PwC. 2017. "Global Entertainment and Media Outlook 2017-2021." UK: PwC.

PwC. 2017. "Infrastructure Series Report 1- Understanding infrastructure opportunities in ASEAN: Infrastructure Series Report 1." London: PwC.

PwC. 2018. "The Future of ASEAN-Time to Act." London: PwC.

The Economist Intelligence Unit. 2016. “ASEAN cities stirring the melting pot.”

Thomsom Reuters. 2016. “State of the Global Islamic Economy Reoprt 2016-17.” New York: Thomson Reuters.Thomsom Reuters. 2019. “State of the Global Islamic Economy Reoprt 2018/9.” New York: Thomson Reuters.

Tomiyama, A., & Nakano, T. 2017. “Southeast Asian countries vie for port supremacy.” *Nikkei Asian Review*, December 31, 2017.

United Nations Department of Economic and Social Affairs. 2015. “UN World Urbanization Prospects: The 2014 Revision.” ST/ESA/SER.A/366.

We Are Social & Hootsuit. 2018. “Digital in Southeast Asia 2018.” Published on January 29, 2018.

We Are Social & Hootsuite. 2019. “Digital 2019 - Thailand.” Published on February 3, 2019.

World Bank & CIMB ASEAN Research Institute. 2015. “lifiting -the-Barriers Reports.” Kuala Lumpur: ASEAN Business Club.

World bank, Google & TEMASEK. 2016. “E-economy SEA: Unlocking the $200 billion digital opportunity in Southeast Asia.”

Yi Yang. 2017. “우리나라 5대 유망 소비재의 아세안 내 시장동향.” *KOTRA 해외시장뉴스*, 2017. 08. 23.

Yon Heong Tung. 2017. “Amid strong Asia growth, Airbnb to invest US$2M in ‘healthy’ tourism projects in the region.” *YAHOO! NEWS*, November 9, 2017. https://e27.co/airbnb-spend-us2m-grow-sustainable-tourism-projects-apac-20171109/.

Zafar Momin. 2016. “Posed for Growth: Prospects for Southeast Asia’s Private Healthcare Providers(Volume XVIII, Issue 34).” L.E.K Consulting LLC.

김민수. 2017. “아세안 물류허브로 발돋움하는 태국.” *Kotra 해외시장뉴스*, 2017. 3. 6.

대외경제정책연구원. 2015. “아세안역내경제통합에 따른 주요국 동향 및 시사점.” KOTRA 글로벌 윈도우 연구 보고서, 2015. 5. 서울: 대외경제정책연구원(KIEP).

대외경제정책연구원. 2017. “중국의 ‘일대일로’ 추진 현황 및 평가와 전망.” 2017. 5.

북경: 대외경제정책연구원(KIEP).

박번순, 유진석. 1999. "아시아 경제 재건을 위한 방안." 1999. 6. 서울: 삼성경제연구소(SERI).

박사명. 2014. "아세안공동체와 동아시아공동체" 동남아시아연구 24권 3호. 2014.
Møller, Jørgen Østrøn. 2008. European Integration. Singapore. Institute of Southeast Asian Students.

삼정KPMG 경제연구원. 2015. "글로벌 식품 신시장 할랄(halal)." 2015. 6. 서울: 삼정KPMG ERI Inc.

세계경제포럼. 2017. "글로벌경쟁력보고서 2017-2018."

송미경. 2015. "세계 도시화의 핵심이슈와 신흥도시들의 성장전망." 세계와 도시 7호, pp.46-55.

오윤아. 2018. "중국의 부상에 대한 동남아의 대응: 경제적 손익 요인의 재검토." 동서연구 제30권 1호, pp.83-110.

윤진표. 2016. 현대 동남아의 이해. 서울: 명인문화사, pp.14; pp.20.

임영신. 2017. "장골라 술라웨시 주지사 "아세안 물류허브로 주목"" MK 매일경제 MBN, 2017. 11. 30. http://www.raythea.com/newsView.php?cc=310001&page=0&no=9924.

정재완, 신민금. 2017. "AEC 출범에 따른 아세안 자동차시장의 최근 변화와 전망." 2017. 10. 서울: 대외경제정책연구원(KIEP).

World Bank. 2018. "Connecting to Compete 2018: Trade Logistics in the Global Economy"